古典文獻研究輯刊

三四編

潘美月・杜潔祥 主編

第 17 冊

續經義考・周易之部
（第十二冊）

周懷文 著

國家圖書館出版品預行編目資料

續經義考·周易之部（第十二冊）／周懷文 著 -- 初版 -- 新北
市：花木蘭文化事業有限公司，2022〔民 111〕
目 10+230 面；19×26 公分
（古典文獻研究輯刊 三四編；第 17 冊）
ISBN 978-986-518-872-6（精裝）

1.CST：易經 2.CST：研究考訂

011.08   110022682

ISBN-978-986-518-872-6

9 789865 188726

古典文獻研究輯刊
三四編　第十七冊　　　　　　ISBN：978-986-518-872-6

續經義考·周易之部（第十二冊）

作　　者　周懷文
主　　編　潘美月、杜潔祥
總 編 輯　杜潔祥
副總編輯　楊嘉樂
編輯主任　許郁翎
編　　輯　張雅淋、潘玟靜、劉子瑄　美術編輯　陳逸婷
出　　版　花木蘭文化事業有限公司
發 行 人　高小娟
聯絡地址　235 新北市中和區中安街七二號十三樓
　　　　　電話：02-2923-1455 ／傳真：02-2923-1452
網　　址　http://www.huamulan.tw 信箱 service@huamulans.com
印　　刷　普羅文化出版廣告事業
初　　版　2022 年 3 月
定　　價　三四編 51 冊（精裝）台幣 130,000 元

續經義考・周易之部
（第十二冊）

周懷文　著

目次

張圖南 周易便蒙 佚

◎道光《徽州府志》卷十二之二《人物志·宦業》：著有《周易便蒙》《愛吾雜箸》《蟲鳴草藁》若干卷。

◎民國《重修婺源縣志》卷二十四《人物》五：所著有《周易便蒙》《愛吾雜著》《蟲鳴草稿》若干卷。

◎張圖南，字搏萬，號培風。安徽婺源（今屬江西）甲道人。乾隆甲子舉人，丙戌分發浙江，委督山陰、會稽、餘姚城工。丁亥任桐廬，創桐江書院。調秀水。丙申署西塘海防同知。丁酉除授東塘海防同知，以病告歸，構愛吾廬小齋課孫曾於其中。丙午修邑志，延為領袖。卒年八十四。

張屯 易道入門 四卷 附錄一卷 存

國圖藏嘉慶九年（1804）金陵劉文奎刻本（褚雲鵬校錄）

◎《正始集》：工卜筮，研究易理，著《易道入門》二卷。

◎王蘊章《燃脂餘韻》卷六：易學精深，不易研究。婁縣張麗然獨精其理，有《易道入門》二卷。

◎楊鐘羲《雪橋詩話餘集》卷六：節母褚張氏著《易道入門》四卷，為序而梓之，撫教其孤雲鵬備至。

◎孫殿起《販書偶記》卷一：《易道入門》四卷附錄一卷，古婁女史歸褚氏張屯撰，嘉慶甲子刊。

◎張屯，字麗然。江蘇婁縣（今上海松江）人。張鳴碧女。國學生褚念劬之妻。婚後二年而寡，事姑教子，承家學以研易，工卜筮，精詩詞。卒於乾隆末。又著有《自箴語》一卷、《小華萼集》二卷。

張未堂 周易闡微 佚

◎光緒《婺源縣誌》卷二十五《人物志》七《文苑》一：著《詩經啟蒙》《周易闡微》《歷朝詩學正宗》若干卷存於家。

◎道光《徽州府志》卷十一之四《人物志·文苑》：著《詩經啟蒙》《周易闡微》《歷朝詩學正宗》若干卷存於家。

◎張未堂，字偉瀾。庠生。安徽婺源（今屬江西）甲道人。文古淡雋永。卒年七十四，進士王根為之傳曰：「聖賢是慕，浮華弗親。諸書娛老，啟迪後人」。

張完臣 周易滴露集 四卷 存

北大、山東圖、中科院藏康熙二十八年（1689）張拭刻本

南京藏康熙安遠堂刻本（不分卷）

四庫存目叢書影印康熙二十八年（1689）張拭刻本

◎凡例：

一、自漢唐以迄元明，註易者多至數十百家，然無如朱子《本義》之簡淨精微、明活圓通者。余抄《滴露集》，一惟《本義》是宗，非止遵功令，實以有當於心也。然間有思之不合者，或前人所已論，輒錄出以俟參訂，非敢背註，祗求有當於心耳。

一、余抄《滴露集》，盡採取先賢緒論，以三聖奧旨前人已搜抉無遺，其出某書某人輒書明姓氏、書目；間有稍行刪益，或薈萃成文者，則不書姓氏書目。又有先賢發明未甚了了者，余時標疑義以俟質問，則列於諸家之末。

一、余抄《滴露集》，凡十數易而後定。其初抄本甚繁，後漸次芟改。今覆閱，有過簡者。蓋寧闕疑以徵信，未敢舍己以狥人也。又諸卦繁簡不同，以每遇一卦一爻有議論奇確、增人見解者，又不忍盡刪之也。

一、黃石齋先生《易象正》止上下兩經，其《繫辭》《說卦》等傳不載。余抄《滴露集》亦止上下兩經，其《繫辭》《說卦》等傳讀法不同，另有別本。

安遠堂主人識。

◎張良哉易註滴露集序：易聖人之微言也，古今註者垂百七十餘家，其言炙轂，其書充棟。殆程朱傳註行而諸家之說絀；迨子瞻氏《易解》出，與二家傳義合者不能什二。自宋以前無論矣。豈非辭約則測之者多岐，旨遠則行之者不至，人有其易而非四聖人之易乎？良哉氏之窮理也，折膠流金，執卷不輟，志既苦矣，何堅不破？而況天人性命之理本自有之，則取諸懷而達之言，宜無不燭照而數計者。及彌留之頃，猶以《滴露》為言。生死以之矣！夫馬不必騏驥，要之善走；劍不必干將，要之善割。吾夫子曰：「天下殊塗而同歸，百慮而一致」，不其然哉！此書禘祀三聖則周、孔聞孫肩隨，二家則程、朱難弟，俾讀易者有所參考，不為曖曖昧昧學一先生之言。懸解之士，目擊而道存，豈曰言立而索隱之乎哉？可園七十五叟同門弟許之漸［註68］敬述。

◎跋：先君好學嗜古，本於天性。自經史詩賦以逮二氏之書，罔不殫心

［註68］許之漸（1613～1700），字松齡，又字儀吉，號青嶼，晚號可園老人。江蘇武進人。順治十二八年進士，授戶部主事，遷江西道御史。

研究。通籍以來，手不釋卷，寢食俱忘。中年潛心《周易》，凡諸家疏義搜覽靡遺。爰集眾長，刪繁就簡，折以己衷，手自鈔錄，十易藁始得成書。易簀之際，慮家貧不能付梓，囑栻貯藏於家。栻深懼湮沒弗彰，有負經營苦志，勉力剖厥，公諸同好。其於羽翼聖經、津梁後學，或不無少補云。時康熙己巳清和月，平原張栻謹識。

◎四庫提要（題無卷數）：是書皆訓釋文句不及象數。大旨取朱子《本義》為主而附益以諸家之說，於吳璉《訂疑》、蔡清《蒙引》、姚舜牧《疑問》所引尤多，間亦附以己意。所注僅上下兩經而無《繫辭》以下，蓋用程子本也。

◎孫葆田《山東通志》卷百二十七《藝文志》第十：是書《四庫存目提要》曰：「大旨取朱子《本義》為主，而附益以諸家之說，於吳珪《訂疑》、蔡清《蒙引》、姚舜牧《疑問》所引尤多，間亦附以己意。所注僅上下兩經，而無《繫辭》以下，蓋用程子本也。」

◎周按：是書實以四部分四卷：自乾至大有為元部，自謙至離為亨部，自咸至井為利部，自革至未濟為貞部。

◎張完臣，字良哉。山東平原人，順治乙未進士，歷官國子助教。又有《安遠堂詩》一卷、《鈔評陸劍南七言絕句》。

張維榘　罩餘齋易象管窺　存

首都圖書館藏清鈔本

◎張維榘，字絜甫。遼州（今左權）人。雍正元年（1723）舉人。

張維榘　罩餘齋易象切要　不分卷　存

國圖藏清鈔本

◎劉緯毅主編《山西文獻總目提要》（摘錄）：是書係維榘學易劄記，由其門人馬爾楷手錄。內容包括：圖說、學易說。首有馬爾楷敘及維榘敘。馬敘謂維榘研讀繫辭「因文考象，由象觀畫，即畫索圖，沿流溯源，直窮到底，精誠所積，形諸夢寐，每有徹悟遂筆之於書。

張維榘　罩餘齋學易說　一卷　存

國圖藏清鈔本

張維兆　周易合解　佚

◎民國《高密縣志》卷十六《雜稽志》：張維兆《周易合解》。

◎孫葆田《山東通志》卷百二十七《藝文志》第十：是書見《縣志》。

◎張維兆，山東高密人。

張衛階 周易管窺 佚

◎郭漢儒編《隴右文獻錄》：字拱樞，隴西庠生。博學能文，隴上學者稱張夫子。著有《周易管窺》《詩經集錦》《集唐詩鈔》《韻學聯句》《平仄便覽》。

◎張衛階，字拱樞。甘肅隴西人。庠生。

張文炳 易象數鉤深圖 三卷 佚

康熙刻本

◎四庫提要：近世胥吏之能著書者，文炳及泰安聶鈫而已。是編稱本之成氏《五經講義》而不著其名，考通志堂所刻經解皆冠以納蘭成德之序。其中如劉牧《易數鉤隱圖》、張理《易象圖說》、雷思齊《易圖通變》，皆發明數學，文炳蓋會萃諸書以成一編。以其不明纂述體例，故誤以宋元經解統名曰《五經講義》，又不著成氏之名不知滿洲氏族源流，故誤以納蘭為其自號，與德為其姓名，而稱為「成氏」也。其書由割裂而成，頗為龐雜，間有文炳所附論，亦皆掊拾之學。

◎嵇璜等《清通志·圖譜略·經學》：張文炳《易象數鉤深圖》。謹按張文炳薈萃諸家圖說以成一編，間附以己論。

◎張文炳，字明德。山西絳州人。康熙中以實錄館供事議敘，授高唐州州判，終於泗州知州。

張文炳 周易卦鈐 二卷 存

山東藏雍正三年（1725）張氏自刻本

張文嵋 周易集解 佚

◎孫葆田《山東通志》卷百二十七《藝文志》第十：是書見《州志》。

◎道光《重修膠州志》卷二十《藝文》、民國《增修膠志》卷三十四《藝文志》：張文嵋《周易集解》。

◎張文嵋，字峨江。山東膠州人。康熙十七年舉人。官沂水教諭。

張問達 易經辨疑 七卷 存

南京、中科院藏康熙十九年（1680）金閶陳君美刻本

上海藏康熙十八年（1679）刻本（四卷）

四庫存目叢書影印康熙十九年（1680）金閶陳君美刻本

◎參訂受業姓氏：葉良儀（令侯，湖廣黃陂人）、孫郎（詒仲，江南徽州人）、朱泗（素臣，江南歙縣人）、金鏻（穎超，江南儀真人）、陳王前（日俞，江南休寧人）、冀植（培生，直隸永年人）、楊迥千（同凡，直隸鉅鹿人）、史繼鱔（司直，江南江都人，壻）、邵國屏（大維，江南休寧人）、方衷樞（星涵，江南休寧人）、劉允元（居一，順天大興人）、金敦澄（去泥，江南休寧人）、劉允升（樹駿，直隸濬縣人）、金蘭（畹芳，江南休寧人）、冀棟（降吉，直隸永年人）、金式（楷人，江南休寧人）、楊逾千（類凡，直隸鉅鹿人）、程岳（視公，江南休寧人）、冀槳（直方，直隸永年人）、張聯璧（兆文，山西嵐縣人）、王陟屺（瞻永，江南江都人）、金碩任（伊志，江南休寧人）、曾光祖（竹堂，山東海豐人）、史矢（子輶，山西忻州人）、黃宁（中立，福建晉江人）、金碩佺（闓客，江南休寧人）、王陟巇（篤公，江南江都人）、程崙（西柱，江南休寧人）、王陟岱（小登，江南江都人）、張廷琦（魏公，江南休寧人）、龔銘（子新，直隸靜海人）。

◎序：易之六畫，羲、文、周、孔之心，千聖百王之心也。心本有善而無惡、有吉而無凶，其言吉并言凶者，人心惟危也。得則吉失則凶，吉凶貞勝者，道心惟微也。言德言體、言象變、言占筮，使人心乎易而不雜、身乎易而不二者，惟精惟一、允執厥中也。是故聖人立象以盡意、設卦以盡情偽、繫辭焉以盡其言，生而知之，安而行之者也。君子居則觀其象玩其辭，動則觀其變玩其占，學而知之，利而行之者也。學者即數以窮理，因占以利用，困而學之，勉強而行之者也。江都張子天民，得力于陽明良知之學者也，與余講學于河東，日持所得以相質，知行合一，體用兼全，證之以《語》《孟》、證之以《學》《庸》、證之以《詩》《書》，而未嘗及易，竊以橫渠講易而希文授之以《中庸》，余愧非其人也。而張子剛介自持，蓋欲進之以易理而未違。及其客遊京師，下帷于余家，終夜危坐，淡然無所嗜好，內直外方之行先憂後樂之心，余固信之深矣。初亦不知其精于易也，今讀其《辨疑》一編，羲畫文辭、周情孔思瞭如指掌，易理明而千聖百王之心亦因之以傳，自非體易于身者，其能及此乎？善易者固不言易哉！張子其進于道矣。康熙己未仲秋重九日，賜進士出身工部尚書前都察院左都御史廣平冀如錫序。

◎序：《易》之為書也，卦爻象象之義備而天地萬物之情見。其所以順性命之理、盡變化之道，則有合萬殊於一致者，蓋羲、文、周、孔四聖人為天下

來世慮深遠也。自學者昧夫易之全體大用而多主象數以言易，觀其象而不明其意，習其數而不曉其理，且各持一說以鳴異，將羲、文、周、孔四聖人之心晦而易教亦遂棼然而龐雜。所謂解經而經亡，是亦不善學易者之過也。張子天民《辨疑》一編，其殆有惜於斯而作乎？雖然，使抱惜之之衷，急於救世之失，而無湛深之識、弘肆之才，洞達表裏，以上契於羲、文、周、孔四聖人之心，求得乎卦爻象象之義，而灼見於天地萬物之情，俾其理意昭著畫一，如日月之在天江漢之在地，確然示人以信，從而不可易，不戛戛乎其難哉？乃今張子之論著，精矣審矣，徹幽闡微，一歸乎不可易之理，為羲、文、周、孔四聖人之功臣，而有補於經學非淺鮮矣。覽是編者舉全易而觀之，莫不豁然有快於心目之間，如勞忽釋、如夢忽醒，咸歎服其才與識之弘且深如是其難量也。時康熙庚申孟秋中浣，浙江清軍驛鹽道布政司參議前山西道監察御史巡按江西瀋陽李之粹撰。

◎易經辨疑序：夫《易》之為書也，六畫成而天地人物之聖全焉，象象爻辭繫而人事之趨避得失判焉。雖易之廣大無所不具，而聖人憂世覺民之心則為人道設也。其言體言德、言象言變言占者，蓋慮人道有未明，使人即數以推理、因占以利用，所以引天下之心思神明變化于易而莫之能外。自人不能通乎易之全體大用，而以占筮視易，而易遂與人酬酢于一事一物之間。秦熖熾而易獨不與六經同其殘缺者，易之以占筮藏其用也。漢儒不察，疏解多主象數，而四聖人之心源以晦。王弼獨主理略數，天下宗之，其說猶與諸家竝傳也。《程傳》《本義》出而易學定于一尊，亦以天下之習于占筮既久，故存占筮以存易，非謂占筮足以盡易也。自是而後，輔之以《大全》《蒙引》《存疑》諸書，而學宮非此不為教、有司非此不為式。流及今日，讀其辭者不思其義、習其教者不明其理、尚占者不修其德，講之愈繁失之愈遠，毋亦學者之過與？陽明王子曰：「個個人心有仲尼」，又曰：「求諸我心之是而可矣」，愚總丱受易，竊以學易者學此易于身也，用易者用此易于世也，反諸心而求聖人明道立教之心，而天地萬物之心其在吾心以外乎？故不自揣度，折衷異同，附以己見，其實在于尊信羲、文、周、孔而非有間于先儒也。然則是編也，其敢遽以為是乎？亦自言其心之所得，以俟神明乎易者參考焉耳。康熙己未秋八月既望，江都張問達序。

◎四庫提要：前有康熙己未廣平冀如錫序，稱其得力於陽明良知之學，故其書黜數崇理，而談理一歸之心，力掃卜筮之說，未免主持太過。問達自

序首推王弼，又引王守仁「個個人心有仲尼」及「求諸我心之是」諸語，是即陸九淵六經注我之說也，宜有取於弼之虛無矣。

◎光緒《增修甘泉縣志》卷二十三《經籍志》：張問達《周易辨疑》。

◎張問達，字天民。江蘇甘泉（今揚州）人。明末諸生，康熙間官趙城知縣。著有《易經辨疑》、《左傳分國紀事》、《河道末議》。

張錫田　易經輯說　佚

◎民國《平度縣續志》本傳著錄。

◎張錫田，字與之。山東平度人。與于蓮同學於掖縣侯相芝，皆為高足弟子。

張錫文　易擬　佚

◎嘉慶《重修揚州府志》卷之六十二《藝文志》一：易擬（張錫文撰）。

◎光緒《增修甘泉縣志》卷二十三《經籍志》：國朝張錫文《易擬》。

◎張錫文，江蘇甘泉（今揚州）人。著有《易擬》。

張習孔　大易辯志　二十四卷　存

浙江、南京藏康熙二年（1663）梅墅石渠閣刻本

康熙二十九年（1690）刻本

◎一名《大易辯志約說》《大易辯志說約》。

◎序：《繫辭上傳》之文曰：「君子所居而安者，易之序也；所樂而玩者，爻之辭也。」蓋為學易者言之也。夫居安樂玩，豈非其志之所存哉？志無所岐，然後發為言辭，不悖吉凶悔吝之指，措諸事業，悉合進退存亡之道，極乎參贊化育，直有彌綸天地、曲成萬物之功，莫不於志基之，志顧不廣且大乎？抑不獨學易者有志也，彼作易者先有其志。嘗觀全易記載，不過理數兩端。而四聖人之所為其志，各有所寓：羲皇之點畫純乎數而包括夫理者也；文周之象爻依乎數而旁通夫理者也；孔子之十翼全乎理而適協夫數者也。夫前聖人豈不能舉後聖人所為而盡為之？然其志精專，夫固有所不暇矣。不暇為而仡仡焉為之說，夫亦將有所待矣。推是意也，即韋編三絕而後何必不待後來之闡發耶？黃嶽先生負資英異，以易學為宗。自少至老，研極理數之奧，著成《辨志》一編，自述其生平篤好之深，弁諸簡端，剞劂問世。余伏而讀之，廣矣大矣，非天下之至精，其孰能與於此！迺余於此尤有異焉者，秦漢以還，

易道不絕如線，疏箋百氏，言人人殊，率不免於離經畔道之譏。中間用之占驗用之清談，要皆背馳於先後天之旨，不足採也。後儒之斐然傑出者，無如有宋之世。自《皇極經世書》以內聖外王之學引其端，復得濂溪以《太極圖說》總其匯。厥後程氏之《大傳》、考亭之《本義》尋源竟委，縷析條分，引伸觸類，而四千九十六卦之變化始燦然若日星之揭於中天。是宋儒之彰理數，可稱極盛矣。而先生生數百年之後，獨承其統而廣大之，將見真儒輩出，濡首窮經，邃心易卦之幾深，以求盡性而至命，殆不亞於濂洛關閩之盛，接踵宋世者，其必《辨志》一書始。余生也晚，未得望見門牆，而風聲所及固已陶淑甚深。今又承乏先生之鄉，交先生之後人，得讀先生之遺書，其亦有厚幸也夫！時康熙庚午春月之吉，北海後學曹貞吉盥手書。

◎大易辨志序：易之為言，不易也，變易也，積清而高，凝滓而厚，孳分而錯晰。聖人見其根核胞蘊，盡知其稺壯中晚，謂是有不易之理。而高者多文、厚者多理、錯晰者多動。而聖人又見其氣息形神趦趄流盪，而知其甲蘗菀枯閑礒丸蘭，謂是有變易之數。則為之定其不易之理以俟其變易之數，隱其不易與變易之岐而正之。以易在聖人心者，初之一之，甚無津涯，而六十四之乃所以為蕳也。夫農皇為帝，醫止於蘇復縱生容有悞藥而謬殤由宓羲之道濟及玄黃之百六陽九捴元會運世而百劑百瘳，則其理今古相倚，是以闕里之鐵橛為三折、漆書為三滅焉。猶曰天假數年，誠忘者暮并嗜好寶光影以從之，蓋聖人也而志易也如此，後儒褻以攤玄、詭以罟例、偽以包符，且銜以塵尾清談，而襟帶莊老、羽儀卻阮，此易之自為變易之數，而笰其蹇也，否也。乃今之士，望之則彼尚存神索至者以今造士，各受一經，而受易者獨倍，每訝斯人之能不厭其難，間覽近日講義及累科同門，則豐編皎軸中精光迄沒，奄有灰密，或華言風語，口口沿嬗。噫！輔嗣不談易，亦必無孔家兒出謂不然，以天壤奇正各至之義，童而習焉，白尚紛如，所以難也。輒以所不解者謂無難，神智不生，腐臭為帝，後行百年，其以草木為世乎？予同年黃嶽張先生，遍該緗素，貫絡丘墳，于是經尤自啟戶奧，入聖人之室。年來校士東魯，鐸聲復起泗嶧間，濟青文運，駸駸泰岱爭高，皆先生提衡所致。茲乃出其所著《大易辨志》公之海內，予伏閱之，見其蛻脫腐穢，標穎重玄，味無味於恍惚，得寥一于眾妙，真能揭摘埴索塗者。于日月相望之中而以千百年莫適為明之義。霽旭一朝，此又易之自為變易之數與？而蒿其賁也、泰也，亦可與天下共明夫易理之終不易矣。是為序。時康熙壬寅重陽前三日，年眷弟華陽

病史蔣超撰。

◎序：孔子曰：「吾十有五而志於學」，然則學也者志之所至也。志覎為量，而學之大小分；志昭為識，而學之深淺分，故先王建學，離經之年即以辨志，未有無志而成其為學者也。末世學者大小淺深固已不倫，又其弊也，終日學而所志多不在學，其於古先聖賢意旨歸宿之際，殆若郢書燕說，不必其合，取以適吾事而已。予少孤失學，長始讀易，自取講義研究，如《衷旨》《解醒》之屬，見其膚俗牽湊，心切疑之。則舉以質諸號通經、試高等者，皆曰：「固哉子之言易，亦取其應主司、博科第已耳，何多事為！」予心不直其言。既列黌序，益大發自漢以來註疏傳義，比絜詳究，沉潛反復，數易寒暑，乃復廢書屏息，平心靜觀，虛實無倚，而庶幾於一遇。久之乃爽然有以見諸儒之同異得失，而膚俗牽湊者誠卑卑不足道矣。蓋易之所有者三，曰理曰畫曰文。理者聖人所以洗心退藏者也，是無極而太極也。畫者剛柔相推而生，聖人之所化裁也。理非畫也，乃所以為畫也；畫非理也，乃所以象理也。而文者則所以發揮乎理與畫者也。是三者實一物也，聖人見文於理，故其事一。後人見文於文，故其事分。今且見文於帖括藻繢之地，則其離而絕遠也，豈顧問哉？閔予寡昧，局於識量之弗逮，然既稍有一得，其敢過自閟匿不出而聽是非於當世？於是本其心之所明，著之簡冊。而諸家之足以相發者亦竝載不廢。辭取白意，不為文飾，其不可理解者，寧為闕疑。蓋嘗幽獨自盟，吾人讀書論古，首在不昧天理良彝，其或有意於反古以明高、鑿新以炫俗，清夜捫心，理多觭詭，徒為先聖罪人耳，安用文之哉？吾之此書，非敢謂有當先聖之萬一，然反躬內觀，實已自盡其心，若夫強詞飾說，自欺以欺世者，蓋實無之矣。嗚呼！人各有志，不可強也。後之學者，苟志於先聖意旨歸宿之際而務求其合，則將取吾說而是非可否之，以衷於天理良彝之必然非此志也，則所謂膚俗牽湊者自足以適其事，亦何必與吾較離合哉？然則是編之行，固以就正有道，而學者之志視此矣。茲於其梓也，遂名之曰《辨志》。康熙壬寅二月甲子，新安張習孔序。

◎道光《徽州府志》卷十一之三《人物志・儒林》：著有《大易辨志》二十四卷、《檀弓問》四卷、《詒清堂集》十六卷、《雲谷臥餘》二十八卷。

◎道光《徽州府志》卷十五《藝文志・歙》：張習孔《周易辨志》二十四卷。

◎民國《歙縣志・儒林》卷七《人物志・文苑》：著《大易辨志》《檀弓問》《詒清堂集》《雲谷臥餘集》。

◎民國《歙縣志》卷十五《藝文志·書目》：《周易辨志》二十四卷、《禮記檀弓問》四卷、《雲谷臥餘》二十六卷續八卷、《詒清堂集》十六卷補遺四卷（俱張習孔）。

◎張習孔（1606～1684），字念難，號雲谷，又號黃嶽（道人）。安徽歙縣南柔嶺下蔣村人，居江都。張潮父。順治六年（1649）進士，官至刑部郎中、山東提學僉事，秩滿即退隱黃山，潛心著述。著有《大易辨志》二十四卷、《檀弓問》四卷、《繫辭字訓》一卷、《使蜀紀事》一卷、《近思錄傳》十四卷、《詒清堂集》十二卷補遺四卷、《家訓》、《雲谷臥餘》二十卷續八卷。

張習孔 繫辭字訓 一卷 佚

◎光緒《安徽通志》卷三百五十《藝文志》：《繫辭字訓》一卷，張習孔撰。

張顯盟 易經引蒙 佚

◎光緒《江西通志》卷九十九《藝文略》一《國朝》：《易經引蒙》，張顯盟撰（南昌縣志）。

◎張顯盟，江西南昌人。著有《易經引蒙》。

張憲和 鄭氏易禮疏 一卷 佚

◎閣鎮珩《北嶽山房詩文集》卷十一《張聞惺先生行狀》：晚歸，杜門謝客，終日手一編，治《公羊》何氏學尤邃。所輯有《春秋公羊傳彙解》十一卷、《公羊臆》三卷、《讀公羊注記疑》三卷、《鄭氏易禮疏》一卷、《訂補陳氏古逸禮》一卷、《論語述補案》一卷、《誦芬錄》二卷、《當湖胜記》十六卷、《當湖詩文逸》二十二卷、《幼學便讀牧令書補》若干卷。其自為詩文存草共五卷、《聞惺隨筆》四卷。他屬藁未定者曰《公羊證事》《公羊義證》《補毛詩》《補傳守經錄》《法戒紀訓駁劉彙輯》凡若干種藏於家……湘中刊《松陽講義》及李二曲《司牧寶鑑》皆自先生發之。

◎張憲和，字慕昭，晚自號聞惺。浙江平湖人。張金鏞（嘗督湖南學正，世稱海門先生）子。又著有《公羊臆》三卷、《讀公羊注記疑》三卷，合稱《張氏公羊二種》。

張孝宜 卜易指南 二卷 存

北大藏上海文明書局1925年刻占卜彙刊本

上海藏上海千頃堂書局 1926 年石印本

九州出版社 2018 年子部珍本備要本

◎題辭：己卯初春，孝宜先生行將南下，聊砌俚言，奉題其大著《卜易指南》冊子，即希教正，其詞曰：鴛嶺吐靈雲，異葩秉秀姿。古杭有鍾毓，張子際昌期。穎慧多才藻，奧術擅神蓍。元機生悔吝，妙語析憂疑。卓卓軼今古，而參造化奇。珠林安足數，元嵩豈繩規。此編垂永式，啟迪意無私。津梁逮後學，精要詎等夷？法顯義彌深，蔚然操者師。歙東弟未是草。

◎卜易指南序：以錢代蓍之法，祖於《京房易傳》，著於《火珠林》。衛元嵩《元包》即其法也。項安世謂後人務趨捷徑，以是為卜肆之便。然陸德明《經典釋文》於易卦之下悉注某宮一世、二世、歸魂、遊魂諸名，則知其所由來者久矣。近世所傳卜筮之書以《增刪卜易》為詳賅，凡一切世應飛伏、五行六親之屬，備列程式，意在啟迪。惜其書蕪雜，殊未雅馴。且闡發處語多拘牽，尤乏精當，學者不免有茫昧胊腷之憾。張子孝宜，別號賽君平，浙江錢塘人也。性穎慧，究心易學，識與不識，一望而知為明道君子。癸卯甲辰之間，受宣化鎮何軍門之聘，遂來塞上，佐理戎幕者凡兩年。公餘演術，多奇中。頃間出所著《卜易指南》二卷見示，上卷詳諸裝卦之訣，下卷則其平時占驗各門。法顯義深，條分縷晰，雖著墨無多，而蔚然薈萃其精華，洵足發明古法，津逮後學。由此一編，因委溯原，將以鑽仰著揲，追探夫窮變極頤、範圍曲成之易。其有裨於人，豈徒專事趨避而已哉？書錄成帙，張子將攜歸海上，縮印袖珍，索序於僕。聊掇數言以誌景慕。曲阜歙東李樹銘拜識。

◎張孝宜，號賽君平。浙江錢塘（今杭州）人。性穎慧，究心易學。光緒二十九年至三十年（1903～1904）入宣化鎮總兵何乘鰲戎幕。晚居上海。

張心澂 易哲學 四編 存

山東藏稿本

◎張心澂（1887～1973），字仲清，號冷然。廣西桂林永福縣人。家世書香。先後就讀於北京五城中學、上海明新中學、上海南洋中學、京師大學堂譯學館。1949 年任教於廣西大學會計銀行學系，1953 年任廣西文史研究館館員。

張心澂 周易通考 一卷 存

1939 年鉛印偽書通考本

山東藏臺北成文出版社 1976 年無求備齋易經集成影印 1939 年鉛印偽書通考本

張星耀 周易圖說 佚

◎《畿輔通志》卷八十一：所著有《行知集》《周易圖說》等書。

◎張星耀，河北人武強。張鎮子。由中書累官浙江寧波府知府。康熙三十年曾為提橋《詩經簡正錄》作序。康熙四十四年祀鄉賢。

張序均 虞氏易義補正 二卷 存

上海藏咸豐七年（1857）潘道根鈔本

◎張序均，字禮庠，號柳人。江蘇新陽（今崑山玉山鎮）人。張景煦子，張星鑒父。嘉慶二十三年（1818）邑庠生。傳李尚之學，精算學。又著有《算小學》一卷、《虞書天文說》一卷、《測圓海鏡發明》一卷。

張敘 易貫 十四卷 首二卷 存

山東、遼寧、南京藏乾隆二十一年（1756）宋宗元刻本

◎易貫總目：卷首上演易圖一卷〔註69〕。卷首下易論一卷〔註70〕附錄一卷。卷一乾坤二卦。卷二屯蒙需訟師比小畜履八卦。卷三泰否同人大有謙六卦。卷四豫隨蠱臨觀噬嗑賁剝復八卦。卷五無妄大畜頤大過坎離六卦。卷六咸恒遯大壯晉明夷家人睽蹇解十卦。卷七損益夬姤萃升困井八卦。卷八革鼎震艮四卦。卷九漸歸妹豐旅巽兌六卦。卷十渙節中孚小過既濟未濟六卦。卷十一繫辭上。卷十二繫辭下。卷十三說卦。卷十四序卦雜卦。

◎方觀承序：解經莫難於《易》，亦莫易於《易》，非易也。易無所不包，任立一義皆可牽挽以附於易，故易也。不知惟其易也，此其所以愈難也。《易》乃四聖人窮理盡性至命之書，非深探三才萬象之奧，豈能得聖之心於卦爻象

〔註69〕目次：太極全圖一：易有太極圖、太極生兩儀圖、兩儀生四象圖、四象生八卦圖、八卦生六十四卦圖。舊圖二：河圖亦一太極圖、洛書亦一太極圖、先天亦一太極圖、後天亦一太極圖、羲文合一圖、方圓合一圖、互卦全圖、大衍全圖。舊圖三：八卦總圖、因重為六十四卦圖、反易互對卦全圖。

〔註70〕目次：統論一卷：太極圖論（跋後）、河圖論、洛書論、先天圖論、後天圖論、橫圖論、大衍論、大象論（跋後）、文言論、序卦論、雜卦論、卦變論。附錄一卷：太極似何物說、先天補說、三義說、二體六位說、用九用六說、變占說、生卦說、重卦說、九卦說、易圖辨上、易圖辨下、爻變辨上、爻變辨下。

象中乎？漢唐以來至宋周、邵、程、朱四子出，為能獨得聖心而開易學之正宗。昔人謂周至精、邵至大、程至正而朱兼之。然朱子象數之學詳於《啟蒙》，其作《本義》，以義理《程傳》已備而不復立說，故《語類》中頗自嫌其太略，是尚有待於來者之振其緒也。宋元而下，以易名家者代不乏人，然已純雜互見，源遠而末益分焉。本朝文教光昌，經學大備，御纂《周易折中》既已建極於上，一時承學之臣亦各有著述而敷揚於下，易學之正宗至是而始大振矣。今復得鳳崗張子《易貫》一書，抑亦卓有所見而不流旁雜者歟？其首提大象附於羲畫，雖殊常解，然以揭明為君子謀不為小人謀之宗旨，正復帖然，蓋諸家序十翼雖上象第三下象第四，而安定胡氏則大象第三小象第四，是大象可另為一翼。今既循用王本，分翼配經，而以象傳釋文王之易、小象釋周公之易，則大象宜釋伏羲之易，先後位置固秩如也。至於發太極先天之蘊、抉圖書大衍之精、辨卦變爻變之非，而闡反卦、易卦、互卦及用九用六之妙，與凡帖經釋義、即象明爻，無不通貫曉晰，如指諸掌。雖有創有因，要皆不離乎其宗，則四子之心傳庶幾亦於是乎有賴已。易解得此，豈易易哉？昔歲辛未，余曾舉其經學以應明詔，即此一編亦足徵其無媿乎斯舉矣。然猶歉若未足，不輕示人。清河宋慤庭觀察乃為刊本以公於世。刻既成，而鳳崗請序於余。固不得而辭也，爰略標舉其大體如此以弁諸首。乾隆二十一年歲次丙子仲夏之月，太子太保總督直隸都察院右都御史桐城方觀承序。

◎宋宗元序：甚矣易道之無窮也。易至程朱二子似無遺憾矣。迄今考之，即乾坤二卦已多未愜於人心，乾彖「大明終始、六位時成」二句，《程傳》解為聖人大明乾道之終始，則見卦之六位以時而成，添出聖人，畢竟未安。朱子答門人問亦謂此處誠然鶻突，奈何自作《本義》仍沿其說而莫之易乎？坤卦「先迷後得主」，據孔子《文言》「後得主而有常明」，以主字連上得字為句，而程朱則連下利字為句，而曰乾主義坤主利，不顯與《文言》戾耶？至如易以卜筮而存，未遭秦火，故經文頗少錯謬。鼎卦「元吉亨」本有吉字以別大有，乃反以《象傳》無吉字而衍之，是直曰元亨矣，則與大有之占何異？文王何不刪此一卦歟？此皆按文核句即目可辨而猶如此，其他微詞隱義觸處成礙者不一而足，信乎經非一世之書，其說固非一人所能盡也。我友鳳崗先生，有道而文，著述甚富，掌教蓮池已十餘年，而成《詩》《易》二解，融會儒先，俱能別抒心得，而六通四闢于經奧理窟之中。前歲杜補堂太守已刊其《詩貫》行世，而《易貫》則未遑及也。余嘗反覆其書，喜其簡當粹精，劃然開朗，凡

平日蓄疑於心者，一展讀而都已雪融冰釋。其卷首易圖、易論則統全經之理數而象告之、條疏之，無不洞然畢貫而會于一。竊以為宋元以來易解林立，要當以此為僅見之書，而庶幾可補《傳》《義》之所未備者已。先生人品甚高，淡于榮利，困公車者且二十五年，而夷然不以屑意，惟潛心下帷，研討墳典，故能成此不朽之作。文中子云：「我不仕，故成業；不雜學，故明」，蓋觀于先生而益信。爰為補刊之以与《詩貫》成合璧焉。乾隆丙子長至日，長洲同學弟宋宗元序。

◎易貫自述：易凡更四聖而始成，孔子尤以一聖而集三聖之成者也。三聖之易雖具存，不有孔子，後人將何從窺測耶？韋編三絕而十翼作，孔子當時固宜自居于傳而不以附經，在今日則孔子之傳即聖人之經也，萬世宗之以折中羣聖者，賴有此爾。故凡書以克遵古本為正，而易不然。《彖》《象》《文言》之分麗于經，雖始自漢人，要合乎千萬世之公心，而當為定本者已。但《小象》爻爻釐析，則於音韻文義有隔絕未諧者，此當照乾卦例總列于六爻之後也。唯《大象》一節乃孔子示人學易之方、體易之要，而專取上下兩象為文，又所以存羲皇之舊者耳。置之文後周前，反於體例血脈不甚貫，則以附於羲畫為宜。且每卦先玩此條，可知心易在我，開卷而已領其凡，而後逐卦逐爻皆切於身心性命修齊治平而不岐于他也。或謂以《易》為卜筮之書，朱子最有功于易教者，如以《大象》為先，未免專於言理而昧其原，此又非通人之論也。夫聖人作經固各有體，《易》為卜筮之書者，猶之《詩》為詠歌之文、《書》為記言之典、《春秋》為記事之史，其體然也。然謂此三經者止于記言記事而詠歌，可乎？苟不能抉經之心契聖之道，而唯其體之辨已也，則刪後之《詩》蓋不勝讀，而七帝之制真可續《書》、《元經》之作且以繼《春秋》矣。然則焦氏之《易林》、揚雄之《太元》亦何嘗不可揲蓍布策也哉？蓋自王弼以來，有專以《易》為言理之書者，高則超名象而泯于無，卑則泥卦爻而滯於有，故朱子提出卜筮一言，所以明其體而救其偏也。自時厥後，則其體既已大明矣，而不知講求學易之方、體易之要、徒株守此言而固執之，吾恐卦氣月候納甲飛伏三類九宮天易地易人易鬼易之說，又將煽其餘燄而不可遏矣。夫汾陰侯生善筮，尚知先人事而後說卦，嚴君平賣卜猶能與人子言依於孝、與人臣言依於忠，而謂《大象》非聖人提挈綱維以教萬世讀易者之要旨乎？愚故移置卦爻前以立居安樂玩之本，且規格截然，雖聯而屬之，未嘗雜而亂之，則可合可分，正得古人離經辨志之法爾。至互卦取象，王氏已從刊落，今

亦不廢者，據《雜卦》一篇兼以存互卦之法。而泰互歸妹，周公則已著之於經矣。且談易而不兼互卦，易之取象實有未可曉者，因而置象不言，則是易有聖人之道四者，而但有聖人之道三也，可乎哉？乾隆辛未仲春朔，婁江張敘題於蓮池書院。

◎摘錄卷首上《演易圖》小序：六經惟易不可無圖，亦惟易之圖雜而多岐、巧而愈鑿。周子《太極圖》獨抉易之心髓，邵子《先天圖》深究易之根源，朱子亦謂《太極》不如《先天》之大而詳，《先天》不如《太極》之精而密，二圖不可偏廢，蓋定論也。顧注易時特著《先天》于《易學啟蒙》，而《太極》則未之及，故學者徒講求先後天之同異，其視《太極圖》反若另為一義者，而不知易道之精蘊已萃于斯也。故今据之以挈六十四卦三百八十四爻之綱要焉。然此亦非愚者之私見也。《啟蒙》卷首橫圖原摹《太極圖》形于其上，則固已合《太極》《先天》而一之矣。顧朱子第摹《太極》一圖，愚則謂以下四圖正兩儀四象八卦六十四卦之全圖爾。此則一得之愚，欲與先儒互相補備者。夫圖具于左，因刪存舊圖之要，並正其參錯者附之云。

◎摘錄卷首下《易論》小序：易為義理之宗，而亦象數之本。孔子不言象數，然河圖洛書大衍參兩諸數未嘗不挈要以示人，蓋此固易卦蓍策之原，不可得而破除者也。至先天後天序卦雜卦尤易理之要。而易有太極，則直透三才萬象之根，乃六十四卦三百八十四爻之宗動天、星宿海也。周子特繪為圖而明其說，豈非獨見天心而默契道體者乎？愚既據之為圖以統攝全經，餘圖亦刪撮其要以傳學者，因復發明其義蘊，各著為論，得十有二篇。蓋易之義理而兼象數者，其大指不過如此。學者藉是亦足以通經矣。若欲窮象之隱微、盡數之杪忽，如京、焦、管、郭者流，固非儒者之所尚。至若歐、陸、林、袁、王、黃、羅、歸輩，直欲蕩滌河洛、掃除太極、抹撒先天，則又蚍蜉之撼，多見其自外於聖門云爾。

◎四庫提要：是書用注疏本，而以《小象》總列六爻之後。如乾、坤二卦例，又以《大象》置《彖傳》之前。考《象辭》列六爻後，是吳仁傑所傳鄭本，《大象》置《彖傳》前，是周燔本，而敘乃以為創獲，蓋未知有吳、周二本也。至圖學傳自邵子，其位置皆依《說卦》，周子《太極圖》初不言八卦，此書皆強為牽合，又斥諸儒爻變之說，而以左氏所載占法為《周易》未成經時卜筮家雜用以測驗，則又過於疑古矣。

◎張敘（1690～1775），字冰潢（賓王），號鳳岡。江蘇鎮洋（今太倉）婁

江人。雍正壬子舉人。乾隆間舉鴻博參試未用。潛心經學，著有《易貫》、《詩貫》、《孝經精義後錄》、《鳳崗詩草》等。

張璿 易學新說 佚

◎民國《潛山縣志》卷十四《人物志》四《文苑》：本邑以詩文名，書目載省志中，而事蹟無考者，如……張璿（著《易學新說》）。

◎民國《潛山縣志》卷二十七《藝文志》：《易學新說》（清張璿著）。

◎張璿，安徽潛山人。著有《易學新說》。

張學謙 續周易凝粹 佚

◎民國《濟寧直隸州志續志》卷十八《藝文志》：宋嘉德《周易凝粹》，嘉德撰《周易凝粹》，未竟而歿。首闕十一卦，由弟子張學謙口續成之。

◎民國《濟寧直隸州志續志》卷十八《藝文志》：張學謙《續周易凝粹》（前志載有學謙《續周易凝萃序》）。

◎張學謙，山東濟寧人。

張學尹 師白山房講易 六卷 存

上海、中科院藏道光九年（1829）刻本（四卷）

湖南省中山圖書館、江西藏道光二十五年（1845）刻本

四庫未收書輯刊影印道光九年（1829）刻本（四卷）

◎卷首題：湘陰張學尹子任聽翁纂說，受業諸子錄刊。

◎凡例：

一、講義悉遵欽定《周易折中》、御纂《周易述義》二書，蓋二書範圍無外，而講易者不過約其菁華、發其旨趣而已。

一、邵子所傳諸圖實易學之淵源也。緣司馬溫公與邵子同時友善，而無一語及先天之學，程子貶以「加一倍法」一語，似止論其橫圖，不及諸圖。邵子云：「章子厚不可學，司馬君實則不願學」，故諸儒往往以其數學而輕之，雖經朱子表章尊敬，猶時有異說。要之，經有明文，不可誣也。今皆隨經附列。河圖則列天一地二章，洛書則列天生神物節，伏羲八卦橫圖則列易有太極節，先天八卦圓圖及六十四卦橫圖圓圖方圖則列天地定位章，後天八卦圖則列帝出乎震章，既使經文豁然，並令圖說不至孤行無据，且省學者繙閱之勞也。

一、朱子《本義》廣大精微，間有沿用舊說，於經文未甚融洽處，俱遵欽定正之。

一、象爻取象，皆切卦義。漢晉說者尚之。初看似涉附會，然以謙卦之義求之，實有至理。近來學者多不講，恐古義遂淹。是書分註處，遇象必詳，存古義也。

一、先儒傳說無所不收，然限於尺幅，不能全錄。撮其要而刪其繁，取其長而去其短，或數說融為一說，或數十百言約為一二言，其中爭者平之、閡者通之、缺者圓之、質者文之，要之，字字必有根据，不敢妄為臆說也。

一、向來引用先儒，皆標明姓氏，示不掠美也。但意見不同，往往紛如聚訟，轉令閱者神昏，甚者各据門戶互相攻擊，適啟後生儇薄之風。是書則無一義不本先儒而融會貫串，師其意而不師其詞，故不得復標姓氏。惟詞義仍其舊，雖有節刪而無改易，及說可並行不悖者，仍標姓氏，非謂餘皆自出機杼也。

一、新奇悖理之說概不敢登，其有見雖偏而可備一義，及於本經雖不甚竊，而於人心世道及古今治亂之故有關係者，則附錄於正義之後。

一、互卦十六事之說創自邵子，然《雜卦傳》實發其端。先儒或以《雜卦》之序難曉。今以互卦求之則次第井然。即如大過以下八卦，朱子亦以為未詳何義，今以互卦求之，則大過自初至四互、姤自上至三互、漸自五至二互、頤自四至初互、歸妹自三至上互、夬自三至五互。乾不言乾者，乾在篇首，亦不窮之義也。雜以既未濟者，歸妹、漸之中爻互既濟、未濟也，皆極自然。今從欽定《雜卦明義》中錄其大凡以釋《雜卦傳》，因而求之，全經互象莫不豁然貫通，故隨象取而注之。

一、講義有單行有分註，單行通釋大意，其取材雖博極諸子諸史，而必以六經之文運之，使可誦讀，釋本文外，間取經之義類相比相通相備相參者，組織成文，欲令觸類引伸也。分註則逐字逐句疏之，以其文頗零星，難以成誦，又先儒語錄多用俗語，不入文法，故不用單行。要之字字皆經秤量，細細繹之，亦覺妙義環生也。

一、是書成於宛南書院，時方與諸生講求制藝，故即用制藝法說經，為之提挈以明其要，為之節目以疏其義，為之曲折以極其奧，為之跌宕以暢其神，為之發揮以博其趣，為之援引證据以究其用，字必經通，語必天妙，理必徹中，運氣必貫終始。雕蟲結習，未免取譏大雅，而殊不能自割其愛也。聽翁

記（《詩》《書》《三禮》《三傳》、諸子、諸史續出）。

◎序：張子聽翁成進士，為邑宰，旋洊升司馬，未幾被黜罷官歸，好學喜著書。道光九年，潛方守宛南，大吏以書薦，延請主講書院。政少間，偶爾過謁，言政治利弊洞悉，蓋通達治體人也。學問精粹，於書無所不窺，教人次第有法度，從遊者益眾。久之，出所著《講易》一書付梓，梓成舉以示謙。讀其書，湛深醇正，薈萃先儒之說而擷其菁華，不與諸家踳駁，使讀者渙然豁然。張子又為謙言《詩》《書》《禮》《春秋》皆有著，惟史書卷帙繁多，需數年乃可鋟板。謙曰：「讀書人生為世用，如果得行其志，本經術以成經濟，立功朝廷，布澤草野，豈不足貴？不然，而沈酣典籍，殫心著述，翫古昔之圖書，闡聖賢之奧旨，俯仰流連。亦足以自快。此在福命，不可勉強。」人知得行其志者之得天獨厚，而不知著述之得天尤厚也。張子通達治體，在宦途不宜被黜，張子不被黜，雖欲著書亦不能。然則張子之罷官，非天之所以成其名乎？謙既悔吾學之就廢，亦將不欲與世浮沉而學道未得。撫衷茫茫，不禁掩卷而興歎也。謹序。誥授朝議大父前翰林院庶吉士禮部郎中知河南南陽府事愚弟唐業謙頓首拜譔。

◎自序：或曰易可講乎？余曰：難言之。夫天地人物之常未能見其大而盡其細，不可講易；古今治亂之變未能藏其往而知其來，不可講易；鬼神造化之幽未能見其狀而知其情，不可講易；飲食男女之粗未能盡其人而見其天，不可講易。曰：然則子之講易何也？曰：余何易之講哉？蓋自包羲畫卦，文王講之，周公講之，吾夫子講之，而天地之易遂成為四聖人之易。顧其言簡奧，學者未易解也。自漢歷晉唐宋元明諸儒，各以其見之所及講之，往往多所發明，然而醇疵互見真偽雜糅，言象數者病支離，尚義理者多膠固，而易幾於晦。逮我朝聖祖仁皇帝，本天亶之聰，發聖人之蘊，乃匯萃羣言而折衷於至當。高祖純皇帝又述其義而發揮之，而四聖人之心乃昭然若揭日月。則不獨學尹能講之，凡天下之學者皆得而講之也。顧學尹自束髮受書，即寢食於易，以至於今。其始泛覽於百家之言者十有餘年，茫乎莫知其畔岸也。既得讀聖祖仁皇帝之書，又得讀高宗純皇帝之書，沉潛玩索，稍得窺其藩籬。由是單精研思，條而析之、統而綜之者又十餘年。乃恍然若有所見。然吾猶懼其浮也，迎而拒之，平心而察之，皆其精也，則固而存之。日月既久，所畜滋多，吾又懼其雜也，慎而辨之，會而通之，皆其合也，則樂而玩之。如是者又十有餘年。余又懼其膠也，反覆之，參伍之，設為多端以誤之，獵於異說以

歧之，而其炯炯者未嘗昧也。然後引而伸之，觸類而長之，於《詩》見之，於
《春秋》見之，於四子見之，於《禮》見之，於諸傳諸史見之，乃至周旋進
退、行止坐臥，無所在而不見之。譬如坐井觀天，雖未能見天之全，不可為其
所見之非天也；譬吾與子舉目見天，而必舉天之不可見者以言天，則天不可
見也。若夫高者卑者、動者靜者、屈者伸者，日星河嶽之昭，雨風露雷之變，
晝夜寒暑之行，則雖執塗人孺子而語之曰：是天之所為也，而莫不欣然喻矣。
國家以經術取士，士無不講於經學。學尹將由諸經及諸史，罄平生所藏為學
者次第講之，請自講易始，可乎？」或不能難，逡巡遜去。學尹乃日與諸生講
之，諸生好事者輒錄而附之剞劂，日月既久，浸以成書，故記之。道光九年歲
在己丑孟秋之月穀旦，師白山人張學尹書於宛南書院。

◎張學尹（1775～1851），字子任，一字少衡，晚年自號聽翁。湖南湘陰
縣人。嘉慶十六年（1811）進士。用知縣簽發福建，署歸化、莆田縣事，補閩
清縣知縣，調補侯官，擢臺灣府北路理番同知，代理興化府知府，以忌者中
傷罷歸。主講宛南、濂溪、石鼓諸書院三十餘年。自謂生平窮經，於《春秋》
尤專家之學。又著有《詩義鈔》八卷、《禮記輯義》八十卷、《禮記講義》六十
四卷、《師白山房禮記傳說鈔》、《春秋經義》一百二十卷、《聽園文存》八卷、
《師白山房詩文集》十二卷。

張學尹　周易輯義　十二卷　佚

◎《湖南文徵》卷九十九張學尹《與林少穆同年書》：少穆同年執事，古
人久別不言別，而恆相質以學。今四年之別，想足下進修之盛必有不可幾者，
何敢與足下言學。然弟頻年讀易，頗有足質者。夫《易》者，知性命之書也，
然而作易者皆有憂患，何哉？自庖羲畫卦，盈虛消息之象立而吉凶悔吝之機
著焉。其憂之深遠何如也？由是遇文王於明夷、遇周公於謙、遇孔子於大畜
於賁於旅，堅貞用晦，玉門之心也；勞謙有復，子明辟之志也。剛健篤實，輝
光日新其德，其孔子之業乎？觀乎人文以化成天下，其孔子之功乎？旅之時
義大矣哉，其孔子之迹乎？然而文王於大畜不取乾之元亨，於賁曰小利，於
旅曰小亨，豈非為後聖人不得志於時者憂之也哉！子曰：「不見是而無悶」，
無悶者，有所悶而能無之者也，於困曰亨，於否曰亨，於蠱曰元亨，於蹇曰利
曰得志。學所以通天地之窮者，其在斯乎！是故言學者不可以不言易。顧易
難言，修之吉、悖之凶，天道之常也。修之而未必吉，悖之而未必凶，人事之

變也;而易特尚變,變則天道隱而而人事可疑,故難言。學尹讀易三十年,蓋嘗觀象於天、觀法於地、觀性於人、觀情於物,彰矣。而動而之事則晦,非晦也,變也。變而不得其說,則曰聖人欺我。然而聖人豈我欺哉!靜而觀之,密而察之,疑而闕之,蓋歷有年所。往者行事舛誤,習坎志窮,修悖之理幾不自据,乃還而求之於易。時而驗之,積時而驗之,乃至通古今治亂之時而驗之,而盈虛消息之理豁如也。事而證之,積事而證之,乃至合天地鬼神之事而證之,而盈虛消息之理確如也。然則乾坤剝復,來無不往,往無不來,變之利也,天之道也。而聖人顧憂之,何也?今歲主講宛南,舊例書院每月二課專務時藝,今特刱立經課,與諸生十日會講一次,先從事於易。諸生敏者每課能授二卦,次者二卦,鈍者亦得講一卦。諸生方習時藝,視經學幾成兩途,不得已,因即用制義法說經。為之提頓跌宕以豁其意,為之虛實分合以疏其義,為之援引證据以究其用,為之引伸旁通以盡其變,為之詠歎淫液以暢其神,蓋欲因其技而進之以道也。而諸生好事者,每於說一卦終,輒錄而授之剞劂,禁之則嘖嘖有言,又不得不聽之。大約七八月當有成秩,便當寄呈教誨,諒不以遐遠而棄之也。學尹頓首。

◎郭嵩燾《郭嵩燾全集·集部三·文集》卷十四《張少衡先生墓誌銘》:張少衡先生既卒二十有四年,遺命不為行狀及銘墓之文,謂其子曰牧曰:「若是以為名也,其將紹述吾學而光大之。無以名,而以實,其可乎!」已而軍事起,自牧積勞至道員,加布政使銜,以其官贈先生榮祿大夫,盡刻其遺書,曰《周易輯義》十二卷、曰《詩義鈔》八卷、曰《禮記輯義》八十卷。曰《春秋經義》百二十卷、曰《聽園文存》二十四卷,於是先生之學大光顯矣……先生治經尤邃於《春秋》。自漢以來說《春秋》數十百家,窮攷其源流,校論其得失,而一準之經以發明聖人之用心。三代典禮與《春秋》所以異同由,由聖人言推知其然。諸儒之說,或合或否,若操繩尺以絜度長短,無爽錙銖。常自言:諸經有所論述,一守先儒之遺,未嘗自為說,惟《春秋》自得於聖人之意為多。其治他經,亦多取舊說,融會貫通,而立論詳贍典雅,自盡其意,故世尤高先生之文章。門人子弟刊行所說經曰《師白山房講易》、曰《毛詩講義》,其後皆有更定。《春秋》獨晚成,未及刊行而卒……先生罷官里居三十年,在官行事未嘗為人言,又戒不求人文自表著。至是距先生去官時且六十年。自牧乃采取去閩送別詩冊及閩人所刻《三山謠》,略存其事跡以志於先生之墓。其《春秋經義》采擇未備,自牧亦補具數十百條刊行於世,於先生為有賢嗣

矣。是固宜銘，銘曰：有儒一生，屈子之鄉。勤學及耄，載晞其光。作宦於閩，其施未閟。有擠而踣，斯文以昌。堂堂六經，掇拾散亡。《春秋》聖功，其義微芒。權衡古先，如尺在量。生世不諧，惟直以方。沛然文詞，與道偕臧。厥嗣紹家，纂承闡揚。遺書在笥，光燭湖湘。廿年斯邱，山高水長。鐫石埋銘，以詔茫茫。

張燕翼 周易會解 佚

◎民國《增修膠志》卷二十八《列傳》八、卷四十二《人物志》：晚年尤邃於易，著有《周易會解》、《四書精義》。

◎孫葆田《山東通志》卷百二十七《藝文志》第十：晚年邃於易，著此書。見《州志》。

◎張燕翼，字安仲，號敬堂。山東膠州人。張文嵋子。性敏慧，究心四子理學書，尤好程朱文集。康熙四十四年舉人。任單縣訓導，善陶成士子。後告歸，家居十餘年，以經書文章自娛，汲引後學。晚年尤邃於易。著有《周易會解》、《四書精義》等。

張奕光 周易讀本 不分卷 存

稿本

◎張奕光，字葉千。山東陽信人。張延增子。

張禮 大象傳解 一卷 佚

◎道光《重修膠州志》卷二十《藝文》：張禮《大象傳解》一卷。

◎孫葆田《山東通志》卷百二十七《藝文志》第十：是書見《州志》。

◎張禮，字仲馨。山東膠州人。諸生，通曆法，精易數。

張英 易經參解 六卷 佚

◎道光《續修桐城縣志》卷第二十一《藝文志》：《易經參解》六卷（張英撰）。

◎張英（1637～1708），字敦復，號樂圃，又號夢敦、倦圃翁，卒諡文端。安徽桐城人。康熙六年（1667）進士。官至文華殿大學士兼禮部尚書，先後充纂修《國史》《一統志》《淵鑒類函》《政治典訓》《平定朔漠方略》總裁官。著有《易經衷論》《書經衷論》《文端集》《聰訓齋語》《恆產瑣言》《篤素堂文集》等。

張英 易經衷論 二卷 存

上海師大、浙江藏康熙刻雙溪集本

浙江藏四庫本

國圖、北大、山東、湖北、南京藏光緒二十三年（1897）桐城張氏刻文端公全書本

山東藏臺北商務印書館 1983 年景印文淵閣四庫全書影印國立故宮博物院藏本

山東藏臺灣新文豐出版公司 1983 年大易類聚初集影印文淵閣四庫全書本

◎四庫提要：是書專釋六十四卦之旨，而不及《繫辭》《說卦》《序卦》《雜卦》，每卦各為一篇，詮解大意，而不列經文。大抵以朱子《本義》為宗，然於坎卦之「貳用缶」句，又以《本義》為未安，而從《程傳》以「樽酒簋貳」為句，則固未嘗有胡炳文等膠執門戶之見也。其立說主於坦易明白不務艱深，故解乾彖「元亨利貞」云：「文王繫辭，本與諸卦一例」，解乾坤《文言》云：「聖人舉乾坤兩卦示人以讀易之法，如此擴充體會」〔註71〕。蓋以經釋經，一掃紛紜轇轕之見，大旨具是矣。《漢書‧儒林傳》稱「費直惟以《彖》、《象》、《繫辭》十篇、《文言》解說上下經」，知漢代專門不矜繁說，英作是書，其亦此志歟？

◎何焯彥《易經遵孔八晢類稿》卷十二《集晢》：張氏英《易經衷論》，所釋惟六十四卦，每卦為論一篇，其立說主於顯易，不務艱深，頗能掃眾說之糾結。

◎蔡元培 1933 年 5 月 19 日致張元濟函：菊生吾哥同年大鑒：聞大駕已由杭回，想起居安善。張馬君瑋夫人送來張文端所著《易經衷論》、《書經衷論》各一冊，又馬通伯二先生所著《尚書誼詁》、《老子故》各一冊，屬轉呈左右，意欲出售版權，未知有此辦法否？張夫人不久欲回桐城，如蒙早日示復，甚幸。專此，敬祝臺綏。弟元培敬啟。十九日。

◎或著錄為《易經中論》。

〔註71〕《庫書提要》此句以下作：「亦皆見地明達，無紛紜轇轕之病。其他本秉承比應之理以直抉夫吉凶悔吝之所以然，大都言簡意該，不以象數穿鑿自生枝節，猶說易家之平正篤實者也。」

張瀛 周易輯說 佚

◎同治《大埔縣志》十七《儒行傳》：精於易，著有《周易輯說》，惜因戰亂遺失。

◎張瀛，號沐齋。咸豐乙卯以優等充廩膳。同治甲子，援例選貢。

張應龍 讀易隨筆 二卷 佚

◎民國《開平縣志》卷三十三《人物畧》二：通六經，尤邃於易，著有《讀易隨筆》二卷。

◎民國《開平縣志》卷三十八《藝文畧》一：《讀易隨筆》二卷（清張應龍譔）。

◎張應龍（？～1800），字孟仁，號平淵。廣東開平縣沙堤沖翼人。家貧力學。卒於端溪書院。又著有《讀書日記》。

張應譽 篤志齋周易解 三卷 存

天津、黑龍江藏同治十年（1871）南皮張氏刻篤志齋經解本

◎目錄：卷一上經。卷二下經。卷三繫辭傳、說卦傳、序卦傳、雜卦傳。

◎錢振倫序略謂：本朝羣儒，闡發漢學已無遺義。近之談經者乃徒搜逸文碎事以矜奧博，先生伏處鄉閭，無門戶之詬爭，無聲華之馳騖。而閉戶自精，獨有以貫串全經之旨，而務持其平。雖所存不多，其根柢亦略可見矣。

◎《南皮縣志》卷九《文獻志》三《儒林》：著有《四書日講集解》《讀易集解》《春秋解》。

◎周按：其書不全錄經文，僅節取數句加以詮釋，注其卦名於下。且上經不釋師、比、履、同人，下經不釋大壯、睽、蹇、夬、困、巽、兌、節。

◎張應譽，字伊知。河北南皮人。歲貢生。著有《篤志齋經解》五卷（《易》三卷、《春秋》二卷）。子金節，恩貢生，亦以樸學著。

張庸坊 易韻 一卷 佚

◎民國《增修膠志》本傳著錄。

◎張庸坊，字用之。山東膠州人。張群燕子。諸生。以孫膺善贈文林郎，候選按察司經歷。又著有《詩字形聲說》四卷、《方言續解》、《髮捻寇膠記》一卷、《警報紀聞》一卷。

張永芳 易經性理衷義 佚

◎《中州藝文錄》《河南通志藝文志稿》著錄。

◎張永芳，字蘭谷。河南宜陽（今洛陽宜陽）人。康熙二十年（1681）舉人。官太康縣教諭。

張猶 六十四卦通解 二卷 存

山東藏嘉慶刻本

張右峰 周易說象 二卷 存

山東藏朱獻麟等 1927 年鉛印本

◎民國《獻縣志》卷十一中下《文獻志》三：著有《周易說象》《尚書輯覽》《詩義歸宗》《春秋三傳／三禮／爾雅便讀》《諸子擇粹》《地輿要覽》諸書。

◎民國《獻縣志》卷十二《文獻志》三：《周易說象》《尚書輯覽》《詩義歸宗》《三禮便讀》《春秋三傳便讀》《爾雅便讀》《諸子擇粹》《地輿要覽》（並張右峯撰）。

◎張右峯，字西嵐。嘉慶戊寅副榜，闢家塾教授鄉里，多所成就。

張玉履 易經衷旨 佚

◎嘉慶《泰興縣志》卷八《藝文志·著述·經類》：《四書的解》《三鳳堂遺稿》《易經衷旨》。

◎張玉履，江蘇泰興人。康熙五年進士。十八年歷任山西長子、直隸行唐知縣。又著有《四書的解》《三鳳堂集》《三鳳堂遺稿》。

張元光 大易圖演解 二卷 佚

◎乾隆《溫州府志》卷二十七《經籍》：《大易圖演解》（二卷。永嘉張元光著）。

◎光緒《永嘉縣志》卷二十五《藝文志》一：《大易圖演解》二卷（《乾隆府志·人物傳》演作衍，今從《經籍志》），國朝張元光撰。

◎張元光，浙江永嘉人。

張元灝 學易隨筆 六卷 存

國圖、清華、南京藏乾隆五十八年（1793）二銘書屋刻巾箱本

◎一名《讀易隨筆》。

◎嘉慶《山陰縣志》卷二十六《政事志》第三之八：《學易隨筆》六卷、《學易隨筆續編》四卷，國朝張元灝撰。

◎道光《會稽縣志稿》卷十七《人物志》一：尤邃於易學，由宋邵氏而推原于漢儒，謂康節《觀物篇》參用孟氏易，謂《太元經》用八十一卦又六分卦之一，與孟氏卦氣圖一爻當八十一分又六分分之一並同，特年與日所值有不同耳。謂京房律呂之法與鄭氏爻辰並同。其六陰皆用衝位，即卦之變。又以孟氏易不傳，先儒所言卦爻歲值之數，散見各書，條而列之，因以易學求天學，而爻策之數與天週歲適實朔策、太陽太陰緯度實測之數，微有有餘不足之差者，當如數減之而合、不足者當如數加之而合。一燈如豆，筆算墨書，或終夜不寐。及門通其法者，初得暨陽周源淋，後有同邑沈元燔。二人早歿，元灝悒悒不自得……其言易之書充廚溢笥。又有《花間柳草堂詩文集》。歿後子孫相繼逝，遂俱散佚。惟《學易隨筆正續編》、《經義問對》及制藝行世（《採訪》）。

◎張元灝，字心函，號問樵。浙江山陰人。優貢生。嘉慶丙辰舉賢良方正。

張元灝 學易隨筆續編 四卷 存

國圖、清華、南京藏乾隆五十八年（1793）二銘書屋刻巾箱本

◎嘉慶《山陰縣志》卷二十六《政事志》第三之八：《學易隨筆》六卷、《學易隨筆續編》四卷，國朝張元灝撰。

張元熙 周易集說 佚

◎光緒《海鹽縣志》卷十七《人物傳》四《文苑》：著有《周易集說》《詩文稿》若干卷。

◎張元熙，原名天驥，字春嶼。生而穎異，貫穿經學。嘉慶甲子舉人，數與計偕不售，陶情詩酒，年垂五十始授浦江學博，以實學課士。

張元耀 釋易圖說 佚

◎《中州藝文錄》《河南通志藝文志稿》著錄。

◎張元耀，字嵩陽。河南鄧州人。康熙六年歲貢。官沈丘縣訓導。

張遠 大易原始 佚

◎康熙《蕭山縣志》卷十八《人物志・理學》：所著有《大易原始》《詩經

晰疑》《文選會箋》《杜詩會稡》《唐詩存雅》《蕉園集》等書。

◎民國《蕭山縣志稿》卷三十《藝文》：《大易原始》（清張遠撰）。

◎張遠，字邇可。浙江蕭山人。康熙二十年歲貢。候選縉雲訓導，家居館穀。著有《大易原始》、《敬一錄箋》。

張瑗 周易發微 佚

◎同治《祁門縣志》卷二十五《人物志·宦績》：著有《周易發微》《三禮會通》《潛虬齋詩文稿》（見《通志》）。

◎張瑗，字蓮君。安徽祁門石坑人。康熙辛未會試第一，由編修改御史，督學河南。問學精博，嘗作《理學真偽論》。

張贄 周易九圖淺說 二卷 佚

◎道光《續修桐城縣志》卷第二十一《藝文志》：《周易九圖淺說》二卷（張贄撰，見《江南通志》）。

◎道光《續修桐城縣志》卷十六《人物志·文苑》：尤專心易理，著《周易九圖淺說》及《步天》《經世》《返觀》《臥遊》諸集。

◎張贄，字越萬。安徽桐城人。縣學生。購書萬卷，批纂晝夜不輟。以子慶貴，贈宣武大夫。著有《周易九圖淺說》二卷等。

張雲經 易經解 佚

◎乾隆《普寧縣志》七《文學傳》：性鈍多記，困知成學。所集《四書字解／句解》《易經解》《詩經解》，士人多宗之。惜無藏板，相傳寺火，稿被焚。

◎張雲經，本廣東大埔人，後遷潮州普寧縣。增廣生。教授為業。

張雲行 衍河圖雅言 六卷 未見

◎《中州藝文錄》二、《河南通志藝文志稿》著錄。

◎張雲行，字湘帆。河南祥符（今開封）人。道光十七年由舉人大挑一等試用四川渠縣知縣。學問淹博工書畫。

張允樸 周易揭主遵孔錄便解 三卷 圖說 一卷 存

國圖、山東黨校、山東師大藏光緒十二年（1886）濟南寶興堂刻本（張式燕編次）

◎一名《周易遵孔錄》。

◎新城知縣武進徐壽基序略謂：張君治易有年矣，其所注《周易》有《揭主遵孔錄便解》三卷圖說一卷，於漢宋兩家之學靡所不窺。要非鉤深致遠、融會貫通，安能如是之深切而著明也？！

◎張允樸，字素村，號莓石，又號澦東老人。山東新城人。又著有《律呂說要》。

張瓚昭 經笥質疑易義附篇 四卷 首一卷 存

北大、南京、山東、遼寧藏道光七年（1827）蘭朋堂刻本（猁兒跋）

四庫未收書輯刊影印道光七年（1827）蘭朋堂刻本

◎卷首一卷：五行圖說原序、五行圖。

◎目錄：卷一卷二天文類。卷三卷四地輿類。

◎同治《平江縣志》卷四十二《人物志》一《儒林》：其說《禹貢》不限長城以內，說易則取天文家半覆地上半在地下之說，以釋天道之兩，且表其微於變化生萬物。又取醫家血非氣不行、氣非血不化之說，以明人性所自成賴血氣以有靈，且通其義於水火不相射。羣詫刱獲，而確乎不可易，似漢以前儒者出也……著有《易義原則》《書義原古》諸書，統名《經笥質疑》行於世。其《天文分野圖說》入《皇極經世文編》。

◎同治《平江縣志》卷五十一《藝文志》一：《易義原則》六卷、《易義附篇》四卷、《書義原古》四卷、《天文／地輿說》各一卷、《楚陵述略》二卷、《東安公牘》二卷、《斗峰文集》四卷，張瓚昭撰。

◎孫殿起《販書偶記》卷一：《易義原則》六卷附篇四卷，平江張瓚昭撰。道光丁亥本署刊。又名《經笥質疑》。

◎李元度《天岳山館文鈔》卷二十一《敕授修職郎贈奉政大夫東安縣學訓導張公墓誌銘》：公受學於湘潭羅慎齋鴻臚，穿穴六經，以稽古明道自任。客都門久，出蒲城王文恪、蕭山湯文端兩相國之門，與安化陶文毅、道州何文安諸公交，以道義相切劘，師友淵源，相期為經世之學。厄於位，窮經詁義，排習說，標正解，群詫創獲，而確不可易，似漢以前儒者出也。著有《經笥質疑易義原則》、《書義原古》、《禹貢天文分野／地輿說》、《詩義原古》、《楚陵述略》、《東安公牘》、《斗峰文集》行世。

◎張瓚昭，原名寶昭，字絢珊，號璞園，晚號斗峰。世居平江縣南門。張

嶽齡父。嘉慶辛酉優貢，道光丁亥充鑲紅旗官學教習，辛卯官東安縣學訓導。道光乙未舉人。先後出嶽麓書院院長羅典、大學士蒲城王鼎、蕭山湯金釗之門，又與當時名儒龔自珍、沈維鐈、凌坤、魏源輩上下其議論，於古經一字一句必求的解，不肯附和前說。終生精於經史考證，於天文地理尤有建樹。又著有《易義附篇》四卷，《書義原古》四卷，《天文／地輿說》各一卷，《楚陵述略》二卷、《東安公牘》二卷，《斗峰文集》四卷。

張瓚昭 經笥質疑易義原則 六卷 首一卷 存

北京大學、山東藏道光七年（1827）蘭朋堂刻本

四庫未收書輯刊影印道光七年（1827）蘭朋堂刻本

◎卷首一卷：羲皇本紀、天岳皇壇圖說、上帝考、黃龍考。

◎易義原則凡例：

一、諺有之：「作者難，識者亦不易。」為今之時文言也。愚竊以為雖古之經文亦莫不然。何者？一時之奇文，必待一時之奇士識之，於是乎世有奇文一時，無有識之者矣。然則千古之至文，必待千古之至人識之，又豈無有古傳至文千古無有識之者乎？若是者，吾以說《周易》。夫千古之至文則莫如《周易》矣，易本於卦，作卦者包犧，自包犧而神農而黃帝而堯舜，由是傳之夏禹傳之殷湯，湯傳之子孫，歷高宗至帝乙與箕子，乃傳之文王，文王傳之周公，周公得之而因卦以繫辭，追述商之列聖，以志師承之所自。其作之難何如也？宜夫識者不易矣。於是周公慮焉，屬之史官，以專其業廣其傳。故至春秋之世，周史記既不失職，而列國之史及卿大夫之賢者，莫不通習之。至於孔子，以天縱之資，好古敏求，周流延訪，又幸年之可假，學之韋編三絕，其專精至夢見周公，乃以其義傳諸門弟子。於是曾子、子貢之徒作為傳以申明之，追述包犧以來經所未詳之事類，見淵源獨遠，其識之之不易又何如也？夫然後作者識者誠相契合，而凡易中之精蘊，自孔門發明之後，宜無餘留矣。顧何以左氏所記又有出於孔門所發明外者？竊取之以與經文考證，覺其為聖經所不可少者，皆易學之真傳，可以補易傳所未備。蓋當是時，人人知易，故《易傳》於人所共知者畧之。今得《左傳》以詳《易傳》所畧，庶幾真無餘蘊歟？而猶未也。間嘗反復思之而觀其通焉，竊謂辭之精蘊，孔門固已盡之。若卦之精蘊，雖周公猶未盡之，何者？包犧之畫卦也，其時為何時，而豈有衰世之意，殷紂與周文乃周公適值其世，即以其事繫之辭，此殆

猶孔子之作《春秋》然。夫《春秋》之為時，萬世之時也，豈因周衰而始有？乃孔子值周衰之時，遂以其筆創褒貶之辭，寄之於某公幾年春幾年秋之下，而大義以昭。然則讀易者其即以讀《春秋》之意讀之乎？解易者其即以解《春秋》之意解之乎？夫韓宣子之觀書於太史氏也，固合《易象》與《魯春秋》並觀之。後之人又何不可並讀之而並解之也哉？《左傳》曰《春秋》之稱微而顯、志而晦、婉而成章、盡而不汙，懲惡而勸善，非聖人孰能修之？予於《周易》亦云。蓋《周易》，《春秋》之權輿也。孔子志在周公，而夢寐不忘，其不以是也夫？

一、孟子言尚友之道，誦其詩，讀其書，必知其人論其世，豈說易而獨不然乎？然則作易之聖人為誰？曰周公。周公身歷殷周之間，親見文王與紂之用易，默識其事於心，向者有感於河之出圖，曾諦觀乎卦象，茲復因被謗居東，感洛之出書，欲以著作寄其憂思、《繫辭》於卦象與爻以明吉凶，爰念吉人莫如文、凶人莫如紂，且以其人知易而用易，於是著其事為《辭繫》之於易。《左傳》晉韓宣子觀《易象》曰：「吾乃知周公之德與周之所以王也。」此可與《易傳》相發明也。蓋言周公之德明以作易屬周公、言知周所以王，惟以其辭當文王與紂之事也。乃後之讀易者竟不知其當文王與紂之事則何也？史遷誤之也。史遷以為文王囚羑里而作易，偶與傳文憂患之說合，後之人遂信之不敢疑，至於與傳文當文王與紂之事不合，後之人並不復深究，所以貽誤無已，並無一人肯以文王與紂之事說易也。今無暇深論，第論夫言爻有文王後事斷以為屬周公被謗時作，可謂得之，而胡為猶以彖辭屬文王也？豈以爻辭有後事彖辭無後事耶？獨不思後事不特文王身後，如震艮所繫之彖辭為後事，凡羑里以後之事皆後事也。試問諸卦彖辭如坤之後得、謙之利攸往、升之南征、豐之王假，果能鑿鑿信其皆羑里前事耶？不能信其皆前事，則與其遷就以從史公，何若決截以從《左傳》為愈也？此區區之意，所以不能不急為之辨者。

一、《周易》之書雖自周公作，不自周公始也。傳之自文王也，亦不自文王傳也，由帝乙箕子以上至堯舜及於犧農也。竊由是思之，《尚書》止斷自堯舜，《易象》則斷自犧農；《尚書》百篇，十不存三；《易經》全冊，傳且附經。然則人謂道統之原具於《書》，吾謂道統之原具於易。昔子貢以夫子言性與天道不可得而聞，今吾輩於讀易傳屢聞之，何其幸歟！

一、《周易》之名因周公而得，猶《詩》之有周南，非稱代名以別於夏殷

也。夏自《洪範》錫禹，厥有稽疑，然易興於殷而不興於夏，則夏時有筮而無易可知也。至於易辭敘高宗、帝乙、箕子而不敘公劉、太王、王季，則可知周之先無人知易。周文之知易得自殷人者也，是周之易即殷之易，周未嘗外高宗、帝乙而別創一體，殷豈嘗先文王、周公而早定一經，此必無之事也。設有是事，必見於《論》《孟》《左》《國》諸書，然後可信。今諸書都無所見，而可以偽經之名目為據哉？邪說害正，莫此為甚。若不力排之，吾恐數千年後又有女子得夏商之易於壁間，當事者為之表章，則《周易》且不尊矣，嗟嗟其奈之何！

一、先儒闢佛老，凡說經不容一語攔入，其衛道可謂嚴矣。然以易學論之，則有不勝嚴者。蓋《易》以廣大悉備之書，肇自太初而興於中古，源遠流長，託之者眾，不特正經技術多所扳援，即旁門小數、左道妖言罔不附會，豈獨佛老宜嚴哉？竊謂分門別戶之邪說，其害易道者猶小，絕其扳附而已；莫容入室操戈之邪說，其害易道者獨深，發其奸邪而不能息，是所望於有力者。

一、易中名目，傳有明文，分晰之使不可混者，宜即與之以不可混，庶幾異說得援以辨其非，所關非淺鮮也。象與爻之謂也，《傳》曰「象者言乎象者也」，此屬全卦言；「爻者言乎變者也」，此屬一畫言。已足見象與爻之判然不可混矣。未已也，有較此更詳者，曰「聖人有以見天下之賾，而擬諸其形容，象其物宜，是故謂之象。聖人有以見天下之動，而觀其會通以行其典禮，繫辭焉以斷其吉凶，是故謂之爻」，其為文凡五十六字。夫以象爻二字之義，至以五十六字釋而別之，可謂昭晰，後之人得此可以曉然無復疑慮，而傳者之心猶不能釋然也，至篇末再舉此五十六字者備述之，不易一字，惟於其發端加「是故夫象」四字以標識之，一若惟恐人之以象而渾夫爻也者，一若逆料人之必以爻而渾夫象也者。辭繁不殺，反復丁寧，此豈稍示以猶夷哉？抑豈或有難領悟者哉？乃後之說易者猶必指各爻之辭為象，各加「象曰」於《爻傳》之上，遂使象爻之辨不明，而四象竟作四爻解。此無他，惟不知易例三畫成卦始謂之象，不成卦不謂之象，此畫變動始謂之爻，不變動不謂之爻。而妄逞臆臆，竟至自誤。吁！若而人者，雖欲不謂之誣聖叛道，不可得矣。

一、易中有象與爻，即有德與體，所謂陰陽合德而剛柔有體是也。德以卦言，體以爻言，故陰陽之德屬諸卦，剛柔之體屬諸爻。既未聞言剛卦柔卦，

何可言陰爻陽爻？乃後人若不知德體攸分，偏於爻言陰陽，至有二陰二陽、三陰三陽等說，驗之易例，何嘗有此。此雖小小差謬，然毫釐千里，正易學之所必謹者。

一、卦象之有陽不能無陰、爻畫之有剛不能無柔，由兩間之有天不能無地、人世之有男不能無女而起。惟其所值之時與位何如耳。是故不獨陽剛常得吉者，豈得因柔有時克剛，遂執扶剛抑柔之說，概不許柔與剛並哉？然則迭用剛柔之理，吾願後學者三復之。

一、圖與書無奇，即今之畫與字是也。畫是圖，字是書，古今一致，故典謨訓誥無畫而僅有字，謂之《書經》，是明徵也。考之載籍，書而兼圖者自易始，故必推原其所自則耳。若夫自易而後記載多矣，近世天地民物之籍，其先圖後書者不可勝數，此果有何神奇，而必紛紛聚訟哉？然則河洛之出雖難知，要其圖之是畫非字、書之是字非圖可知也；圖書之則雖難知，要其中有畫焉是即其圖、有字焉是即其則書可知也。今觀之易，卦畫重重，何莫非畫，即何莫非圖；繫辭一一，何莫非字，即何莫非書？而待遠求乎？《中庸》註以河圖與赤刀大訓並為周之宗器，良然。《周書・顧命》以河圖居東序之末，可見非周之遠物。《墨子》言「文王時泰顛來賓，河出綠圖」，其確證也。又隨巢子云「姬氏之興也，河出綠圖」，與《國語》「周之興也，鸑鷟鳴於岐山」相類。《論語》言河圖次於鳳鳥，可知圖出在鳳至後；《易傳》言洛書又次於河圖，可知書出又在河圖後矣。謹按洛屬小川，《禹貢》但一導之，無他事。則表章洛水以為都會，且居之最久者孰與周公？而謂洛水效靈，有不屬之周公者哉？居東作易，周公之大業也，而謂洛為周公效靈有不在於作易時哉？然則洛書之出，古雖無徵，斷以時屬周公居東，庶不悖於《易傳》也。愚所見於易中之圖書如此，意欲以是釋歐陽子之疑，而堅後學之信。由是遵傳以求經，可不以臆說速無稽之戾夫！

一、筮卦之數本屬六七八九並用，而爻言用九用六者，因其能變用以占也；其不用七與八者，因其不能變則無可占也，無所謂老與少之說也。夫老與少就人壽言也，設有兩男子於此，一七十、一九十，謂九十為老謂七十為少，可矣。有兩陰人於此，一六十、一八十，謂六十為老謂八十為少，可乎？吾觀乎其言老少，或又言太少，因知其說所自焉。蓋與先後天之說同出於《醫經》也。《醫經》以未離母懷者為先天，既離母懷者為後天，故以腎為先天，脾為後天，本與《文言》先後天之旨不合。至於陰陽分太少、太少分手足，又

以厥陰陽明分手足合為十二經絡，蓋準血氣之多少以定名，何嘗與於卦爻之變不變哉！故此說在醫家則為綱領，攔入易學則為妖魔，是不可不辨。

一、太為加倍之號，而極則無可加之名，太極誠不得作一數解。惟不作一數解，乃克與上文六爻之動、三極之道也相貫通，可見三極即太極，謂六爻。猶天文三台即太階，實六星也。不但已也，即如天文少微三星、太微六星是加倍之義可見，而南極入地三十六度北極出地三十六度，各以六六為數，則太極之屬六爻言而六爻之為無可加也，不已較然哉？或者乃欲將六畫之卦再加為七畫易累至二十四畫，其為謬說，蓋不足辨矣。

一、傳中言生者不一。竊謂其解有二：一為陰陽相推而生變化，此生字是順言之，天生神物之類同此；一為吉凶悔吝生乎動，此生字是逆推之，易有太極以下四生字同此。蓋此四生字不明，易中之大疑無由解。昔黃中林氏與晦菴朱子爭論，兩不相下（說載《文獻通考》）。愚則欲從中斷之。何以斷之？以吉凶生大業斷之。大業之義，下文六言「莫大」即其注腳。且其明言定天下之吉凶莫大乎蓍龜，是蓍龜為大業，豈不是明言吉凶生於大業乎？此生字得解而後上三生字皆得解。斯林、朱二子之爭即可以此解斷之。蓋朱子以一數解太極不足以服林氏，林氏以反復顛倒取八卦，不足以服朱子。今解生字作逆推看，於是解八卦從朱子，解太極從林氏，而此節之義渙然冰釋矣。猶憶予向者以象與爻區分，謂四象不得以四爻解，因思兩儀為兼兩太極為六爻，知生字必以逆推也。然未敢以示人。及見林說，喜其先得我心，猶病其未全其說，為人所闢也。吁！經義之明，豈亦有時為之而不可強耶？

一、傳中迭有觀象之文，說者曾無理會。試思三畫六畫明列於冊，何必君子始能觀之乎？其必君子云者，殆必有故也。間嘗反復求之而有得焉，則以為其法不外往來上下進行之說，而更兼之以參伍錯綜，以是為觀，愈觀而理愈出，旁通曲暢，無所不宜，而仍不溢於六爻之外，始知至精至變至神胥於是乎在也。舊註卦變之說畧涉其端，未竟其緒，蓋妙理本兩間之秘蘊，其必待其時發之歟？

一、舊註卦變之說，人或議之，不知可議而不可概議也。夫卦有從變易來者，有從反易、互易來者，有從參伍錯綜來者，大抵不緊從前卦來則必遠從乾坤來，皆有精義存乎其中，固不得但執一二爻為言，無情無緒，泥挪混扯以為是從某卦來也。蓋此係易中一大義例，經傳所言不過發其凡耳，其未言者正當推類以盡其餘，豈得漫肆譏評，謂無是說哉。

一、易有互卦見於《左傳》，陳侯使周史筮敬仲，遇觀之否，所謂「風為天於土上，山也」一語，後之說者或主之或不主之，而不知不主互卦則觀象顯有未全，何以見廣大悉備；不主互卦則如篇首重乾重坤，是謂三才兩之，止有兩儀，德何以四。且不但已也，乾坤既繫，宜及六子，子分男女，宜先三男。夫三男之為乾坤任事也，豈可缺一哉？胡為屯止坎震、蒙止艮坎也？惟知夫坎震合而艮坤互焉、艮坎合而震坤互焉，然後知六爻中自有以兩為三、以兩為四之道，而重卦之蘊亦可於此窺之。蓋卦之所以重，原取其能有互卦也。予更證之乾坤以下經文如屯言勿用、有攸往，師言長子帥師之類不可勝述，是經文既主互卦矣。進觀象傳之文，如小畜言文德、大壯言履禮之類，亦不可勝述，是傳文又主互卦矣。經傳之所主，而說者不主，豈不悖經傳之旨哉？學者苟不欲悖經傳，則雖欲不主互卦以為說，其必有所不敢矣。

一、傳言八卦相盪，又言八卦相錯，其義有異。蓋相盪者，就外言之，謂此加彼上、彼加此上，即重八為六十四之謂也。相錯者，乃犬牙相錯之象，有彼來入此中、此往入彼中之義，如經傳言往來言上下言進行，或主一爻，或主二三爻，皆謂此也。

一、諸卦之相承有序，此《序卦》之所由有傳也。然相承之義何嘗不自象而得？今觀坤之承乾以對易，其後如大過承頤、離承坎、小過承中孚皆是也，如是者四。又觀蒙之承屯以反易，其後如訟承需、比承師、履承小畜之類皆是也，如是者二十五。又有兼對易反易者，如否承泰、蠱承隨、未濟承既濟皆是也，如是者三。皆就其耦論，前人已有指數之者。至於屯承坤、需承蒙以下凡三十，其相承亦必有義，而前人畧焉。予嘗察之，惟蹇之承睽以對易，其餘或反易之中有變爻，或順承之中有變爻，其變或一二爻或三四五爻不等，大抵近承上一卦者少；或兼承上兩卦，或遠近兼承者，其相承之象，殊不一致。予於是反復比類而觀之，覺一二爻變者，其不變爻為一成象有餘；若四五爻變者，其變爻亦為一成象有餘。在前人以相聯屬為成象而不以有間隔者為成象，誠難勝論。第論三爻變者，或承之以初二三，或承之以四五六，中無間隔，明有成象可觀，義亦易曉。所難曉者惟變爻與不變爻相參錯，如臨之承蠱，承之以二四五，變其初三上；噬嗑之承觀，承之以二三上，變其初四五。嘗觀象而思其義，聖人既已後卦之二四五爻、二三上爻相承前卦，則二四五與二三上不已作成象觀乎？二四五與二三上既作成象觀，則其所變之初三上與初四五不又作成象觀乎？夫然後知聖人列卦，後卦承前卦，承之以參

錯者，明示人以觀象之法，所謂參伍錯綜者，在於此也。至若遯承恆承之以初三四，損承解承之以二三五，萃承姤承之以初四五，困承升承之以初二上，革承井承之以三五上，如此類者既不一而足，是觀象之必如是，亦易中一大例也。此之所以為例者，觀家人一卦可以知之。夫以離巽互坎離，夫婦則有之。若不參錯觀之，安得父父子子兄兄弟弟也哉？故敢明著之以為觀象者備一法焉。

一、凡經文為本根、傳註為枝葉。若易則卦象為本根，經文又為枝葉矣。蓋經文有象，是言乎象者，人必於卦之四象觀察有得，然後可於象辭有發明；經文之有爻，是言乎變者，人必於卦之變義觀察有得，然後可於爻辭有發明。斷未有徒逐枝葉而能有當於本根者也。自易學失傳，人恆重枝葉而忘本根，於是說易之家止知有傳註，不知有經文；止知有經文，不知有卦象。遂至互卦之說人或愁置不言，而四象不可復識矣。即或有言互卦者，以震坎艮為陽互卦之主，巽離兌為陰互卦之主，而陰陽交互之象，人皆茫然矣。又其甚者，云乾坤既未濟互之仍得乾坤既未濟，不在互卦之內。於乾卦所繫之元亨利貞四德，人以為未見取象之意；至坤卦所繫之西南東北四方，人概不求其取象有由矣。易義尚堪問哉？夫如是，是無怪互卦與飛伏、納甲並叱為旁門，而參伍錯綜之說宜其與爻言乎變之說並不得為易之本義矣。吁！易義尚堪問哉？竊願善學易者其必於此審諸！

一、民物情形，古今一致，其資證據處，有古典所無，斯不得不取之近籍；或近籍未顯，斯不得不參之見聞，如鬼方、雷霆、羸豕、瓜鮢之類，要必彰彰在人耳目前，不敢影響依稀，妄為附會也。總之，象辭屬物宜，爻辭屬典禮，或關國故，或係民彝，非真經確傳不敢相援，則私心所獨慎耳。

一、惡而知美，無偏之道故不如是甚。子貢曾為紂表之。今從易中求紂之事僅多好處，設無好處，安能君臨天下有三十二年之久。然則紂之為君殆吳夫差、唐明皇之類，始焉知人善任身亦無他，後乃饞色昏迷暴虐奸宄。吁！祖巳「淫戲自絕」之語，犯顏極矣，紂且坦然受之，此豈後世所多靚哉？顧他人不為紂表，而獨子貢表之，是必從易得來者。今觀傳言性與天道，明晰粹精，竊疑《繫辭傳》《說卦傳》或皆子貢為之。

一、說易之家無慮千萬，從無自誇語。惟明季瞿唐來氏矣鮮註易，獨謂《易》自孔子後二千餘年在長夜中，其意謂易至渠得解而長夜始旦。今行世二百餘年，學者多宗之，竟無人議其非，一若來氏語為允。予豈得獨不為允

哉！第予取其全書讀之，詳加較量，見其為得經旨者十無一二，惟中孚豚魚、鳴鶴、翰音三事最得經旨，乃遂恃此滅視諸家，以為在長夜，而居己以獨旦。予則未敢信。自予言之，諸家果在長夜，則來氏者不過於長夜中得一清夢耳。究之，清夢少惡夢多，吾不勝述。述其原說咸卦有誨淫之罪，則惡極不可解。諸家雖夢，夢不至此。此以見來氏太自誇，由其太自喜，亦其時為之也。何也？其時為明季之時，則否極將泰之時，非夜極將旦之時乎？將旦而謬以為既旦，來氏誠過，向使遲生二百年，得與吾輩同遊於光天化日之下，共相講貫，面酌其是非，使知全書僅豚魚三者為確。吾知是言也雖欲出諸口而有所不敢矣。孟子曰：「人之易其言也，無責耳矣」，信然。

一、易傳非一，先儒分之為十，名之曰十翼，謂其能羽翼經文也。漢儒以為皆孔子作，於其自相矛盾處概不理會，未免信之太過。宋歐陽子不信陳、邵圖書，因不信《繫辭》《說卦》，未免疑之太過。自予論之，易傳誠有可信，然非漢儒之所信；易傳誠有可疑，然非歐陽子之所疑。蓋歐陽子未知傳中之奧義，先儒多失其解，曲學遂乘其隙而誣之，不啻城狐社鼠。然豈得以有狐鼠而歸咎城社哉？故人以為無難解、不必解者惟此傳，吾以為最難解、必詳解者惟此傳。設能得其解而詳為之說，使其文上下遠近透闢宣明，完審周匝，則不特經義藉以彌彰，亦且傳體得以彌峻，是城壁深固、社壇堅實，不復稍留罅隙，雖有神狐黠鼠，無從入之，又何煩薰之而攻之也哉？若此者，惟《繫辭》上下、《說卦》三傳本經文之嚮導，學者之津梁，應非孔門高第不能作純粹精者也。至於《序卦》洽情理之至當、《雜卦》表體用之相資，在經義所不可少。外此，如《象傳》專釋象，言兩不言四，使後世不識四象為何物，亦何貴有是傳哉？雖其於乾言天行健，見四時行焉之意，然據以推類乎坤，尚覺隱躍，其於屯蒙以下似有乍離乍即，偶焉微露其端倪，終不免欲吐而仍茹，非以其昭昭使人昭昭者也；為文不及彖辭；其序合在《彖傳》之先，與《爻傳》未見相類，當自為一類焉。他若《彖傳》《爻傳》，其類雖分，其派實一，語既淺滑，意亦含糊，純是外立條例以劫經，使從非能中窺蘊奧以依經訓義。自今察之，得旨表微者少，虛籠空喝者多，其為用又出《象傳》下矣。蓋《象傳》之可取，乾、坤、蒙、訟、小畜、大壯；《彖傳》之可取，謙、咸、明夷；《爻傳》之可取，乾四、坤五、噬嗑初、大過三、井二、鼎二、中孚四；至於《文言》，謬戾滋多，除掇拾《左傳》四德而外，僅「中不在人」一語可取。通計各傳所可取，非必易中體要，不過不謬於經義，與《繫辭》《說卦》相發

明已耳。而二千年來說易之家，俱謹守之弗敢外，安望易義之宣著哉？竊聞汲郡人掘塚得易與今同，獨無《彖》《象》《文言》，可見《彖》《象》《文言》非古易所有，殆必費直輩為之，託名孔子以邀重一時耳。學者詳之，勿為所惑，易道幸甚。

一、凡君子以忠信為本。忠信之道即三代直道也。《論語》曰「人之生也直」，《孟子》曰「不直則道不見」，我苟於舊說確見其未安，即直說某未安，所以匡其不逮。古人有知，當為感佩，而何周旋迴護之有哉？至於贗作偽造之文，自隱其名而託之於古聖，逞其詭術與陰謀，將以舞文而亂政，辭而闢之，所以誅究而正人心，又何周旋迴護之有哉？彼知有周旋迴護而不知其中有直道者，皆天下不忠不信人也。竊聞人之詈所事不忠者曰有二心、所言不信者曰有兩舌。夫舌乃心苗，非其腹有二心，何至口有兩舌？二心兩舌，鄉黨自好者不為，而謂孔子以忠信自許、以主忠信教人，其肯為之乎？若之何誣之以易傳十翼也！假使十翼果孔子作也，其為一口兩舌可勝道哉？請試觀諸《繫辭傳》，於其初其上之次言中爻，申之以二與四、三與五，是謂爻自初上外二五固中爻，三四亦中爻也，顧何以《文言》與《象傳》皆謂三四不中哉？《繫辭傳》言八卦成列，象在其中矣，是謂三畫成謂之象，又言易有四象所以示也，是謂六畫卦中有三畫之象四焉，兼互卦言也，顧何以《彖》《象》二傳所釋各卦止有兩儀並無四象哉？《繫辭傳》云象者言乎象者也，爻者言乎變者也，是謂不變則爻無占，爻固因變設者也，顧何以《文言》釋乾坤兩卦爻及後鳴鶴等類十九爻皆不言變義哉？《繫辭傳》言易興於殷周之際，當文王與紂之事，是謂易辭無泛說之事矣，顧何以各傳屬事皆泛說，並不及於文王與紂哉？若《象傳》於革卦言湯武，豈不與《繫辭傳》大相逕庭哉？設必以十翼為皆孔子作，則一口兩舌之譏，孔子所難免，何以為孔子乎？若是者歷代先儒囫圇過去，未敢舉其異同而衡量之，所以貽誤至今。今若再不衡量，其誤伊于胡底？然則衡量奚自？曰有經在。經本而傳末，經有疑既必以傳釋之，傳有疑何弗以經證之？證之經而見復之四、益之三四皆言中，中孚之卦名以三四而得，知《繫辭傳》之言三四亦中爻者是矣，其他傳言三四不中者非也。證之經而見乾坤屯隨諸卦各繫以元亨利貞四德，莫非從其卦之有四象生來，知《繫辭傳》之言四象者是矣，其他傳不言四象者非也。證之經而見三百八十四爻，經皆及其變義，不特有六畫卦之變，并有三畫卦之變，知《繫辭傳》謂爻言變者是矣，其他傳不及變義者非也。證之經而見其言大人君子、

言公言大君皆指文王，言王言天子皆指紂，凡紂之囚文用文、文之事紂從紂，歷歷如繪，知《繫辭傳》之言文王與紂之事是矣，其他傳不言文王與紂者非也。夫以《繫辭傳》如此之多是，其他傳如此之多非，則據《繫辭傳》以釋經可無他慮。即據《繫辭傳》以駁他傳，誰曰不宜？惟是《繫辭傳》所無、他傳有之，可取以釋經，自宜取之，是不以非掩也。乃說者不能於他傳而斥其多非，轉不敢於《繫辭傳》而信其多是，中無所主，勢難兼涉；兩岐於是，兩有所不任。而自逞胸臆者有之，於是執中無權，因其性之所近而從焉者有之。大抵捨是以從非者多，即飾非以亂是者亦不少。後之人無所適從，遂以為易義無定規，隨人演說，無所不可，而易義滋晦矣，而易中之魔障滋生矣。然此不僅先儒失指也，即傳者亦有咎焉，然不遑概咎諸傳也，惟《文言》乃真作偽耳。蓋他傳不顯悖象與變為言，惟《文言》則泛說；他傳皆通釋全經，惟《文言》則未及十之一；他傳皆自成一卷，惟《文言》則竄入十九爻於《繫辭傳》中，豈不以竄偽入真，或得借真以自固？不謂適敗露於乾上一爻重出也。斯其竄入顯有其迹，豈能欺及萬世，莫發其覆哉？要其竄入分三處：前七爻與後十一爻雖亂真，而無大害於本文之理，猶可說也；惟大有上九一節，隔截洛出書與書不盡言兩書字，使不見緊相黏聯，而陳、邵之偽書竟滋蔓於古今而不可解，作偽之害，尚堪究詰耶？竊以為易傳之害經，重在自相矛盾，迭有敗露之痕。總由說者不知其舌之判然兩，強欲認為口之渾然一。其所以誣聖人之為言者，其咎已不小，而所以致後人之效尤者，其弊正難言。即如一河圖也，列宗器則周物，次鳳鳥則伏羲；一柏舟也，註《孟子》則仁人，箋《國風》則棄婦；一千乘也，釋《魯頌》則方三百十六里，註《孟子》則地方百里；一《禮書》也，言爵祿而抑則以為出於附會，證善法而揚之則以為本自畦畛。其他妄下雌黃之說不可殫述，惜當日無有舉以面質者。設面質之，吾知其必將援易傳為例以自解免，且自負其能學孔子也。吁！能學孔子者顧如是乎？鄙人不敏，學孔子而未能，僅學其以忠信自許、以主忠信教人。茲援忠信斷《文言》之偽，謹以質之有道君子。君子而知我乎？是我以忠信獲知，固所願也。君子於此而罪我乎？是我以忠信獲罪，亦所不辭。我特自行其直、自質所疑而已矣。若夫真是真非，世自有公論，我何敢執哉？

　　一、道以中為至，教以正為歸，中正之關係甚大，誰曰不然？然是不易之理，非易理也。不易之理萬古不變，易之理一動即變。今舉不變之理以說必變之理，如持方柄欲內圓鑿，其能入乎？無已，請為之說曰：凡事取必中

正，易則無所謂中正也。易肇於八卦，八卦之位無中，處各屬方隅。蓋方隅有定而中斯定焉，若必以中求諸卦，則已與八卦位相左，烏能發明卦義哉？故易之理無所取中、無嫌不中也。爻之有中，指二與四、三與五，由初本上末而定，經文具在，並無初上非中不吉、必中爻而後吉也。是故以中不中言爻義者，謬說也。至於迭用剛柔六位成章，是謂初三五屬剛位、二四上屬柔位，然其於畫之剛柔則有不可執者。蓋爻之用九，原取其能以剛變柔，既變柔矣，烏得以剛論耶？爻之用六，原取其能一柔變剛，既變剛矣，烏得以柔論耶？觀於《左傳》乾之姤、坤之剝云云，是直以乾初作巽初、坤上作艮三矣，人雖欲固執乾初為剛位、坤上為柔位，然其如不能以巽初作剛畫、艮三作柔畫，何哉？夫如是而猶謂初九、九三、九五與六二、六四、上六為當位者，尤謬說也。使非謬說，則剛柔不當位者宜皆不吉，驗之於經，何以多得吉？剛柔正而位當者宜皆得吉，驗之於經，何以又不皆得吉？傳者於此無以為解，謬於六二連初九者以乘剛解之，殊為強解。試思迭用剛柔以成章，其勢其體自應有柔乘剛之事，此亦何至得不吉？此而必至得不吉，則初剛二柔之卦共十有六，何以他卦皆無不吉，獨屯、噬嗑、震不吉哉？凡一剛一柔相連之卦，自二三至三四至四五至五上，各各十有六，何以他卦皆未嘗因此得不吉，獨豫五與困三得不吉哉？若此者，良由知卦之有位，不知位所由立，在以高卑分貴賤，不以當否定吉凶，故有此說。此說施之象言象猶未可見，而況施之爻言變，其能有一可哉？我觀《象傳》言柔乘剛者二，夬與噬嗑是也。夬以五剛決一柔為象，故以揚於王庭為辭，傳乃以柔乘五剛解之，反無以見剛決柔之正意，其說未必可信。果其可信，其類自復而臨而泰而大壯，皆屬柔乘剛，何以他象皆不言乘剛，獨夬言之哉？吾不能舍諸卦之皆不言而徑從夬卦之獨一言也。夫是以不信也。歸妹以兌震互艮巽為象，其中少長難相安，故無攸利非由六三六五之乘剛而然也，若果由六三六五之乘剛而然，其類有睽、解、未濟三卦爻相若，今三卦不言乘剛，獨歸妹一卦言之，亦未足以為確然之定例也。且諸卦之乘剛，或言或不言，已覺可怪，乃復於睽之六三不謂乘剛得咎，反謂遇剛有終，於理尤不可解。夫是以概不信也。其不信者何也？以其皆謬說也。然則外此亦有謬焉者乎？曰有。剛柔正與剛柔應，《象傳》並重，剛柔正之說既謬，剛柔應之說又豈不謬哉？竊嘗驗之卷首乾坤兩卦之二五俱以無應得吉利、屯之二五以當位而應俱不吉利，不可以覘其概耶？若是者總由不知爻言乎變，其事有序遞相承，且懵然於事之屬文王與紂，無可措詞，聊以

此等活套籠之，視其辭之臧否而左右之，大抵以剛柔二字為掛帆，以中正而應為帆索，軸以功終從窮，則得實、節行、長光慶等字為八面風，其用在運法騰拏，其妙在隨機轉換，無論若何為辭，不患無以為解，是適成為江湖口訣，曾何當於河洛精微哉。乃知說中說正說應云云，實與說飛伏說納甲一類。飛伏納甲為人所鬨，中正等語無人鬨者，中正二字為道學家之要旨，凡作偽經偽傳，不假借道學語難以聳動書生。經則如古文《尚書》，傳則如《彖》《象》《文言》，其明著者也。愚則以為假道學語，無根據、多瑕疵，欲於易傳中求真道學語，總莫要於《繫辭傳》之揭九卦以言九德，反覆申明，有本有末，學者奉是以立德，豈非入聖之階梯、順時之極則也哉！

　　一、說易之家，今人多有漢學宋學之辨，豈非以漢儒言象、宋儒言數不相統一乎？以予觀之，漢學不一種，不必皆言象；宋學不一種，不必皆言數。而其信《彖》《象》《文言》不信《繫辭》《說卦》則如出一轍。非不謂言象本《說卦傳》、言數本《繫辭傳》，似不僅信《彖》《象》《文言》，然以《彖》《象》《文言》傳夾入經文中，自漢儒始。其作注，字梳句櫛，皆惟《彖》《象》《文言》是從，何嘗以言象故一一遵《說卦》？宋儒說易，於確遵《彖》《象》《文言》外，添設希夷二式、康節諸圖，攔入醫家先後天之說，其指天地定位節為伏羲卦位、帝出乎震為文王卦位，皆屬聰明自用，創造新奇，何嘗以言數故一一遵《繫辭》？惟其然，竊不自揣，敢謂漢宋諸儒言象言數皆不若言世言事之確。言象言數將天空而地闊，言世言事則殷周與周文。蓋象數虛而殷周實，不待智者而後知矣。干氏令升說易徵事誠為卓識，而特其於爻不言變，仍不出《彖》《象》《文言》範圍，未免隨意挪扯，事無序而語不倫，後人不甚愛惜，致全璧不存，徒令人於《釋文》《集解》中搜尋什之一，遺憾多矣。愚所以不敢於漢晉諸家繁稱博引者，懼一斑未足以定全豹，則毋寧使人有闕如之歉也。

　　一、傳註之於經文，義有未詳，往往有直云未詳，或云疑衍者，此類雖未必有當，尚見其能闕疑，亦直道也。若作《象傳》《爻傳》者不然，彼其有所未解則含糊敘過，且有憖置之並不敘及者。如屯彖之「勿用攸往」句，傳竟脫畧，知其不識互卦意，欲抹煞互艮一層。此類正多，無煩深論。所可怪者，解元亨利貞四德於屯、隨曰「大亨貞」，於臨、無妄、革曰「大亨」，以正迭釋五卦，竟不肯一及利字，其不得謂是偶然脫畧，亦明矣。然則利之為德也，於四時屬秋，於四端屬義，《易經》迭據之以為占辭，豈猶是不關體要之

字，任人隨意刪去，可漫求更代也者？我求其說而不得，得非泥於《論語》子罕言之故乎？果爾，彼其作偽，原冀魚目混珠，反以此顯著其為魚目，其為見識殊太迂愚矣。顧何以傳之千古，祇有元訓大、貞訓正人曾議論其未盡，至於刪去利字用以字代之，千古竟無人致議？此其故豈可解者耶？

一、古易經自經傳自傳，各成卷帖。至漢晉諸儒始將逐辭為解之傳夾入經中，統釋全經之傳附諸卷末。於是逐辭為解之傳得與經近，人則親而信之，雖失經旨，猶復遵之；統釋全經之傳因與經遠，人則疏而忽之，雖得經旨，猶復疑之。千古易義之不明，皆由於此。至於宋世諸儒以易為宗，適有舍數言理之儒，自負高人一等而憑依舊篋，竟為俗本所迷，漫於失經旨者詳加釋文、得經旨者不詮一字，易中之涇渭幾無從問津矣。所幸後此有其人，考明古易，各還其初，雖於白黑仍未分，不免因循失解，然能改從古本，使經與傳不相混濛，其於經義不無裨益。果以是傳之藝林，亦反古復初之一端也。吾能弗為宋儒頌哉？不謂行世未久，謬為後人所更張，僅其解具存，至於以傳夾經，仍從漢晉舊本，遂使宋儒反古復初之盛業，無能昭著於藝林，而童蒙購讀本於坊間，莫得經分傳別之善本。蓋仍訛踵謬，自元及明，以至今而猶未已。此其狂瀾豈竟不可挽者耶？可怪可歎。

一、傳以釋經，使一經止一傳，則讀者有所專主，無慮岐趨。惟經一而傳不一，後人無執兩用中之權衡，其不能無所偏護以定從違，無足多怪。所怪者，第因傳不一遽於經有疑，其疑經并以疑聖，庸詎知聖與聖同揆哉？胡為乎說易之家漫謂易有包犧之易、有文王周公之易、有孔子之易？止宜分而觀之，不可合而一之？此徒憑傳註之無稽謬斷聖神之不類，而詭異邪詖之辭說遂得乘間竊發，亦自成一家。若不急起排之，將使道統治統攸關之《周易》，則以紛頭亂緒，適副異端曲學之扳援，其為政教之累可勝歎哉？然則犧、文、周、孔有同乎？抑若是班乎？曰：同則然矣，班則否。蓋犧皇繼天而王，直稱天皇直稱太昊，由其開天明道，直是即帝即天。雖以文王、周、孔之聖，止可則而象，不可階而升。故夫卦畫之為象也，雖周公繫辭、孔門為傳，惟虞不盡，而誰能煉石以補，加毫末於其間哉？後之人不識卦象精微，妄為《太元》與《經世》諸書，自以為文筆擎天，而不自知其視天夢夢也。噫！

一、《周易》於羣經稱首，以卦畫肇自羲皇為最古。夫卦畫與字畫相類，卦畫自羲皇，字畫有不自羲皇哉？竊謂卦畫為字畫之始，即文字之始也。文體有排偶有散行，無非權輿於卦。唐宋人斥六朝為文運之衰，謂其用書雜杳、

用意模糊，斯可耳。若徒以駢體論，其何以處卦畫哉？故夫世之講古作者，率以近體詩賦尚排偶為體之卑。予概不謂然。誠以卦體曾有，然則文體之本然也，然惟時文為尤得卦體？何者？時文號八股，與八韻試帖並取諸八卦，所不待言。而其中兩兩相比，一如卦之各有其偶，有正對，有反對，有開合對，有虛實對，有淺深對，有層次對，有流水對、蟬翼對，有前屈後伸對、此豎彼橫對，有立柱分疏兩意到底對，有一意翻作兩意對，大抵往來變化參伍錯綜，亦對待亦流行，無法不備，較試帖有加焉。人以為文心奇巧所致，不知卦象早已有之。見於六十四卦彼此交易上下相承之間，昭昭在目，詎不信然？然而猶是節目，非大體也。夫易體本羲畫以繫辭，猶文體本經語以搆藝，皆有命題限制，所宜審題命意、切實發揮，而不可隨意妄為者也。請試為之說曰：卦之六畫全不變者，法當占象，但就此卦象發揮，並無變占，是為平正題。若有一畫變動，法當占爻，則有遇卦謂之貞，又有之卦謂之悔，必兩層並發力為得之，是為截搭題。即以乾論，六畫中寓四象，初至三一象、二至四一象、三至五一象、四至上一象，辭曰元亨利貞，是就四象繫也。在天屬四時，在人屬四德。蓋元為春天主仁、亨為夏天主禮、利為秋天主義、貞為冬天主智，其切乾四象為何如？而豈非昭然共見者耶？乃說者徒逞胸臆，不信互卦一說，漫於六畫下注曰乾下乾上，是謂乾卦只有兩象，聖人從何繫以元亨利貞四德乎？而說者不思也，解之曰「大亨而至正」，仍是兩義，一若恃此遂可以彌縫其際莫吾議也，而不知有《左傳》穆姜之語在，為《文言》者業已掇拾之附於後。說者至此，勢不得不依文訓義，再欲逞胸臆而不能。於是始以四德配四時為言。此時際自開，使其好學深思，返而究其所自來，亦何難從乾卦六畫中分割其孰象春天、孰象夏天、孰象秋天、孰象冬天之界限？而自信過堅，不復虛心體察，一任前與後分歧、象與辭暌隔，是飲水忘其源。正如時文低手但因一時興會行文，絕不計面、題情何在。以此誇為經文義疏，誰其信之乎！然而非其人之咎也，在先儒之言畫卦，止及屯蒙以下，未及乾坤，何怪後人之不明也。然亦非先儒之咎也，在《彖傳》釋屯隨臨之四德皆剟去利字，並不知四德從四象來，又何怪乎註疏家之失指也？然則彖之言象，就卦繫辭，解尚如此，況爻兼貞悔，更覺費辭，可勝論乎？曰：不勝論。姑論乾坤之初與二。乾初乾變巽，巽入也、伏也，故於龍曰潛，為乾之姤。姤，遇也。但可禮遇，不可得而用，故曰潛龍勿用。乾二乾變離，離主相見、主網罟，故於龍言在田，為乾之同人，故曰利見大人。坤初坤變震，震為長子，主

仁孝；又為馬，馬為足，故言履言至，為坤之復。坤為亥月，霜重復為子月，冰堅，故言履霜堅冰至。坤二坤變坎，坎水由地行，地直則直，地方則方，地大則大，為坤之師，師之為壯在直，師所宜知在方，師之克相遇在大，即此可見爻言乎變，並無但切本卦不切變卦之文。經文本貞悔兩切，而說者顧知有貞而不知有悔，豈能明晰爻義乎？予得此意以說易，自謂得之矣。謹誌於此，以見凡有題之文無不緊切題義，古人作經猶然，況凡人為文，敢鹵莽自用而失題理乎？既知《易經》是切題文字，解易者尚敢自逞胸臆而不就象釋彖辭、就變釋爻辭乎？今觀世之閱時文者，類皆按題考藝，不容其一筆苟、一字浮，何其嚴密乃爾！不謂世之講《易經》者，竟多棄卦求辭，若不妨以臆說參泛語入，何其扞格不馴耶？此其弊起自《文言》，成於後代，緣後儒喜為道學，適遇《文言》閑邪存誠等語合其宗旨，遂以為易道在茲，不知《文言》實偽妄欺人也。總由吾儒之學難免自佛老而來，彼其自言學佛有年無所得，始轉而求之六經。是六經之文非其童而習之，宜其遭遇邪說認為正言，反於正言不加尋繹，莫辨鄭孔雅，竟指莠為苗，蓋至以方士無稽之言加諸聖經之首。其為《易經》添魔障，豈不適蹈揚子雲質皮嬉戰之誚哉？鄙人幸生右文之世、經學修明之時，豈謂博覽旁搜，咸歸研究？亦云千慮一得，略見端倪，攻舉業以覃思，習時文而得解。由是引伸觸類，鉅細推詳，用著觀象玩占之要，以申離體索文之戒如此云。

　　◎序：昔宋賢好談性道，時有援《魯論》子貢語以相難者，於是言性與天道如聚訟，究竟子貢明謂夫子言性與天道，是夫子曾有言，門人自當記，雖《魯論》僅有相近不移一二章、時行物生一二語，然言簡意該，正可據以為定論也。乃自後人泥於《中庸》性屬天命未著人身，遂以氣質之性為惡，而相近不移之旨不明。且泥於《中庸》言天屬覆物，其於生物則不測，遂以山天大畜為虛象，而時行物生之旨亦不明。夫如是，是無怪說易之家惘然於三才之兩、二氣之相與，而欲識山澤通氣水火不相射之妙理，索解人而不得也。斗峯從何得悟而取天文家半覆地上、半在地下之說，以為釋天道之兩，且表其微於變化生萬物也。又何從得悟而取醫家血非氣不行、氣非學不化之說，以明人性所自成賴血氣以有靈，且通其義於水火不相射也。此其好學深思，探賾索隱，發從來未發之覆，聞不可得聞之言。其於經義，豈一知半解者哉？其於道學，豈擇不精、語不詳者哉？諸君子或以斗峯說易原所則於圖書合體，徵其事於文王與紂，窮其義於變動不居，使卦與卦相承、爻與爻相次，倍極

觀象玩占之精蘊為匠心獨運、卓識不磨。而予之所取於斗峯者則在此不在彼
也。若此者，良由國家明經取士，以經示教之法至詳且備，所以啟發士子之
心胸而濬其靈者，超漢晉唐宋以為程，宜夫士子之所以仰副聖朝之作育而鳴
其盛者，紹羲、文、周、孔以為學。古人云：「奇文共欣賞，疑義相與析」，在
斗峯之有是作，期於質所疑；在予之欲其梓行，則期於共相賞。蓋予少時旁
搜博覽，曾以著作為心，自叨登科第以來，身有攸司，且姑置之，至於近日則
直是無暇及此，此中之衣鉢將惟斗峯是付焉。雖然，斗峯具此精心，操此慧
業，固當奏承平之雅頌，用鼓吹乎休明，上以黼黻皇猷，下以勤恤民隱，誠不
宜以閉戶著書自狃。蓋予之期付斗峯以衣鉢者，又在彼不在此矣。斗峯勉之，
予拭目俟之。道光七年十有二月，蒲城王鼎省厓氏序。

◎易義原則序：經義浩若煙海，望之無際取之不窮，記誦人所同也，見
解人所獨也。至見有確見、解得真解，以自成其為獨，則所得於父兄師友之
淵源者深焉。蓋獨本於同，其來有自也。張君斗峯三兄，余同年友也。始同受
業於嶽麓掌教羅慎齋夫子，又同受知於督學張忍齋夫子，既乃同受知於督學
吳稷堂夫子。慎齋夫子註經數千萬言，皆自出心裁。其教人說經，但求心得，
每多韌獲；忍齋夫子留心考據，喜人讀全經，且喜人讀羣經，孜孜以十三註
疏示教，務在以一心會通；稷堂夫子教人讀經書須兼讀羣書，凡子史各種皆
足引證經義。蓋爾時功令以通五經試士，而楚南之士適迭得名經師為之啟發
開導，於是吾黨之得其意者，莫不津津於經義不置，恆不欲拘守一二家言以
為弋獲科名具也。既而就試京師，得聞紀曉嵐先生論說，且遍觀四庫中所收
各種經義，愈以聞所未聞見所未見，用克勘明說經之要，誠不在一二家言。
惟是朋友之聚散無常，廿年來或南歸侍養，或京邸久居，或一官瓠繫於內，
或一行作吏於外，求其聚於一處以談經為務，常不可得。今乃羨斗峯之經學
有成也。斗峯為人忠信強毅，天真爛漫，惟治經好深沉之思。所作天文地輿
圖說，發前人所未發，無非以確見成真解。至所極意經營者則在《易義原則》
一書。蓋祇承先人專經習易之家學，益之以師訓，所以能獨自有得也。要之，
易雖燼餘之全經，其中為後人所悞解，且或附會傳文以臆說竄入。此獨區分
其白黑，取可信之傳以釋經，其傳義有疑者一一剖其疑，遂於經義難解者，
語語得其解。自有此解，諸家之主理主數紛紛聚訟可以息喙矣。卦即圖、辭
即畫，羲畫與周情相間；彖言象、爻言變，物宜偕典禮並宣。至於易之興，時
值周代殷、事當文與紂，皆傳有明文、經相印證者，而前人缺畧，絕少發揮，

一若留之以待斗峯也。斗峯此作，較之他說似為其獨，準諸易傳不失為同，即準諸其他經傳亦未嘗不同。則安得以翻新為斗峯頌也哉？茲值書成付梓，余適以瞻覲來京，見而悅之，爰相助為理，原所自以為之序如此。橘洲道人胡啟榮序。

◎經筍質疑序：經之為文，載先聖之道以昭萬世之信，斯道之本原係焉，世教之綱紀存焉。此而有疑，道於何寄？教於何修？夫固謂儒生讀書讀古，宜剖晰夫經義之疑，不以偽亂真，庶無悞也。乃歷觀兩漢及六朝，明經代有人，從未究心於此，惟昌黎韓子自謂識古書之正偽與雖正而不至焉者，昭昭然白黑分。今雖無以見其所謂古書之偽實指何篇，然既以偽為言，則疑古書之有偽，斷自韓子始。厥後繼韓子者，有歐陽子曾實指《春秋三傳》有不可信，且不信程邵兩書，因疑易傳非孔子作，是明明於經傳致疑惟有此耳，究於六經少所疑，則仍未知六經多偽也。爾時能與歐公上下其議者，南豐曾氏而外，厥有眉山蘇老，其以論著擅長，傳其子，自謂見微知著，而援引典故多述偽經，反不如小蘇有駁偽經之條尚見識力。應無怪大蘇徒知三代之衰亂聖人之道者其弊已多，猶且以意說經，自為謬註而不覺，尚安識為偽經乎？是蓋由李唐及宋初申韓未已、佛老盛行，故吾儒所攻在申韓佛老，其時於偽經尚無定論，人不盡尊；於傳註之謬尚未集成，人不視為成案，宜皆不以偽經謬註為意耳。烏虖！庸詎知偽經得定論、謬註得集成，其為害於聖人之道，曾非佛老申韓之比哉！何者？佛老申韓以邪說誣民，偽經謬註以邪說誣聖。佛老申韓與吾儒分門別戶，非其徒與不尊信，故不足以惑經生；偽經謬註入吾儒之室，操吾儒之戈以為吾儒寇賊，惟經生最所尊信。故其徒與遍經生，一有指摘則羣起遏之，理難置喙，即以勢凌正，恐孟子復生不能與辯，其誰敢狃於不得已便便言無已哉？雖然，有得已者，有不得已者。如古文有《孝經》雖亦壁間物，然以孝示訓，有補於天地之大經。《儀禮》亦可疑，然失義陳數，居然祝史之為，無假借意，亦無違悖語，是謂得已者。至若竄入與扳附、贗作與臆說，以霸圖譌帝制、以曲學冒儒宗、以新法混舊章、以荒唐供典實、以繼起沒前功、以衰晚概隆古，輒有類於鄭亂雅、紫奪朱，誠不容以寬政及之，是所謂不得已者。然尚非萬不得已也。惟彼夙稱經傳，歷舉為先聖遺書，而繹其文意，至有無禮於所天，如《周禮・職方》敘九州，黜雍首揚，顯違《禹貢》首冀之例；《文言》釋坤初，謬於冰霜說因果，措辭很惡，大拂會通典禮之經，斯不得不直發其覆。誠以吾儒生聖賢後，以臣子身服君父教，

得有知識。通論古今，使於此而或猶豫處之、度外置之，是將泥於城狐不灌、社鼠不薰，毋亦坐聽城壞社災而不顧，豈得謂有道仁人哉？正恐力足備干城、才足膺民社者未忍出於此。而於此乃竊歎孟子之為功大也。孟子之時屢有邪說誣民，民豈無邪說誣聖？即如為神農言、言禹德衰、言伊尹割烹以及舜朝堯瞍、周公不仁智、孔子主疽環諸事，誣聖誠非一端。幸得孟子辯之，其誣妄始白於天下。自天下無孟子，而舜、禹、伊、周、孔子之受誣，有歷千古而莫白者。匪惟莫白而已，偽經得謬註致推崇，直已播揚乎中外；謬註資偽經為刻劃，遂至唐突乎古今。後之讀者，難為白黑之分，心有疑焉，祇訝雌黃之雜，同事而彼此殊致，一書而前後異文。拘墟者偏護而固執，藉起爭端；乖巧者中處而調和，強為附會。本之為志乘為史書，疑傳胥成信據，發之為訏謨為憲令，信示豈有疑思？不慮蓄疑而敗謀，莫禁因疑而及難。蓋如治亂絲，愈治而愈棼；亦若甕決川，彌甕而彌潰。其貽斯道之羞不少，其為吾儒之累良深矣。瓚昭有創於此，未知所從。慮疑案之終懸，悵解人之難索，自為時鳥候蟲之發響，罔計春華秋實之奚當。馬齒稍加，原非嬉戲。夫俎豆鉛刀無用，敢扳筆削於《春秋》？雖曾秉之父兄、徵之師友，祇以羹牆踊躍，南北浮沉，始焉負米庭闈，奔馳百里；繼焉垂囊旅次，歷試諸艱。其於笥中所有，未得細論，尚不知於經義有當乎，無當乎？茲既未能刪其少作，則可否難自知也。故特衰輯出之，謹以質之有道君子，惟郢斲之是望焉。若夫韓子云「如賜觀覽，亦足以知其志之所存」，尚非鄙懷之所望也。嘉慶癸酉夏日，平江張瓚昭斗峯氏自識。

◎序〔註72〕：易為卜筮而作，所以決疑。易因卜筮未燔，更無可疑。而予之《經笥質疑》反自易始，豈猶是漫憑胸臆，有所異同哉？抑由歷代說易諸家信《彖／象／文言傳》者比比，信《繫辭／說卦傳》者寥寥。蓋自費氏名家以後，此傳彼受，爰有輔嗣王氏弼者，合經傳而詳為之註，其於《彖》《象》《文言》，較之釋經更加意，獨於《繫辭》《說卦》闕如。迨至流傳及宋，伊川程子猶遵輔嗣之舊，毫無更張，尚安望復有其人從而研究之哉？予嘗於《左傳》考占驗，得互卦之卦兩端，求之《彖傳》《象／爻傳》殊隱躍，求之《文言》絕無之，求之《繫辭傳》乃實有之。予因於《文言》猜焉。及詳《左傳》「純離為牛」，經實有之，《說卦》無有，予不能不於《說卦》詫矣。然皆未之置議也。繼而自傷荏苒，俟屆無聞，於是全拋俗慮，懋置陳言，襲跡於至過

〔註72〕又見於《湖南文徵》卷八十，題《易義原則自序》。

漸浮，加意於屈伸俯仰，舉從前所覽天文地理陰陽醫卜子史百家，紬繹焉，綜核焉，推類焉，竊有窺於高下散殊之迹、圖書象數之真，以深探乎造化之根源、行生之蘊奧，怡然渙然，心境洞然，夫然後返而求證於經義，乃實見夫偽妄諸作，淺陋粗疏，誠不足道。即在真經確傳，亦有短長。大畧言之，《書》雖殘缺，關係猶勝於《詩》。《詩》得與《書》並者，依永和聲之所在，教化資也。《禮記》雖繁而雜，其中實多遺言。《春秋》事情資《左傳》，而《左傳》兼有資於羣經，要其會歸統在《周易》。《易》之為羣經首，誠廣大悉備哉！然非《繫辭／說卦傳》為之發明，人尚不知卦揲歸之筮儀，何論卦？人尚不知卦出自包羲之觀取通類重卦本於三才兩之，誰與知象言象爻言變？誰與知易與殷周間事當文與紂耶？而於此乃益歎易之廣大悉備，非可漫焉為解也。蓋必準形容物宜以求象，象始不謬於言象；必準會通典禮以求爻，爻始不謬於言變；必準《尚書》《詩》《禮》《左》《國》《論》《孟》以徵事，事始不謬於殷紂與周文。而《彖》《象》《文言》等傳何知有此？惟不知有此，乃覺《彖》《象》《言文》〔註73〕等傳全與《繫辭》《說卦》相左，而或可相資，猶可言也；相左而竟不相入，詎容己乎？雖鄙意惟在質疑，非敢於前人致刻，然私心總期核實，又豈甘為古人所愚？是以業經推本《繫辭》《說卦》以釋經，尤必辯論《彖》《象》《文言》以見意，自知僭踰無所逃罪，然為斯文起見，既敢以質疑之故，出其《原則》諸編，斯不敢不並出其凡例。祈於共質，誠以藐躬幸生文教昌明之會，目染耳濡，緣千慮而有一得。所自信者，仰承光天化日超出乎長夜漫漫，萬不致夢中說夢耳。知我者誠見夫疑義之當晰，與我共晰焉，非特鄙人之幸，實亦斯文之幸也云爾。道光九年仲冬月上澣，平江張瓚昭斗峯氏自識。

　　◎摘錄卷首《羲皇本紀》：讀其書期知其人，古人所尚，故說《論語》必述《孔子世家》、說《孟子》必述《孟荀列傳》，豈說卦象而不述《羲皇本紀》乎？第史遷《本紀》闕羲皇，而皇甫氏《世紀》及小司馬《補本紀》、羅氏《路史》諸書搜羅羲皇事跡，愈出愈詳，可謂賅覈矣。然能言龍紀官不能言其開鑿有濟，能言其葬南郡不能實之以《禹貢》東陵，豈非詳之中有不能詳者耶？予是以撰此補之，顧惟詳於卦象者，以卦象廣大悉備，卦象詳，斯無弗詳，則諸事在其中耳。

　　◎同治《平江縣志》卷五十一《藝文志》一：其《易義原則》標卦畫為

圖、卦辭為書，發揮互卦、變卦精義。大學士蒲城王鼎為之序，稱其探賾索隱，好學深思，發從來未發之覆，聞不可得聞之言。

張照校 篆文周易 不分卷 存

康熙內府刻篆文六經四書本

光緒影印本

民國影印本

◎張照（1691～1745），字得天，號涇南，又號天瓶居士。江南婁縣人。康熙四十八年進士。

張兆元 讀易管窺錄 三十卷 佚

◎光緒《翼城縣志》卷十五《人物》、民國《翼城縣志·通儒》：著有《洪範傳》若干卷、《讀易管窺錄》三十卷，稿存未刻。

◎張兆元，字擢一。山西翼城縣吳村人。嘉慶道光間優行增生。著有《洪範傳》若干卷。

張肇秀 易義消息參微 佚

◎同治《六安州志》卷三十七《篤行》：先是手著《易義消息參微》《自省齋經解定訛》，兵燹散佚，存者僅《自省齋制義》若干首。

◎張肇秀，安徽六安人。數奇，不能獲廩餼，鄉闈屢得屢失，乃絕意進取，遠近弟子從遊日眾。卒年七十五。

張甄陶 周易□□ 存

國圖藏正學堂五經通解稿本（清葉旬卿、清林昌彝等校）

◎或著錄為《周易傳義拾遺》。

◎民國《閩侯縣志》卷七十：乾隆庚子以後，閩士知講漢唐註疏之學，雖由大興學士朱筠、太傅珪昆弟相繼視學提倡風尚，然其端乃發於甄陶……居滇時著《正學堂經解》，歷十年書始成，凡《周易傳義拾遺》十五卷、《尚書蔡傳拾遺》十二卷、《詩經朱傳拾遺》十八卷、《禮記陳氏集說刪補》四十七卷、《春秋三傳定說》五十卷，又有《四書翼註論文》三十卷、《杜詩詳註集成》四十四卷、《松翠堂文集》三十卷、《愓菴雜錄》十六卷、《學實政錄》四卷。

◎劉聲木《桐城文學撰述考》卷一「張甄陶撰述」:《周易傳義拾遺》十五卷、《尚書蔡傳拾遺》十二卷、《詩經朱傳拾遺》十八卷、《春秋三傳定說》五十卷、《禮記陳氏集說刪補》四十七卷、《四書翼註論文》三十卷、《惕菴雜錄》十六卷、《杜詩評註集成》四十四卷、《學實政錄》四卷。《松翠堂文集》三十卷、《學實政錄》四卷。

◎張甄陶(1713～1780),字希周,號惕庵。福建福清人。乾隆元年(1736)由拔貢生舉鴻博,補試未合格罷。朱軾、方苞薦修三禮,辭,而請受業於苞,取《永樂大典》三萬卷閱之,學益精進。乾隆九年(1744)舉順天鄉試,十年(1745)成進士,選庶吉士,授編修,尋改授廣東鶴山知縣。歷香山、新會、高要、揭陽,所至有聲。以憂去官,服除,起授雲南昆明,弗獲於上官,坐事免。主講五華書院,尹壯圖、錢澧皆其弟子。復移掌貴州貴山書院,課士有法。總督劉藻疏薦,詔加國子監司業銜。晚以病歸閩,主鼇峰書院。著有《周易傳義拾遺》十五卷、《尚書蔡傳拾遺》十二卷、《詩經朱傳拾遺》十八卷、《禮記陳氏集說刪補》四十七卷、《春秋三傳定說》五十卷、《四書翼註論文》三十卷、《古今通韻輯要》六卷、《杜詩評註集成》四十四卷、《松翠堂文集》三十卷、《惕菴雜錄》十六卷、《學實政錄》四卷、《澳門圖說》、《澳門形勢論》、《制馭澳夷論》。

張鎮 易緯注 六卷 存

山東藏清寧陽王恩澎鈔本

◎民國《無棣縣志》本傳:《易緯》多為後人附託。乃據武英殿本,旁徵《易疏》及唐宋類書,訂訛考佚,依《後漢書》註序次,定為六卷。

◎張鎮,字式如。山東海豐(今無棣)人。

張之蒙 周易象解 佚

◎道光《徽州府志》卷十一之四《人物志·文苑》:著有《周易象解》《我雲詩集》。

◎張之蒙,字聖孩,號我雲居士。安徽婺源(今屬江西)甲道人。九歲能文,為郡庠生。性孝友。尤長於詩。

張之銳 易象闡微 一卷 存

國圖、安徽博物院藏宣統二年(1910)鉛印本

山東藏臺北成文出版社 1976 年無求備齋易經集成影印宣統二年（1910）
鉛印本

◎周按：善化蕭寅顯亦撰有《易象闡微》五卷存世。

◎杭辛齋《周易杭氏學》「教育」節：河南張之銳氏，近世以新學講易
者也。

◎杭辛齋《周易杭氏學》「化學之分劑與象數合」節：張氏之銳《易象闡
微》，取氣之分劑性質，以卦位爻數乘除推衍，無不妙合。尤其者，陽三而陰
二，足證古聖參天兩地之數，固俟之萬世而不惑者也。

◎張之銳（？～1924），字子晉。河南鄧州市穰東鎮人。光緒二十年
（1894），應鄉試，登賢書。光緒二十一年（1895）聯捷，分發江西，任武寧
知縣，繼轉贛縣，興學育士，學風不變。調萬載縣，又調萍鄉縣。未幾升直隸
州知州，再調南京辦理禁煙善後事宜。宣統元年（1909）任河南省咨議局議
員、資政院議員、江西軍法處處長、河南吏治調查所所長、實業廳廳長、水利
局長。著有《易象闡微》《新考證墨經注》《墨子大取篇釋義》和《求等齋詩文
稿》及詩、雜文各一卷。

張知眷 新注易經白話解說 一卷 存

山東藏 1921 年鉛印本

張爻冠 讀周易本義偶識 一卷 存

浙江藏梁章鉅、程同元刻神羊遺著三種本

◎一名《讀周易本義》。

◎張爻冠，字神羊，號芝岡。浙江海鹽人。乾隆五十三年副貢。久客京
師。精算學。著有《神羊遺書》、《景獻初編》一卷、《讀書偶識》九卷（括《讀
尚書蔡傳》一卷、《讀周易本義》一卷、《讀周官》一卷、《讀考工記》一卷、
《閩謂上南氏綱目前編》一卷、《讀國語》一卷、《讀大戴禮》一卷、《讀爾雅
注疏》一卷、《讀孝經注疏》一卷）、《算術隨錄》一卷。

張自新 易經通論 四卷 佚

◎乾隆《杭州府志》卷五十七《藝文》一：《易經通論》四卷（國朝進士
昌化張自新綏躬撰）。

◎民國《昌化縣志》卷十八《藝文志》：《易經通論》，進士張自新撰。

◎民國《昌化縣志》卷十二《人物志》：素嗜經學，尤專精於易。嘗語人曰：「講易者充棟，多言理而遺象。理固廣大精微，象更通變極數。」因著《易經通論》四卷，潛溪趙進士釗為之箋，張相國弁其端，謂闡發秘奧，為從前所未有。

◎張自新，字祓躬，號拙齋。浙江昌化人。乾隆二年進士。生而穎異，壯研經史，淹貫諸子百家而沉潛於程朱諸儒之書。性高曠不羈，博學多才，未竟厥用。

張宗搏 易解冶鑄 四卷 佚

◎光緒《吉水縣志》卷三十七《人物志》：所著有《易解冶鑄》《易學津梁圖象》及駢集《盤珠》《秋聲草》《素屏粉草》《可羣小史》等書藏於家，年四十六卒。

◎光緒《吉水縣志》卷四十八《書目》：《易解冶鑄》四卷、《易學津梁圖象》四卷，張宗搏撰。

◎光緒《江西通志》卷九十九《藝文略》一《國朝》：《易解冶鑄》《易學津梁圖象》，張宗搏撰（《吉水縣志》）。

◎張宗搏，字鵬起，號蓼園。江西吉水南坊人。博覽羣書，尤邃於易。屢試棘闈不利，應鴻博又不果。

張宗搏 易學津梁圖象 四卷 佚

◎光緒《吉水縣志》卷三十七《人物志》：所著有《易解冶鑄》《易學津梁圖象》及駢集《盤珠》《秋聲草》《素屏粉草》《可羣小史》等書藏於家，年四十六卒。

◎光緒《吉水縣志》卷四十八《書目》：《易解冶鑄》四卷、《易學津梁圖象》四卷，張宗搏撰。

張祖房 易元圖 二卷 存

山西藏順治十四年（1657）刻本
◎張祖房，字又良，號畫子，別號五嶽山人。

張祖房 周易訂訛 佚

◎道光《徽州府志》卷十四之一《人物志·流寓》：未知其所自來，順

治辛卯，愛新安山水，捆載平生所著書版至休寧，訪吳懷英于還古書院，時年八十七矣。盡出其所著《周易關鍵》《周易訂訛》《一字春秋》《魯論覺言》及《書／詩／禮》諸經講義、《八陣圖說》諸版授之懷英，以謀終老。後懷英卒，遂隱於黃山，有潘氏者給其衣食，年九十三卒。諸書亦漸流散，今存吳氏者惟《周易》《魯論》兩書而已。其學甚淵博，兼精武技，天文、術數、遁甲之學尤所究心，時或一言，多奇中，善導引，終夜未嘗寢息，蓋前代逸民云。

張祖房 周易關鍵 佚

◎道光《徽州府志》卷十四之一《人物志‧流寓》著錄。

張祖武 來易增刪 八卷 首一卷 存

中國人民大學藏清刻本

◎一名《易經增刪來註》、《易經來註增刪》。

◎目錄：易學宗旨。凡例。占筮。河圖圖。洛書圖。伏羲八卦橫圖。伏羲八卦圓圖。伏羲六十四卦方圓圖。文王八卦橫圖。文王八卦圓圖。來子太極圖。上下經：卷之一自乾至師、卷之二自比至賁、卷之三自剝至離、卷之四自咸至明夷、卷之五自家人至鼎、卷之六自震至未濟。卷之七繫辭上繫辭下。卷之八說卦序卦雜卦。

◎凡例：

一、圖書為易之本源。圖書不明則理數不真，故列于卷首，使知讀易者必參諸卦象，而求諸卦象者必考諸圖書。

一、來易言象，以象之中原該有理，但其中不無貪發象處，而于言理之處多所遺。故必合程朱參之而後來氏之易始備。其中有去取皆是用前人之意刪改前人，間有參以己見必下一按字，不敢與前賢相混。

一、易解必須先明大旨，然後逐句解之。集中卦下總發明者乃一卦之大旨也；其逐句解者則各詳于經傳之下。有先象而後理者，有先理而後象者，詳畧不同，總以經明為主。逐句解後，旨已明者無總敘，旨未明者又有總敘。若大旨于卦下未盡詳明，而有于逐句解中發明者，以其義有牽合，故隨在解之，初無一定。

一、經中註解，參用《本義》並兼用《程傳》。似宜各分別，使讀者知某為《來註》，某為程朱。但集註貴于融貫，一卦之中有純用來者，亦有兼用程

朱者,且有彼此互用者,一經分晰未免割裂,義理難以貫通。故原本名色俱不載。

一、來氏易由于推象,而象之著于卦畫者,有錯有綜,有中爻,有變爻,有大象,有卦情,有卦畫,有卦占,使不即其原本逐一詳明,則讀者茫然究不得其解,故錯綜等字義皆詳於左:

錯:錯者,陰與陽相對也。父與母錯,長男與長女錯,中男與中女錯,少男與少女錯,八卦相錯,六十四卦皆不外此錯也。天地造化之理,獨陰獨陽不能生成,故有剛必有柔,有男必有女,所以八卦相錯。八卦既相錯,所以象即寓于錯之中。如乾錯坤,乾為馬,坤即利牝馬之貞;履卦兌錯艮,艮為虎,文王即以虎言之。有全體之錯,有上體之錯,有下體之錯,有中爻之錯。所謂中爻錯者,如小畜言雲,因中爻離錯坎故也。又如艮卦,九三中爻坎爻辭曰:「薰心,以錯離有火煙也。」

綜:綜字之義即織布帛之綜,或上或下、顛之倒之者也。如乾坤坎離四正之卦,則或上或下;巽兌艮震四隅之卦,則巽即為兌,艮即為震,特顛倒之耳。有正綜,有雜綜,有以正綜雜,有以雜綜正。凡三陰三陽之卦皆謂之正綜;若一陰二陽、二陰一陽之卦,皆謂之雜綜。八卦既相綜,所以象即寓于綜之中。如損益相綜,損之六五即益之六二,故其象皆十朋之龜;夬姤相綜,夬之九四即姤之九三,故其象皆臀无膚。綜卦之妙如此。又有以上九下初相綜者,剛自外來而為主于內是也。有以二五相綜者,柔得中而上行是也。六爻之中,初與上綜、二與五綜、三與四綜,皆一定之理也。蓋易以道陰陽,陰陽之理流行不常,原非死物,故必顛之倒之以盡其義耳。

變爻:變字有數義,以占卜言之,凡動爻皆謂之變爻,此所謂變爻乃陽變陰陰變陽也。以六畫卦言之,如乾卦初爻一變則則成姤;以三畫卦言之,如震卦初爻一變則成坤,變爻取象,如漸卦九三以三為夫、以坎中滿為婦孕,及三爻一變,則陽死成坤,離絕夫位,故有夫徵不復之象;既成坤,則並坎中滿通不見矣,故有婦孕不育之象。又如歸妹九四,中爻坎月離日,期之象也;四一變則純坤,而日月不見矣,故愆期。變之元妙如此。

中爻:中爻者,二三四五所合之卦也。孔子《繫辭》第九章嘗言之。卦有中爻,取陰陽內外相連屬之意。如訟卦彖辭「不利涉大川」,訟下卦為坎中爻為巽,巽木下坎水,本可涉川,值三陽在上,陽實陰虛,遇巽風舟重必覆矣,故不利涉川是以中爻言之也。又如小畜九三,夫妻反目,下卦乾為夫,上卦

巽為妻，中爻離為目，巽多白眼，故夫妻反目。又如觀卦初六，童觀，因中爻艮，艮為少男，故取童觀之象，皆以中爻言之也。

大象：卦有上體有下體，合兩體為一有。《大象》所謂兩體者，乾坎艮震巽離坤兌之體也。大象者，凡陽在上者皆象艮巽，陽在下者皆象震兌，陽在上下者皆象離乾，陰在上下者皆象坎。又凡陽在下者，動之象，在中者陷之象，在上者止之象；凡陰在下者入之象，在中者麗之象，在上者說之象。大象即《本義》之卦體，但卦體有分言有合言，大象則合而言之也。

卦情：卦情即《本義》之卦德，如乾健坤順，健順即其情也。艮止巽入，止入即其情也。推之八卦，無不各有其情，故曰卦情。有以卦情立象者，如豚魚知風、鶴知秋、雞知旦，三物皆有信，故中孚取之，是以卦情立象也。又如漸取鴻者，以鴻至有時，不失其序，于女歸之義為切，故文王取之，亦以卦情立象也。

卦畫：有以卦畫取象者，如剝言宅言牀言廬，因五陰在下，列于兩旁；陽覆其上，如宅如牀如廬也。又如艮下兩開有門象，故同人初九曰同人于門，以變艮卦畫言之也。震上兩開有大塗象，故履之九二曰履道坦坦，以變震卦畫言之也。又如鼎之畫象鼎、頤之畫象頤、噬嗑之畫象頤中之物，皆以卦畫取象者也。

卦占：又有以卦占立象者，如屯止初九曰盤桓，爻之象也；又曰利建侯，則是占中之象也。蒙之初六曰發蒙利用刑人，爻之象也；又曰用說桎梏，以往吝，亦是占中之象也。師之六五曰田有禽，爻之象也『又曰長子率師、弟子輿尸。否之九五曰休否大人吉，爻之象也』又曰其亡其亡，繫于苞桑。皆是占中之象也。諸如此者可以類推。

一、《易》書之作，原為卜筮起。若只言理而不言數，亦非完全之書，故並載占法筮蓍之儀。朱子《本義》已具，茲不復贅。

問：易之中錯綜等字義，乃講家設立之言，豈易之必不可少者乎？曰：易之用錯綜等字義，猶取魚兔者之必用筌蹄，舍筌蹄固無以得魚兔，而得魚兔即不可復記有筌蹄也。蓋易之有意，易之魚兔也；易之有言，易之筌蹄也。意不可得，則不得不設有言；言不可得，則不得不立有象；象不可見，則不得不用錯綜等字義以明之。象者假之物而得名，則錯綜等字義亦奚必寔有其事？惟易是活物，若卦畫不如是取，則易之蘊不可得而窮，而易中所繫之辭即不可得而解。得解之後，即易之辭且不有，又遑問其他，即謂錯綜等字義，無有

焉可也。

　　◎自序：經之有註，必須使人瞭然心目，如警愚者使明、昧者使醒，方為有功聖人。若囫圇未經道破，或聚訟不一，則是已先無確見，何以使閱者傾心？雖有註，不如無註矣。易之理深奧，談者易失元渺。自《程傳》《本義》出而後言數之家不得以淺嘗之，則易之賴以傳者多矣。雖然，理不離象，有象而後理方有所闡明，如文王、周公之易。取象之處離奇險怪者甚多，使不得其指授，只儱侗道其義理，正如搔者之未及痛癢，亦安見其旨之親切乎？有明梁山來矣鮮，不由師傳，獨能默契其旨而知易之由象推，如言錯綜、中爻、大象、卦情、卦變、卦畫、卦占，皆發前賢所未發，歷歷按之，而復知聖人之經，字字皆有寔落，可謂能得其肯綮者矣。而說者謂其支離，則非矣。蓋易乃天地之化工，猶人之有身。人之身必有配偶，無配偶則不成男女。配偶者一左一右，即易之所謂錯也。有男女則有交感，無交感則不成歡合。交感者一上一下，即易之所謂綜也。由是而有生育，則有子姓。生育者一變一化，即易之乾坤交而有六子、八卦盪而為六十四卦也。然陰陽之道不徒男女居室也。人之身具有形骸、有性情，形骸見於外者有貌言視聽，其即卦象之謂乎？性情蘊於中者有喜怒哀樂，其即卦情之謂乎？人之身有動、作有謀，為動作者，是非得失所由見，謀為者吉凶悔吝所由生，其即卦變卦占之謂乎？若夫盡情偽之賾、極應感之紛，則與易之組織中爻以成卦者無異矣。凡此皆易中自有之蘊也。其說始于希夷，闡于矣鮮，即朱子卦德、卦象、卦體，亦是本象言之而未盡其蘊，不如來氏之詳也。故易之道不極顛之倒之、左之右之、表之裏之、分之合之，則不能盡其義。徒執一說以求易者，必有不得。夫易者矣，經云：「易不可為典要，惟變所適」，其是之謂乎？此易之不同于他書也。第來氏之易亦有失之冗者，如言象過于瑣屑，未免于大旨義卻遺。至其發明爻象，字字精確，使讀之者沁心省脾，可謂先得我心之所同然矣。蓋惟神明于易，知其理不限于一偏，故能旁通其說；知其解不拘于一定，而又能有上下千古之識，以驗其事之所必至與其理之所固然，故能通經于史而即史以證經，取幽深元遠者而引之至近，則來氏之為功于人者豈其鮮哉？他家說易者，如乾坤冠冕之卦尚能解之，若蠱、剝、睽、夬、蹇、困、噬嗑、明夷諸卦，則多糢糊，而茲獨詳明，豈阨窮之遭身歷之，故言之切歟？夫理求一是，原不必有門戶之分，來氏之說未必盡合，其有功于程朱者，正自不少，非加去取，難稱完璧。固知管窺之見無補于時，然繭絲牛毛，能無剩義？因不揣冒昧，

就來氏書去其煩冗、存其簡要，本程朱之意而參以象數，經三十餘年，凡七
謄稿而帙始成，則余之為此，亦難矣哉！雖自知僭妄，然繙集之餘，使理解
精確，俾閱者瞭然心目，無事紛紛聚訟，而辭旨已明，則此集亦為必無小補
云。時乾隆三十二年歲次丁亥太簇上浣京兆後學張祖武序。

◎摘錄《易學宗旨》：

《易》之為書，言卜筮則是指淺陋，言義理則又非聖人作易之本意。蓋
聖人作易原為卜筮而設，緣上古之民罔知趨避，故聖人作易以前民用。其初
只有卦而已，猶後世之用環玦。文王、周公則繫之以辭，亦是于占筮之中推
言休咎，而並教以趨避之法，是帶著理說。至孔子則純言義理，亦是推廣易
中見得有如許道理，不可純以卜筮言之。所謂贊《周易》者，又自是孔子之
易，非復伏羲、文王、周公之易矣。學者執伏羲、文王、周公之易，謂即孔子
之易固不是，舍伏羲、文王、周公之易而專言孔子之易，亦不是。所以易書難
看，正謂此也。以《易》為義理之書，則得言未必能得象也，得象未必能得意
也。以為卜筮之書，則不特言在所當忘，即象與意亦在所當忘也。蓋聖人于
無可名之中而忽通之有意、于無可假之中而忽立之有象、于無可言之中而忽
繫之有辭，則意也、象也、辭也皆其後起者也，必有為之先者而後聖人不容
己而有意、不容己而有象、不容己而有辭，則易之作于聖人寔非聖人之有心
于作易也。天地間有容已于聖人者，而後聖人不容已于天地，學者執意與象
與辭以求易，亦只說得後一截，不曾見得有前一截，所拾者皆聖人之剩語矣。
此意惟邵子能知之，故其于理能神明于心，而于數皆百發百中；其教人學易，
先貴有心易。心易者，理之在吾心，猶太虛然，風霆流行，有而不有者也，如
此方得理之妙用。學者不達此，讀易無異于讀他書。如讀《書》者只解得是政
事，讀《禮》者者只解得是節文，先不曾知易，如何能用易？故《程傳》雖
好，然言理處太多，未免只說得一聖之易，非四聖之易。不如朱子《本義》，
上下猶說得通也。朱子謂學者先見象數的當下落，方說得理不走作，不然事
無寔證，則虛理易差。又云：「王輔嗣、伊川皆不信象，今卻不敢如此說，只
可說道不及見這個，且從象以下說，免得穿鑿。」觀于此言，可知朱子見得
大，不曾說煞。不言象，有來氏易正可以補朱子所未及。乃或者以為意旨不
屬，則非矣。朱子謂乾馬也而又稱龍、坤牛也而又稱牝馬，如此類多不可曉，
得來氏解則知乾之稱龍者以其善變也、坤之稱馬者以其錯乾也。又如廣八卦
象內乾稱馬，而又稱老馬、瘠馬、駁馬，朱子謂皆不可曉，得來氏解則知稱老

馬者取其齒變也、稱瘠馬者取其骨變也、稱駁馬者取其色變也。是來氏寔朱子之功臣,而或且以為牴牾,豈相諒者哉!

　　以《易》為說理之書,則無過于程子。然朱子以為說理太精反不得易之意者,以易只是假借,見得天地間有此道理,而因立之有象而因繫之有辭。象者非真有其事也,辭者非真有其物也。有其事則直可指為一事,而不可以通于事事;有其物則直可指為一物,而不可以該于物物。惟其無事無其物,而亦可指之為事指之為物。則天下事物之來皆可以此一事一物應之而有餘,此易之所以神妙不可測也。

　　易之理,惟不繫于一處,故能應天下之理而無窮;人之心,惟不繫于一處,故能通易理之精而不惑。易之能應不窮者,以易之理原從中出也;人心之能通于易者,以人心之各具一中也。天地造化之起于中、河圖洛書之本于中、五音六律之生于中、萬事萬物之權于中,都是此中字。邵子云:「天向一中分造化,人于心上起經綸」,可知中之在天地者,即其在吾心學易者,離卻中字學易,恐都無是處。

　　這中字即是易之生根處,讀易者能知易之生根處,則易自不難讀。中字內涵有太極,非即以中為太極也。《繫辭傳》曰:「易有太極,是生兩儀。」蓋太極為理之原,猶圖書為數之祖也。太極之理,無物不有。言兩儀即在兩儀之中,陽左陰右是也。言四象即在四象之中,太陽居左上,少陰居左下;少陽居右上,太陰居右下者是也。言八卦即在八卦之中,乾兌離震為四陽卦,而乾為太陽所居,左以下皆少陰之位;巽坎艮坤為四陰卦,而坤為太陰所居,右以上皆少陽之位是也。言六十四卦即在六十四卦之中,以十二辟卦分之,自復卦一陽以至乾純陽,三十二卦皆在左;自姤卦一陰以至坤純陰,三十二卦皆在右者是也。八卦六十四卦皆有橫圖,圈過來即是圓圖,是八卦六十四卦之橫圖,亦一太極也。太極之虛其中者,無極也。孔子只言太極不言無極,無極始于周子。然言太極而不言無極,則太極似涉于有形。一部《易經》純是聖人假借之言,不惟辭是假設之辭,即象亦是假設之象。聖人作易,聖人何嘗先有易?然又不是憑空無故撰來的,故謂之易有太極,又謂之無極。而太極造化惟無極則生易為有源,聖人惟無極則作易為有本,人心惟無極則學易為有功。無極者,理之所從出者也,即所謂中是也。康節先生惟此無極二字看得好,所以讀易為有功,固非眾儒所能與知也。

　　易有伏羲之易,有文王、周公之易,有孔子之易,又有後世之易。伏羲

之易是卦，文王、周公之易是辭，孔子之易又是贊，後世因不得文王、周公、孔子之易，又推出五行。其寔五行是從氣上說，理不離氣，不為添設；但離開理說，便不是。必須理氣相兼，方與聖人作經之旨為不背耳。

　　◎四庫提要：是編即明來知德《易注》原本，去其煩冗，間補以《易傳》《本義》諸說，其錯綜、變爻、中爻、大象、卦情、卦畫、卦占之類則一仍其舊焉。

　　◎民國《咸寧長安兩縣續志》卷十一《經籍考》錄《四庫提要》。

　　◎張祖武，陝西長安人。乾隆三年（1738）舉人。

張尊　範圍易數　無卷數　佚

　　◎孫葆田《山東通志》卷百二十七《藝文志》第十：是書見《採訪冊》。

　　◎民國《增修膠志》卷三十五《藝文志》：《範圍易數》（無卷數），張尊撰。

　　◎張尊，字匯海。山東膠州人。諸生。

趙誠　讀易考略　四卷　佚

　　◎光緒續修《舒城縣志》卷三十六《人物志‧文苑》：著有《讀易考畧》四卷、《棠院詩文集》數卷待梓（《府志‧文苑》、採訪冊）。

　　◎趙誠，號榆關。安徽舒城人。少遊從父士純，傳古文之學。補邑庠。性迂謹。書過目不忘，時人目為書櫥。

趙大煊　易筌　五卷　存

　　四川大學藏清稿本

　　◎光緒《黔江縣志》卷五《藝文志》：《易筌》（四卷）、《讀史劄記》（二卷）、《丹輿瑣記》（二卷）、《稗學編》（四卷），趙大煊撰。

　　◎趙大煊，字雲馷。四川黔江縣人。同治癸酉拔萃。任納溪教諭。

趙大鏞　讀易略記　六卷　佚

　　◎光緒《重修安徽通志》卷二百二十六《人物志‧文苑》五：著有《四書集注窺管》三卷、《窺管外編》六卷、《讀易略記》六卷。咸豐閒殉難。

　　◎光緒《重修安徽通志》卷三百三十五《藝文志》：《讀易略記》六卷（趙大鏞撰）。

　　◎趙大鏞，字笙南。安徽涇縣人。監生。

趙戴文 周易序卦說 未見

◎網文《魅力五臺（名人篇）｜趙戴文》著錄。

◎趙戴文（1867～1943），字次隴，號清涼山人。山西五臺縣東冶鎮人。先後肄業五臺書院、太原晉陽書院、太原令德堂。曾師從田乃心、李菊園、毛泰芝。光緒二十六年（1900）就聘山西大學堂，後為寧武縣學堂山長。光緒三十一年（1905）公費留學日本東京宏文師範學堂，入中華革命同盟會。光緒三十三年（1907）畢業回國後任軍職，又任察哈爾都統、察哈爾省政府主席、國民政府監察院長、山西省政府主席、民族革命同志會副會長、山西省佛教協會會長。著有《周易序卦說》《周易翼邵補正》《孟子學說足以救世界》《孟子學說》《答問錄存》《禪淨初譚》《讀經隅筆》《清涼山人文稿》《唯識入門》《洗心社講演錄》、《讀藏錄》《宇宙緣起說》《軍事講演錄》。

趙戴文 周易翼邵補正 未見

◎《山西紀念辛亥革命一百周年專題：追憶祖父趙戴文》著錄。

趙東壁 易學淺說 二卷 佚

◎民國《臨淄縣志》卷二十七《人物志》七：晚年又深於易，著有《易學淺說》二卷。疾習俗之弊，又著《喪禮芻議》鍼砭流俗。

◎趙東壁，字星文。山東臨淄大蓬科莊人。光緒丁亥歲貢。有愛書之癖，謂積產千金，何如藏書萬卷也。開新學之先，勸辦小學八十餘處。卒年八十八。又著有《喪禮芻議》一卷、《七十出遊記》。

趙鶴齡 說易徵事編 佚

◎民國《修武縣志》：每卦爻各引古人事徵明之，而不知李莊簡之《詳說》、楊誠齋之《易傳》已先為之。蓋伏處鄉曲，未獲見前輩說經遺書，故不免蹈古人窠臼。然獨抒心得，於經義多所發明，其精核者不可沒也。

◎民國《修武縣志》卷十四《人物》：每卦爻各引古人事證之，獨抒心得，於經義多所發明。

◎趙鶴齡，字羽仙。河南修武縣人。道光二年（1822）舉人。除羅山縣教諭，未任卒。

趙恒祚 易經解 佚

◎民國《霑化縣志》卷十六《叢談志》：趙恒祚《易經解》《孝經說》《明書說》《四書題格》《春秋同文》《方山文集》。

◎趙恒祚，字方山。山東霑化人。康熙戊午進士。歷任同官咸陽知縣。性耿介，以軍需詿誤去職。歸里教授生徒，掌教濼源書院。卒年八十三。又著有《四書說》《孝經說》《春秋同文輯要》《勸善錄》。

趙洪範 周易要義 三卷 佚

◎光緒《嘉定縣志》卷十六《人物志》二：所著有《周易要義》《西臺疏稿》行世。

◎光緒《嘉定縣志》卷二十四《藝文志》一：《周易要義》三卷（趙洪範著。自序，門人沈以曦、曹允昌序○取《本義》刪繁補缺，衍通其旨，證以經史，於占驗家亦有裨益）。

◎趙洪範，字元錫，號芝亭。嘉定（今屬上海）人。萬曆四十三年（1615）舉人，天啟二年（1622）進士。童時篤志好學深自期許。後成進士。初任湖廣麻城知縣，有異績。崇禎元年（1628）擢監察御史。以直言忤時宰，奉命巡按陝西道、雲南道。因討伐雲南土司普名聲遭劾，罷歸。入清不仕，卒於康熙間。

趙繼序 周易圖書質疑 二十四卷 存

四庫本

四庫全書珍本初集本

山東藏 1934～1935 年上海商務印書館四庫全書珍本初集據文淵閣本四庫全書影印本

山東藏 1983 年臺北商務印書館景印文淵閣四庫全書影印國立故宮博物院藏本

臺灣新文豐出版公司 1983 年大易類聚初集影印文淵閣四庫全書本影印

◎何焞彥《易經遵孔八晢類稿》卷十二《集晢》：趙氏繼序《周易圖書質疑》，以象數言易而不主先天河洛之說。首為古經十二篇，次逐節詮釋經義而不載經文，蓋用經傳別行之古例。次為圖三十有二，為說五。其詁經多從卦變起象，雖兼取漢宋之說無所偏主，其實於易學尚駁雜也。

◎四庫提要：其書以象數言易而不主陳、邵河洛之說，謂作圖者本於易，而反謂作易者本於圖，蓋因錢義方之說而暢之。全書不分卷數，首為古經十

二篇，次逐節詮釋經義而不載經文，但標卦、爻，用漢儒經傳別行之例。次為圖三十有二，各繫以說，而終以《大衍象數考》《春秋傳論易考》《易通曆數》《周易考異》《卦爻類象》。又一篇辨吳仁傑本、費直本而不立標題，列於《周易考異》前，疑即《考異》之末簡，傳寫顛倒也。全書多從卦變起象而兼取漢宋之說，持論頗平允。惟以「帝出乎震」為夏之《連山》、「坤以藏之」為殷之《歸藏》，本程智之說而推衍之，未免曲解夫子所贊《周易》也，豈忽攪說舊法自亂其例乎？

◎道光《徽州府志》卷十一之三《人物志・儒林》：著有《周易圖書質疑》二十四卷，其書以象數言易，而不主先天河洛之說。首為古經十二篇，次逐節詮釋經義而不載經文，蓋用經傳別行之古例。為圖三十有二，為說五。其詁經多從卦變起象，而兼取漢宋之說，無所偏主。採入《四庫全書》。

◎道光《徽州府志》卷十五《藝文志・休寧》：趙繼序《周易圖書質疑》二十四卷。

◎趙繼序，字芝生、芝山，號易門。安徽休寧舊墅人。乾隆六年（1741）舉人。治經兼取漢宋，以窮理盡性為宗旨、躬行實踐為功修。乾隆末，會講歙縣紫陽書院、休寧還古書院，先後主講直隸鴛亭書院、江西白鷺洲書院。卒後從祀紫陽書院。著有《周易圖書質疑》二十四卷、《孔門弟子考》、《經說史論》、《漢儒傳經說》、《周易辨畫》等。

趙敬　爻象管見

◎嘉慶《太平縣志》卷六《文苑》：著述頗夥，如《爻象管見》《拙齋論古》二書為德定圃、趙鹿泉所稱賞。

◎趙敬，字聖源，號簣園。安徽太平（今黃山）人。庚寅舉人。含茹洛閩。丙辰春與千叟宴。

趙敬襄　易環俚言　三卷　存

國圖藏鈔本

◎趙敬襄（1755～1828），幼字瑞星，後改司萬，一字其年，號隨軒、竹岡。江西奉新人。彭元瑞門生。嘉慶四年（1799）進士。除翰林院庶吉士，改授吏部文選主事、文選司行走。嘉慶九年（1804）乞歸終養。先後主講江西南平／琴臺／岐峰、廣東端溪／豐山等書院。著有《四書集注引用姓氏考》、《竹岡小草》一卷、《字書三辨》三卷、《困學紀聞參注》一卷、《四書圖表就正》

一卷、《端溪書院志》一卷、《端溪課藝》一卷、《竹岡雜綴》一卷續一卷、《竹岡詩草》一卷、《竹岡詩話》一卷,《竹岡鴻爪錄》一卷、《竹岡同學錄》一卷、《竹屋寒衾圖》一卷。

趙敬襄 周易筮窺 存

南京藏冀日省堂刻竹崗齋九種本

◎董恂《還讀我書室老人手訂年譜》卷下：趙隨軒敬襄《序卦圖說》《周易筮闚》。

趙敬襄 周易序卦圖並圖說 存

南京藏冀日省堂刻竹崗齋九種本

趙奎泉 周易指南 二卷 佚

◎民國《續修臨沂縣志》卷十五《藝文》：著《周易指南》二卷,未梓。

◎趙奎泉,山東蘭山人。庠生。

趙夔 易象廣義 佚

◎民國《續丹徒縣志》卷十八《藝文》：趙夔《易象廣義》(《縣志摭餘》)。

◎趙夔,江蘇丹徒人。

趙良澍 讀易經 一卷 存

山東藏道光十二年(1832)涇縣趙氏古墨齋刻涇川叢書本

翟鳳翔 1917 年編涇川叢書‧續本

山東藏 1936 年上海商務印書館叢書集成初編影印涇川叢書本

山東藏臺北成文出版社 1976 年無求備齋易經集成影印道光十二年(1832)刻涇川叢書本

◎尚秉和《尚氏易學存稿校理‧易說評議》卷五：其讀易至乾《文言》「其唯聖人乎」而止。據其姪紹祖後跋,讀易未終而疾亟,遂輟筆而卒,時為嘉慶丁丑,故其書祇一卷,不若《讀詩／禮／春秋》之多。今觀其說乾元亨利貞云：「伏羲始畫此卦,已具有大通至正之四德；文王繫之以辭,括四德為兩義,恐後人筮得此卦,樂其大通,而未知不正者之難於通也,故以元亨鼓舞之,而以利貞申戒之。」此則不合,利貞在他卦誠有為戒辭者,而在乾則確為

四德。是以《太玄》釋之為春夏秋冬，擬之為罔直蒙酋冥，四德循環，往來不窮，天時如此，人事如此，莫能逃莫能外。蓋文王觀象繫辭，知非此四字不足以賅括乾天之德，故《文言》曰「君子行此四德」，固正解也。若以利貞為戒辭，則於乾德不合矣。又以利見大人為二見五、五見二，仍朱子之解弗知其誤。惟謂用九為示人以占筮之例，則獨具卓見不隨流俗，為昔人所未言。又以「知進退存亡而不失其正者，其唯聖人乎」一節，為明用九之道，不獨為處亢言，能詳昔儒之所略。蓋《文言》原以釋經，置用九不釋，是未畢也。乃解易者十九不知，以為仍說亢義。豈知知進復知退、知存復知亡即用九也。惟趙氏但知敷陳義理，不談象數，宗主宋人，漢魏易注似未寓目者，亦一蔽也。

　　◎趙良澍（1743～1817），字肅徵，號肖巖。安徽涇縣人。乾隆六十年（1795）進士。官內閣中書。嘉慶三年（1798）為廣東鄉試正考官。性孝友，立身行誼，不務科名。有《讀詩記》、《讀禮記》、《讀春秋記》、《肖巖文鈔》、《肖巖詩鈔》十二卷。

趙履和　周易義疏　十二卷　首一卷　末一卷　存

　　北大藏咸豐八年（1858）趙履和衡山刻本

　　◎楊邦儁序〔註74〕：吾楚言易之書，宋以後無慮數十家。其著者，彭宗義《易解》，當時置之學官；易祓《周易總義》，《四庫》為之著錄。其次則丁易東之《周易象義》、曾朝節之《易測》、王命宣之《周易訓義》、王介之之《周易本義質》，類皆各為祖述。惟王氏夫之所著《周易內傳／外傳》《大象解》《稗疏》《考異》各種，具有獨得，與先儒相表裏而不苟同乎先儒，人咸稱其旨必徵實、義必切理，良不虛也。衡山趙子保亭，濡染耆舊之風，於六經靡不研覃，而尤邃於易。以余一日之長，出所撰《周易義疏》屬為校定。受而讀之，意在伸攷亭之《本義》，汰諸儒之瑕疵。如「飛鳥遺之音，不宜上，宜下」混乎象占；「不及其君，遇其臣」未指實象；歸妹之「澤上有雷」拘守者誤於雷動澤隨；「易簡之善配至德」回護者訛「以德得於天」；「方以類聚，物以羣分」，錯讀《本義》則以人事言，致上下之文勢懸絕；「愛惡相攻，情偽相感」，執滯《本義》則主德應言，致卦爻之義例不明。凡此類融會貫通詮釋大義，直而有要，簡而不遺，無毗於數，亦無背於理。悉乎哉，趙子之善言易也！開嘗思南宋紹興以降，四方經進易義，必敕三省劄下所司給筆札繕寫。所為除直

―――――――――――――

〔註74〕又見於《湖南文徵》卷七十八。

館閣者、陞一官者、差充文學教授者，項背相望。乃往往編殘簡缺，遽已湮滅，與骨毛爪齒同漸化無餘。其故何哉？殆亦立言者不免空疏蕪雜勦說雷同，而第希世以求知，班孟堅所謂「利祿之路然也」。趙子窮居著書數十年，雖當世未識子雲其人，而持此向學之心思，容以寬閒之歲月，益進求斯道之絜淨精微。譬之於舟，固其楫，張其帆，其具備矣。於是以行江湖之間，順流而遇風，吾能竟其所至也哉！余素以泛覽而疏於思問，於易學未遑深求，初讀坊刻《本義》，《雜卦傳》「咸，速也。恆，久也」但註云：「咸，速。恆，久」，心固疑之。及見吾邑石給諫所藏咸淳中吳氏刊本，知為「感，速。常，久」，坊本連訛兩字，遂使《本義》如贅旒然。至經文字句異同，經今阮太傅芸臺先生校勘者，不一而足。蓋未嘗不歎僻處方隅，所見不廣，不得以偶有所疑而遂疑於前人也，趙子試參之。道光戊申歲八月。

　　◎光緒《衡山縣志》卷四十《著述》：趙履和《周易義疏》、《禹貢指掌》、《十三經考異》、《周禮六享考略》、《琴律管闚》二卷。

　　◎趙履和，字東甫。湖南衡山人。清中葉在世。不樂仕進，潛心研古，邃於經學。晚病瘻，猶手不釋卷。卒年七十。

趙鳴鸞　易經解義　佚

　　◎光緒《江西通志》卷九十九《藝文略》一《國朝》：《易經解義》，趙鳴鸞撰（《南豐縣志》）。

　　◎趙鳴鸞，字景文。江西南豐人。著有《易經解義》。

趙楠　周易玩辭　不分卷　存

　　上海藏稿本

趙丕烈　周易精解　六卷　佚

　　◎光緒《嘉定縣志》卷二十四《藝文志》一：《周易精解》六卷（趙丕烈著）。

　　◎趙丕烈，字奇三，號南塘。嘉定（今屬上海）人。增廣生。工詩文，善畫。乾隆三十年（1765）南巡獻畫，賞內緞。著有《周易精解》六卷。

趙齊嬰　周易古訓考　一卷　存

　　學海堂刻學海堂四集本

　　◎自序〔註75〕：《周易》注義以子夏傳為最古，雖《漢志》十三家所不載，然劉氏《七略》本有其書，今《經典釋文》猶略存梗概。漢儒說易，實濫源於此。其間或尚義理，或尚象數，師說縱有不同，而無不以古訓為宗主。通考諸家，凡得三義：一本義、一引伸義、一假借義，皆古訓也。今略為次之如左。雖掇拾聰殘，義鮮周備，然其大端實不越乎此矣。

　　◎宣統《番禺縣續志》卷二十八《藝文志》一：《周易古訓考》一卷，國朝趙齊嬰撰。存。學海堂本。

趙青選　易經圖　一卷　存

　　國圖藏咸豐元年（1851）刻本

　　◎趙青選，河南葉縣人。著有《易經圖》一卷、《易經圖說》一卷。

趙青選　易經圖說　一卷　存

　　國圖藏咸豐元年（1851）刻本

　　◎孫殿起《販書偶記》卷一：《易經圖說》一卷，葉縣趙青選撰，咸豐元年刊。

　　◎周按：《山東通志·藝文志》亦著錄趙士通《易經圖說》。

趙銓　沈起元　周易孔義集說　二十卷　存

　　哈佛、國圖、清華、北大、上海、南京、山東、湖北藏乾隆十八年（1753）學易堂刻本

　　四庫本（題：光祿寺卿沈起元撰）

　　國圖、上海、北大、遼寧、湖北、南京、山西大學藏光緒八年（1882）江蘇書局刻本

　　山東藏臺北商務印書館 1983 年景印文淵閣四庫全書影印國立故宮博物院藏本

　　◎卷首一卷：傳易源流、總論、凡例、圖（八卦方位圖、乾坤生六子圖、因重圖）。

　　◎凡例：

　　古《周易》文王卦辭、周公爻辭為經上下二篇，孔子十翼為傳十篇，各為一書費長翁始以彖象繫辭之言解說上下經；鄭康成合《彖傳》《大象傳》《小

〔註75〕錄自宣統《番禺縣續志》卷二十八《藝文志》一。

象傳》於經，加「彖曰」「象曰」字；王輔嗣祖之，謂孔子贊爻之辭本以釋經，宜相附近，又取乾坤二卦《文言》附入，加「文言曰」三字于首，于是好古者每歎古易之亡。至宋呂汲公、呂東萊訂正古易十二篇，朱子《本義》初本亦據東萊本篇次，至明初修《大全》復析《本義》從《程傳》之序，則今之行本也。愚謂易之亡不亡存乎其義耳，篇次分合豈直筌蹄而已哉？學易者不能舍卦爻辭以求易，即不能舍《孔傳》以解辭。《伊川易傳序》云：「未有不得其辭而通其意者。」余所傳者辭也，然則欲得文周之辭，舍《孔傳》其曷由？王氏以傳附經，用資觀玩，乃學易之定法，不得云變亂，今仍之。唯《大象傳》乃孔子以卦畫二體示人觀象學易之道，往往別自起義，補文周未發之旨；《文言》則引伸觸類以闡易蘊，皆無容附于本卦經文之後者，不敢盡同王氏也。

十翼之說各家不同，胡安定以《上彖》《下彖》《大象》《小象》《文言》《上繫》《下繫》《說卦》《序卦》《雜卦》為十翼，似為得之。茲以《彖傳》《小象傳》分附各卦經文外，餘上下《繫辭傳》《大象傳》《文言傳》《說卦傳》《序卦傳》《雜卦傳》仍自為篇次。

高忠憲云：「易註自夫子即註即經，非夫子而烏知易之所語何語哉？」嘗歎以為至論。後之說易者第當詳繹《孔傳》，自得經旨。王輔嗣以來，卦爻下先為註釋，非勦襲即岐貳，甚非宜也。趙復齋于乾彖有云：「元亨利貞，形容乾體，夫子贊之，其旨甚明。後學玩辭，自有所得，更立語言，去本愈遠。」噫！豈獨乾彖云爾哉。苟非分經合傳，則經文下直不容置一辭矣。茲故于卦爻辭下即附《孔傳》，後列諸儒之說以釋。《孔傳》向以「彖曰」「象曰」字，致後儒即以《孔傳》為彖象，則鄭氏之貽誤也。今易「曰」為「傳」以正之，為陰文以誌之，使初學者知經傳之別，知卦爻辭之為彖象，開卷瞭如。

易理廣大悉備，不可窮殫。然孔子曰「易有聖人之道四焉」者，舉其要矣。說易者專門名家，古今輩出，縱有純駁，要皆各有所得。唯焦氏、京氏主于災變占驗，與《孔傳》言義理背馳。此外豈無發明經義之處？乃王輔嗣一掃馬、鄭，程朱一掃註疏，《程傳》《本義》亦互有異同，易義之糾紛視他經為甚。夫羣言紛挐，折衷聖人，孔子為萬世立極之聖人，又惟此十翼為所手著，韋編三絕而後成，非若《詩》《書》《春秋》之刪訂筆削猶有難求其說者。又未經秦火，其書獨完，則學羲、文、周三聖之易者，自當以《孔傳》為主。愚不揣淺陋，于漢晉唐宋元明以及本朝說易諸書概無偏主，惟以合于《孔傳》、足以旁通曲暢者即為採入，名曰《孔義集說》以明遵孔之意，其諸儒則統以時

代為先後焉。

漢唐人釋經，一字一義凡經前人所發者必稱某氏云云，不欲襲為己說，可見先儒之不苟。此書單辭片語必載某氏，存此志也。其前儒所發、後儒宗之，既採前說，後不復贅，懼複疊也。

說《易者》千餘家，其可會通互參者兼取弗遺。其衷之《孔傳》弗符者既不復錄，宜無庸置辨。然有數說同而一說異，有千百年遵用而忽易一解者，取舍之故，不得不極其所以然以別其是非，以定其指歸，又間有先儒所未及，愚以千慮一得，偶有所見，統附為案，以俟明者採焉。

《繫辭傳》云：「居則觀其象而玩其辭，動則觀其變而玩其占。」學易之道盡矣。子又云：「假年學易，可以無大過。」是《易》者教人寡過之書也。蓋天下萬事之理皆有天造地設不可移易者，聖人舉目皆是，百姓日用不知，故以易象示之，使知順之則吉逆之則凶，所以前民用也。伏羲之所以畫、文周之所以繫辭、孔子所以反覆贊之，無非以天道明人事，憂世濟民之深意。至天之所以覆地之所以載，日月之所以行，四時之所以運，自天主之，原無藉于卦畫，故此書于所為河圖洛書、伏羲方圓圖、先天卦位圖，即不敢定其真偽，要之無關人事，非孔子之所言，俱不復載。惟據《孔傳》「萬物出乎震」節為《八卦方位》一圖、據「乾，天也」節為《乾坤生六子》一圖、據「因重」節為《六十四卦因重》一圖以備觀玩。

《繫辭傳》云「雜物撰德，辨是與非，則非其中爻不備」，中爻，互卦也。文王卦辭、周公爻辭，以互體立義者，其象皎然，故先儒多以互體說易，不可忽也。今於每卦之下標明中爻互卦為觀象之助。

◎周易孔義集說總論〔註76〕：

易象自八物外有卦畫奇耦之象、內外上下之象，有三才之象，有中爻之象，有變爻之象。中爻為雜物撰德，四畫內又別為兩卦，而象亦隨之變。爻者用九用六，易之占專視變爻，故爻辭已有兼變卦而言者，則象亦隨變而易，此皆按之卦爻、核之文周孔三聖之辭而確乎不可易者，非傅會也。惟漢晉先儒以應為象，云自某爻之某爻成某卦，殊屬牽強。蓋應以情應，非此爻之彼爻也。至半離半坎之說，巧而彌拙，均不可用。其與說卦間有互異，讀易者第據辭言象，如乾不為虎，而據履彖則乾為虎；坤不為馬，而據坤彖則坤為牝

〔註76〕又見沈起元《敬亭文稿》卷一。《敬亭文稿》內尚有《周易大象傳後》、《八卦次第說》等篇可參。

馬，不必泥《說卦》而為之辭也。

易言六位時成，又言六位而成章，無無位之說。王輔嗣謂初上無位，謬矣。伊川謂乾上九貴而無位，乃爵位之位，非陰陽之位。陰陽之位陰陽奇耦，豈容無也？李安溪以易初二無言位當不當者，獨三四五三爻言當位，則所謂位者亦借以明分位之位，謂德與位稱也。愚謂當位者即正之謂也，初上言正者多矣，豈非當位乎？亦不可泥矣。

伏羲之卦畫象爻之所取，既無非象矣，至中正亦有象，則孔聖之所創也，文周繫辭以斷吉凶。而所以為吉凶者其道何由？孔子定之以中正，而後吉凶悔吝之故得。然易象何以有中正？孔子以一卦分二體，而以二五為中之象；以六爻分陰陽之位，以所乘之陰陽當位為正之象。此與伏羲以——為陰陽皆從無象中開闢出來，非開天之聖人不能。夫中正二字，典謨以來第言虛理，至孔聖傳易而遂有實象可據，於是推之而無不驗，按之而無不可，易斯亦奇矣。可見一部《易》書無一字不著實。至實而至虛，故曰潔淨精微。易之時義，孔子發之，以一卦為一時，一爻又各有一爻之時，于是天下萬世鉅細精麤之道無不備，此即所謂時中之道也。

卦變之說惟程子之論為不易。蓋變為易之要義，孔子《繫辭傳》言之詳矣。要不越于陰變陽陽變陰。乾坤生六子，變之權輿也。六十四卦以因重而得一重，則六位已定，必不可謂自某卦來也。來氏創為錯綜之說，不過正對反對之別名，亦與因重之義不符。

易道貴交。天地不交則萬物不生，君臣、父子、夫婦、兄弟、朋友不交則人道滅絕，故易以陰交陽、陽交陰為造化之樞紐。孔子更從二體六爻內，以應言乎遠交，以比言乎近交，而後交之道始備。交有善不善，而吉凶悔吝生焉，則又於應比之內考其中不中、正不正、合時義違時義以定之，此所謂神而明之者也。

易冒天下之道，而其大要不外三綱：君道也臣道也，父道也子道也，夫道也婦道也，如是而已矣。但辭寄于象，苟不得于象，必謬于其辭；謬于其辭，必害于其道。聖人因象立言，無隻字泛設。孔子釋文周之辭，至簡而至精。所用虛字如而字、以字、之字皆有深意，以顯《繫辭》之道。學者一字翫忽，差以毫釐謬以千里，害不在辭義而在世道。

言易者數千家，即訓辭者亦人執一說。其間有義可旁通者，有必不可兼及者，後學淺末，何所適從？熟翫文義，可以定之。聖人之言自典謨至今，不

獨道無有二，即文理亦萬古不異。虛心涵泳聖人之情，有灼然著見不可移易者，所謂文在茲者，此也。

易者聖人教人法天之學也。聖人不以不可見之天教人，而以可見之天教人，則八物是已。八物皆天也。天地雷風水火山澤相錯而成六十四卦，使人觀象而知萬事之理皆本于天，行止進退事上與下宜剛宜柔，象義胥備，效之為事業，成之為德行。故《大象傳》必曰以，豈俟著筮而始顯其用哉？！

「易之興也，其于中古乎」，孔子斯言，想見伏羲畫卦以來易之道晦也久矣。《連山》《歸藏》不特後世不傳其說，而孔子亦僅云「吾得坤乾焉」而未言其義，《周禮》太卜掌三易之法，一曰《連山》、二曰《歸藏》、三曰《周易》，其經卦皆八，其別皆六十有四，想見前此祇為卜筮之用。然考《左氏》所載筮卦占驗之妙，亦據《繫辭》以斷。當《周易》未作以前有畫無文，所為卜筮者亦不知其若何為用，意即朱子所謂如今之環玟相似耳。則伏羲當日畫卦以通神明之德、以類萬物之情、順性命之理者，終如長夜，於是文周起而繫之辭，而易道始興。是即卜筮之用亦自文周而始神，不特闡幽微顯、義理剖晰也。宋道士陳圖南乃言羲畫不立文字，使天下之人觀其象而已。能如象焉則吉凶應，違其道則吉凶反，後世卦畫不明，易道不傳，聖人於是不得已而有辭。學者謂道止於是而不復知有畫矣。此直以文周之辭轉有妨於易道，欲廢辭而觀象，其誣聖實甚。而後儒猶有宗之者，甚矣，索隱行怪之惑人也！

乾隆癸酉八月，沈起元識。

◎參訂姓氏：孫嘉淦錫公（興縣）、陸奎勳聚緱（平湖）、顧棟高震滄（無錫）、秦蕙田樹峯（金匱）、李渭菉涯（高邑）、盧見曾抱孫（德州）、張潮鏡園（山陽）、鄭方坤荔鄉（建安）、顧陳垿玉停（太倉）、王恪蕙帶（嘉定）、王嵩穎山（太倉）、王俊松叔（太倉）、（本宗）德潛歸愚（長洲）、廷芳椒園（仁和）、（受業）董承勳芑堂（烏程）。

◎參校姓氏：張遴夛（南皮）、馮元邁（吳縣）、錢廷熊荻香（吳縣）、李時乘海門（金匱）、邵唐虞封（常熟）、（受業）張彬上珍（祥符）、劉一元統四（曹縣）、謝世溥沛滄（曹縣）、牛士範正儒（新泰）、張景良漢梧（齊河）、張景栻亦南（齊河）、尹文麒紹陵／澤象南（肥城）、張增澤光（青城）、范瑞元冠一（山陰）、杜渭芳洲（高唐）、吳湘衡湘（霑化）、趙銓鑑堂（陵縣）、田阡連渠（城武）、張籹粒民（上元）、張敟對墀（城武）、孔繼睿思亭（曲阜）、張璐璁佩（曹縣）、周永年書昌（歷城）、伊松蘭友（新城）、王珺湅溪（蘭山）、李諭忠孚尹（館陶）、

馬景曾魯堂（曹州）、張昌諤亭（滕縣）、王述獻巖耕（太倉）、周洵學蘺（太倉）、孔繼曾宗貽（太倉）、黃狲翼清（太倉）、陸卿簡廉吉（吳縣）、（內姪）方犖卓士（太倉）、（男）祖望、（姪孫）祖孝、孝培。

◎孫嘉淦序：幼讀《易經》，私心妄測，以為詞出於卦、卦出於圖，必窺圖書之祕乃可得卦象之原。學之數年而茫乎未有得也。嗣讀《學記》云：「善問者如攻堅木，先其易者後其難者」，乃廢然而返。夫卦爻所以註圖書也，《繫辭》所以註卦爻也。於文詞之易者尚不能解，而欲解圖象，宜其不能也。於是專求之象爻之詞，《本義》《程傳》而外，博涉諸子百家，學之數年，而仍茫乎未有得也。嗣讀朱子《四書集註》則又廢然而返。夫孔子之於《易經》不啻朱子之於《四書》也，《彖傳》《象傳》逐句註之矣，《繫辭》《文言》反覆詳註之矣。今讀《四書》而不解者，尚宜求朱子之註，況讀《易經》而不解者，不宜求孔子之傳乎？於孔子之傳尚未能解，而欲解文王、周公之詞，宜乎其不能也。於是專心於孔子之十翼，學之數年，始知孔子之傳言淺而意深、文約而旨遠，雖單詞片語，味淡聲希，而文王、周公所不傳之祕無不盡洩也，所未盡之理無不斡補也，於是欲遵孔子之義闡而明之以成一書，而所學未成，且迫於公冗未有暇也。乾隆甲子、乙丑間寓於京邸，與敬亭沈公比鄰而居，朝夕過從。見其卷帙滿牀，皆古人註易之書，白髮皤然，坐臥乎其中。時聆緒論，與予心適有合也，因勸之成書以示後世。已而予蒙恩命許歸田里，戊辰之冬再入春明而敬亭又南還。數年以來，風朝雨夕，靡日不思，且惓惓於其易未知成與否也。癸酉之夏獲接敬亭手札，並寄所刻《周易孔義集說》數卷，予睹其書名而齷然笑也，是可謂先得我心矣。伏而讀之，見其於古人之書擇焉而精語焉而詳，曲暢旁通，無所不有，而總未嘗於孔義有悖也。夫山無論高平皆尊泰華，水無論巨細皆歸河海，孔子之於羣言猶泰華河海也。今奉之以為準，使諸子百家之言如連峯疊嶂競秀爭奇而不背其祖，千支萬派遠奔近赴而皆朝乎宗，斯亦極天下之巨觀矣。因以昭示後學，使之由《孔傳》以得文周之詞，由《繫辭》矣窺卦象之奧，由卦象以翼圖書之源，則所以闡往聖之至道、為後學之津梁者，其功固不可勝窮，而予之所有志而未逮者亦藉是以大慰矣。故喜而為之序。乾隆癸酉仲夏，同學弟孫嘉淦。

◎秦蕙田序：前輩沈敬亭先生刻《周易孔義集說》成，郵以示蕙，且曰：「吾兩人於是書有同懷，盍為余弁一言？」蕙憶雍正壬癸間在金陵志館得見先生，知先生邃於易，因出所輯《象義日箋》稿質先生，深蒙印可。後蕙登

第,由翰林貳秩宗,方從事五禮。而先生以方伯入為光祿卿,益治易不輟。每一過從,見先生書帙縱橫,手鈔口講皆易也。又取蕙《日箋》稿繕置案頭,多所採擇,功益勤而心益欿然。今先生歸田又五年,而《孔義集說》之刻始就,回視壬子初見先生論易時已二十有餘年矣。先生之言曰:「學易者不能舍卦爻辭以求易,即不能舍孔傳以解辭。」引高忠憲「即註即經,非夫子而烏知易為何語」之說,以為至論。吁!學易之道於斯盡矣。夫《易》於他經為難讀,羲畫無言,文、周、孔有言而不盡言,諸儒千百家家自為言,故難讀也。然他經聖經而賢傳,易則聖經而聖傳,以經解畫,以傳解經,合則是而離則非,故不難讀也。羲畫有象至孔子而顯,文周有辭至孔子而明。乾馬坤牛為遠取近取之象,失得憂虞為吉凶悔吝之象。而凡後人之之為飛伏、為世應、為納甲、為卦氣、為卦變,非孔子之義即非伏羲之象矣。危平易傾,括之「懼以終始」之一旨,而凡後人之流於元、雜於禪、牽以理學、附以史學,非孔子之義即非文周之辭矣。先儒云不可便以孔子之說為文周之說,此亦言讀書之法宜先就本文消息耳。於文見其賾,必於義會其通,不然,六經之道同歸而四聖之易乃離之而不合,可乎哉?揚子雲稱一闤之市必立之平,一卷之書必立之師,夫易說紛拏,奚止一闤之市?以孔子為師,庶乎有以立之平,而後之學易者可於是乎取則矣。是為序。乾隆癸酉,舘後進二泉秦蕙田。

◎盧見曾《雅雨堂文集》卷一《周易孔義集說序》:余年五十有一,遠投塞外,始學易。求之以先入之說,往往此儒之解不通于彼儒,此卦之義不通于彼卦,講彖者不通于《彖傳》,講象者不通于《象傳》,其說曰:「伏羲、文王、周公、孔子各自為易。」余始而信,繼而疑,疑而不得解,輒廢寢忘食,窮思極慮至于心如死灰,忽而有覺,頓得新解,以《彖傳》釋彖而乃得彖,以《象傳》釋象而乃得象,推之卦爻無不皆然。恍然曰:道盡于孔子之十翼,但先儒之義不能盡合于孔子耳。然未敢以自信,郵書至京師,從請故人求易。武功馬思山位寄易書十數種,于中得項平甫《周易玩辭》一書,讀之,與余見合十之六七,因遂渙然無疑。方欲自作一註,名之曰《尊孔》,以質疑于天下後世,而未能也。歲甲戌,同年沈子敬亭以所著《孔義集說》見示,其中多采項氏,復廣輯諸儒粹言以明孔子之義,由孔子以溯羲、文、周之易,有先得余心者。沈子之言曰:「伏羲初有卦畫無文字,文周繫之以吉凶悔吝而其故不顯。自孔子定之以中正,以一卦分二體,而以二五為中之象,以六爻分陰陽之位,而以所乘陰陽當位為正之象,微中正則吉凶悔吝不可得而明,微吉凶悔吝則

伏羲之卦畫亦徒設。知此而羲、文、周之易盡于孔子之傳辭無疑矣。」嗚呼！
沈子之志即項氏之志，即余從絕塞中焦思勞心捫籥而得之者，三人代隔五六
百年地殊萬餘里，而所見不謀而合，此可見人心之同然而易道之不必遠求也。
竊嘗謂孔子傳易商瞿後，班氏所列傳授諸家今皆無書，而漢京／焦氏專說陰
陽災異，既與孔聖之易絕遠。至有宋邵子復宗希夷之說，列卦爻為先後天方
圓圖。先儒謂上古無言之教，何若是之紛紛。此自成為邵子之學，于易無預。
夫易宜引而近之，無務推而遠之。孔子《序卦》「有天地然後萬物生焉」，干寶
註：「取始于天地，天地之先聖人存而不論。」不聞有所為先天後天也。其論
百世可知，徵諸夏商之損益，不聞有所為直日起卦與陰陽災異之說也，惟就
每卦中逐爻逐位觀其進退往來之變，占其吉凶悔吝之辭，以識夫吾生趨避修
省之道，斯則孔子教人學易之旨，而余與沈子所見畧同者也。爰不辭而為之
敍（惠定宇云：以十翼解說二篇之義者，西漢費直、東漢荀爽。今所傳之易乃費氏本，
而其說不傳，惟荀氏九家註猶存，頗得聖人之旨。虞翻論易，斥諸家為俗儒，獨推荀
氏。先生潛心于易學有年，而其論與費、荀同，真卓識也。邵子先天原本老氏「有物
渾成，先天地生」而來，先生據干令升註駁之，此皆發前人所未發者）。

◎彭紹升《二林居集》卷十七《故中大夫光祿寺卿加二級沈公事狀》：居
閒讀易，折中古訓，著《周易孔義》。十三年，移疾歸。歷主濟南、揚州、太
倉諸書院。而杜門日誦先儒書，病中手鈔明道先生語錄，臨終語其友曰：「平
生學力無住手處，年來日夕檢點身心，仰不愧，俯不怍，或庶幾焉。」卒年七
十九。所著書自《易義》外，有《敬亭詩文集》十餘卷刻行於世（《敬亭文藁》
沈祖望所撰行述）。

◎四庫提要：是書大旨以十翼為夫子所手著，又未經秦火，其書獨完，
故學易者必當以孔傳為主。因取明高攀龍《周易孔義》之名別加纂集，於古
今說易諸書無所偏主，惟合於孔傳者即取之。其篇次則仍依今本，以《彖傳》、
《象傳》繫於經文之下，謂易之亡不亡不繫於古本之復不復。王氏以傳附經，
亦足以資觀玩，惟《大象傳》往往別自起義，《文言》則引伸觸類以闡易蘊，
皆無容附於本卦，故別出之。前列三圖，一為《八卦方位圖》，一為《乾坤生
六子圖》，一為《因重圖》，皆據《繫辭》《說卦》之文。至於河圖、洛書、先
天、後天、方圓諸圖，則謂此陳、邵之易，非夫子所本有，概從刪薙，頗能掃
除紛紜轇轕之習。其中亦多能推驗舊說引伸新義，如乾彖傳「大明終始」，王
注、程傳、朱子皆未有確解。起元獨取侯行果「大明，日也」之說而證以晉彖

傳之「順而麗乎大明」、《禮記》之「大明生於東」,於經義頗有根據。觀六三、九五、上九之「觀我生」、「觀其生」,自《孔疏》以「動出為生」,而後儒遂以「動作施為」解之,俱不免於牽強。起元獨取虞翻「生謂坤,生民也」之說,尤有合於九五《象傳》「觀民」之旨。其釋《大象傳》比類求義,於字句相似而義不同者,推闡更為細密,在近來說易家中亦可云有本之學矣。

◎王昶《春融堂集》卷六十五《沈起元傳》:自少覃心理學,謂學問須知行合一,以躬行實踐為驗。時張伯行主朱子而斥陸王,李紱主陸王而詆朱子,起元不肯稍有附會,謂孔門弟子自顏曾外,入門各異,歸於聞道。今宜恪守經書,實實為人,不必高言作聖。晚年窮易理,撰《周易孔義》,以十翼為宗。歷主鍾山、灤源、安定、婁東四書院藉以自給,宴如也。

◎何焯彥《易經遵孔八皙類稿》卷十二《集皙》:沈氏起元《周易孔義集說》,以孔子十翼為主,定眾說之是非。前列三圖,一八卦方位、二乾坤生六子、三因重,皆據《繫辭》《說卦》。其先天諸圖則以為陳、邵之易非孔子之易,概從芟薙,持論特確,所解亦多能推驗舊詁,引伸新義。惟既用王弼散附之本,而又以《大象》《文言》析出,自為一傳,苟所析甚當,固不妨自我作古也,惟不當,故殊可惜耳。

◎馬國翰《玉函山房藏書簿錄》卷二:《周易孔義集說》二十卷(學易堂本),國朝光祿寺卿太倉沈起元敬亭撰。以孔子十翼為主,定眾說之是非。謂陳、邵之易非孔子之易,因芟先天諸圖,據《繫辭》《說卦》,列三圖於前,一曰八卦方位、一曰乾坤生六子、一曰因重,訓解多從舊詁,引伸新義。又從王輔嗣本析出大象、文言,自為一傳,亦極有識。惜《彖傳》《小象傳》不及全釐定之,尚非十翼之全也。

◎光緒《陵縣志》卷十六《藝文志》:《參校周易孔義集說》,□(趙銓與太倉沈起元同撰)。

◎道光《濟南府志》卷五十六《人物》十二、光緒《陵縣志》卷十九《人物傳》:與太倉沈起元參校《周易孔義集說》行世。

◎孫葆田《山東通志》卷百二十七《藝文志》第十:《皇朝文獻通考》云:「是書因明高攀龍《周易孔義》之名,復加纂集。凡先儒傳說,惟擇其不悖於孔《傳》者取之。」按:《四庫總目》、《皇朝通考》載此書俱不列銓名,茲從《縣志》。

◎《皇朝通志》卷九十七:《孔義集說》二十卷(沈起元撰)。

◎《皇朝文獻通考》卷二百十二：《孔義集說》二十卷，沈起元撰。

◎方東樹《漢學商兌》卷下：言易而與程朱異旨者尚有數派，如力闢圖象則毛奇齡、黃宗炎、胡渭，宗虞氏則胡渭、黃宗炎、惠棟、趙繼序、張惠言，崇鄭學則沈起元、魏荔彤、王宏、錢澄之、惠棟，論變通則連斗山、毛奇齡，說升降則刁包、喬萊，而毛奇齡《仲氏易》《推易始末》《春秋占筮書》《易小帖》四書以變易、交易、反易、對易、移易論易，凡此皆漢學之支流雜派也。

◎趙銓，字南村，學者稱鑒堂先生。山東陵縣人。乾隆辛卯進士，以親老不仕。性廉，一介不取。

◎沈起元（1685～1763），小名傳時，字子大，號敬亭。江南太倉人。少工詩文。康熙六十年進士，選庶吉士，改吏部主事。擢員外郎，以知府發福建用，創正音書院。調臺灣知府，以辨冤獄忤上官，遂告歸。乾隆元年（1736）起為江西驛鹽道副使，翌年擢河南按察使，總修府縣書院事。七年擢直隸布政使轉光祿寺卿。十三年移疾歸，歷主鐘山、灤源、安定、婁東四書院。乾隆十九年（1754）秋與王昶交。又著有《敬亭詩草》八卷、《敬亭文稿》九卷補遺一卷、《中州彰善錄》三卷、《敬亭公年譜》二卷首一卷末一卷、《課士條言》一卷、《桂軒詩草》二卷。

趙汝顏 周易問答 佚

◎光緒《江西通志》卷九十九《藝文略》一《國朝》：《周易問答》，趙汝顏撰（《南昌縣志》）。

◎同治《南昌縣志》卷二十六《書目》下「趙汝顏」條錄邑人張素我《嘉遯堂遺稿序》：滌槎趙彥首先生亡後若干年，其文孫思任哀其生平著述遺稿，得《周易問略》數十則、《嘉遯堂詩文》若干卷……顧獨反覆於其所為《周易問略》者，而竊歎吾南州易學之傳，得先生而益大之也。且夫易學固吾南州素業也。今世言易者以程朱為宗，推而上之則以為莫過於輔嗣，謂其言易也主於理，一掃漢魏以來互卦、納甲、飛伏諸陋習。不知馬融且去輔嗣未來，其間固有人焉。言易於吾南州者，世亦其聞之乎？！昔曾子固之記徐孺子祠堂也，推孺子語林宗者，謂其意非自足於耶鑿，遺世而不顧，又言易於君子小人消長進退擇所宜處，未嘗不惟其時則見其不可而止，此孺子所以未能以此而易彼。曾之意謂孺子蓋深於易也。吾讀《饒州志》載張子遠邅從孺子讀易，

是孺子固實以易相教授者也。孺子深於易,而使子固數百載後感頌而推測之,然則孺子者,吾南州言易之宗乎?自孺子而後歷唐暨元,吾南州之以易傳而不甚顯者,代有其人。在勝國也則有若章本清先生,發明圖學,為易學中興,嗣是則較衰矣。今乃得彥首先生,嗚呼!吾南州易學其遂以延縣百世而不致或絕者,是不賴有先生也哉!先生之言易也,尤加意於乾之初,以為乾性健,不患不能發散而患不能翕聚,故聖人勗乾以潛,使消亢之悔。推此意而行之,其為孺子也不難矣。先生祭外祖文詳其易學之所受,而後之人顧未得見其外祖所為言易者,是知學易於南州而終湮沒不彰者,殆不可勝道也夫!予既服先生之有功於易,而又歎先生之後有賢子孫焉,其所以什襲而發揚之者,其功蓋未可沒也,遂書此以復之。

　　◎趙汝顏,江西南昌人。著有《周易問答》、《嘉遯堂遺稿》。

趙瑞開　周易圖解　佚

　　◎嘉慶《涇縣志》卷十八《文苑》:精易學,有《周易圖解》。

　　◎嘉慶《涇縣志》卷二十六《藝文》:趙瑞開《周易圖解》(錢、鄭二《志》)。

　　◎趙瑞開,字元毓,初名瑞國。安徽涇縣人。諸生。博學工詩文,尤嗜神仙家言。少隨父碩來宦遊閩中,後應大司馬佟公聘復入閩。著有《江閩蓬遊草》。室洪氏,明進士維翰女,亦工詩。

趙世對　易學著貞　四卷　存

　　順治刻本

　　康熙五十三年(1714)刻本

　　黃靈庚、諸葛慧豔 2015 年主編衢州文獻集成影印順治刻本

　　◎一名《易學筮貞》。

　　◎易學著貞引言:古之擬易者本《易緯》卦氣則祖《連山》,本《火珠林》則祖《歸藏》,格其俗誣,歸之雅正。自伊川之傳理、紫陽之傳數,而他注疏盡廢。小之者秦,謂存之以筮家也。支之者漢,謂衍之以訓故也。晦之者晉,謂失之以意解也。淺之者明,謂束之以時制也。末流雜于星官曆翁誣俗之獒,愈卑而愈失真矣。吾友襄臣合數十家之易而畫學之、會通之,以歸宿于周。名其篇曰《著貞》。自序詳矣。吾聞之,古趙蕤氏研極于關子朗之易學,自《卜百年義》《大衍義》《乾坤之策義》類計十一篇,其《卜百年義》末云:「始于

甲申，止于甲子，正百年矣，過此未之或知也。」其說詳本傳。諸義可以類
觸，亦以著問易者之所旁喻也。襄臣豈其苗裔耶？何其說之有根據也！殆非
也。邑之先正皆以易起家，如《易論》《易訓》《羽義》《大旨》《蠡測》等著
述，亦既昭明宇內矣。至家文懿、尊文懿于易尤邃，天光炯然，此意賴傳之
句，兩公夢寐亦相受授。襄臣淵源家學矣，亦有所受之也，于是作為《著貞》，
貞古今之變，以其意合先生之精，簡而不漏、創而不詭，有揲法有演補，有
《元元圖》鑒義以立其體、圖象以致其用。《紀元》統紀甲子，自黃帝至于產
麟而止，與《卜百年義》有互相發明者。然記甲子而止產麟，其情深矣。噫！
作易者其有憂患乎？此之謂也。襄臣負聞孫孔鮒之聲，林壑自處，其得於乾
之初、履之二為多。且問逮蔑薆，又有資於謙之諸爻。余好為卜筮，遠祖沙隨
于《閏錄》，間作識易之篇，不敢詰屈聱牙，亦不至刻舟求劍。以際《著貞》，
流壞耳，例之《玄》覆瓿可也。襄臣以何策命之？甲午秋八月朔，友弟余有成
書于研露齋。

　◎易學著貞目錄：卷之一：綴集本旨：趙襄臣一則、禮三正記一則、朱
子三則、魏鶴山一則、章楓山一則（答問）、熊朋來一則、沈括一則。易學源
流：羣書備考全書。圖書節要：河圖、朱子三則、蔡元定一則、趙襄臣一則
（已上河圖說）、洛書、朱子一則、胡玉齋一則、趙襄臣一則（已上洛書說）、蔡
九峯一則、邵子一則註三則、朱子一則、趙襄臣一則、朱子二則、胡玉齋二
則、趙襄臣二則（已上圖書總論）、伏羲八卦橫圖、伏羲六十四卦橫圖、朱子一
則、伏羲八卦圓圖、伏羲六十四卦方圓之圖、朱子二則、陳瑩中一則、邵子一
則胡玉齋註一則、邵子一則朱子註一則、翁思齋一則、周謨胡玉齋問答一則
（已上伏羲圖說）、文王八卦次序、文王八卦方位、邵子一則胡玉齋註一則、黃
芹一則、後天地理之圖、後天序對之圖、章氏一則（已上文王圖并說）、七爻擬
議成變化之圖、一爻主履信思順圖、制器尚象十三卦圖、十一爻尊一君之圖、
乾坤易之門圖、九卦圖、雜卦圖（已上孔子圖）、卦變圖／說一則、卦象、卦變
歌、敘傳本義所釋卦變之圖、卦歌、八卦取象（已上朱子圖）。卷之二著法指
南：揲蓍祝辭、筮說、揲蓍餘說、閏月定時成歲之圖／說一則、卦扐過揲四圖
（徐策三圖、其別六十有四圖）。卷之三占變詳考：變卦凡例、考變、易卦貞悔、
占案共十八則、占說一則、卜筮一則、蔡九峯一則、互卦附象三則、論林黃中
以一則。卷之四易道同歸：太極圖、太極圖說、經世一元消長之數圖／說二
則、元元圖（筮象）、元元圖（圓象）／說一則、紀元說三則、紀元圖全（六葉）、

廣易道同歸圖／說三則（共二葉）。

　　◎四庫提要：茲編論《易》為卜筮之書，故經秦火而獨存，命之曰「筮貞」，謂以筮而貞萬世之變也。不載經文，惟采先儒議論分類編輯。一卷曰《綴集本旨》、曰《易學源流》、曰《圖書節要》，二卷曰《蓍法指南》，三卷曰《占變詳考》，四卷曰《易道同歸》。論筮法與占變條理頗為詳明，蓋純以數言易者也。

　　◎《皇朝通志》卷九十七：《易學筮貞》四卷（趙世對撰）。

　　◎《皇朝文獻通考》卷二百十一：《易學筮貞》四卷，趙世對撰。

　　◎趙世對，字襄臣。浙江衢州人。

趙世迴 易經告蒙 四卷 存

　　齊齊哈爾藏乾隆三十八年（1773）四德堂刻本

　　上海藏乾隆五十三年（1788）昭潭書院刻本

　　山東藏清三讓堂刻本

　　四庫存目叢書影印乾隆三十八年（1773）四德堂刻本

　　◎一名《周易告蒙》《易告蒙》。

　　◎凡例：

　　一、易書乃伏羲畫成，萬物之象見，此聖人參贊化育、財成輔相、大本大原之道所自出；大禹衍疇，萬物之數見，此聖人脩道立教、盛德大業、治法道法之用所由行，此書必依其義發明之也。

　　一、易書乃伏羲倣河圖之數以畫卦，解明河圖之義。文王又解明八卦及六十四卦之義，周公又解明諸卦六爻之義，孔子復以繫辭更推廣解明羲、文、周公之道，定為久大之業，此書但求發明蒙養也。

　　一、易書遵倣《本義》分卷，主遵《本義》之說，亦有不泥於《本義》之說。因聖人原以卦爻象位立義故也，讀先儒之說可見。

　　一、易書每句離斷象占，分別以便訓詁，童蒙誦習不譌，註音俱遵古訓，繕寫必遵正楷，亦養正之道。

　　一、易書訓詁必遵周子、張子、邵子、二程子、朱子、蔡氏之說入解，不敢採涉空寂玄虛之說以及術士之陋談。

　　一、易書立言必求淺顯明白，庶使讀易解經者少有所裨，不敢採浮膚渺茫之說，但求質實，傳曰彼以文辭而已者，陋矣。

一、易書須先看朱子《啟蒙》，邵子《皇極經世》，《程傳》，周子《太極圖說》、《通書》，張子《西銘》、《正蒙》，然後可以明易、學易、用易也。

一、易書是懸空說個象，以指實其理之所在，不與《書》以道政事、《詩》以言性情、《春秋》明賞罰、《禮》以謹節文定說在是。

一、易書極神奇，極平常，小言之亦得，大言之亦得。

◎讀聖人易書經義凡例：

一、未讀聖人易書時，先觀河圖，乃知聖人作易本源，因方位之數以立畫，畫立則爻見，畫備則卦見，而後理氣數次序見矣（見賢遍反）。

一、未讀聖人易書時，須反覆觀玩河圖，既詳，然後取洛書卦位、數位觀玩詳考，庶幾知天地鬼神示人用卦數之變，得盡河圖妙義，知洛書本該貫在河圖內也。

一、讀易書須知三聖人原本一理以貫萬殊，由約及博，以盡其義。

一、卦位原本河圖一二三四五六次序成位。一陽數則陽位，二陰數則陰位，三陽數又陽位，四陰數又陰位，以及五陽數陽位、六陽數陽位，故六十四卦之位，內卦離位，外卦坎位，合成六爻之位。六數之陰居陰數之位，為正位，為當位；九數之陽居陰位，皆為理氣數位之不正、位不當也。

一、凡卦名，以上下二體之象取義，爻則因各卦之名象取義，或有於卦名象之外取義者，此變例也。

一、讀易須知卦德，如健為乾之德、順為坤之德、動為震之德、入為巽之德、明為離之德、險為坎之德、說為兌之德、止為艮之德是也。

一、讀易須知卦體，如乾體純剛，坤體純柔。震體在內卦，初當位而正，二為中正，三為不當位，於理氣數為不正；在外卦，四不當位為不正，五中而不正，上當位而正也。巽在內卦，初為不當位為不正，二中而不正，三當位而正也；在外卦，四當位而正，五為中正，上不當位為不正也。離在內卦，初為當位而正，二中正，三當位而正；在外卦，四不當位不正，五中而不正，上不當位不正也。兌在內卦，初當位而正，二中而不正，三不當位為不正也；在外卦，四不當位為不正，五中而正，上當位而正也。艮在內卦，初不當位不正，二中正，三當位而正；在外卦，四當位而正，五中而不正，上不當位，為不正也。上卦為外卦，為上體；下卦為內卦，為下體。三上為過中，四初為失中，數位不正，于理氣為邪；位過不及，于理氣為不中。

一、讀易須知卦象，一卦有一卦之象，一爻有一爻之象。如乾象天，而

初九象潛龍，九四又象君子之類。又一卦有數象者，如坤象牝馬又象君子有所往，又象有得朋失朋、又一爻有數象者，如屯初九有盤桓之象，又有建侯之象；六二有乘馬之象又有匪寇婚媾之象，又有女子貞不字之象。

一、讀易須知占辭，如乾是卦名，元亨利貞是占辭。初九潛龍為一爻之象，無咎為占辭，九二見龍在天，寫一爻之象，利見大人則占辭。又有即象以為占者，如坤初六履霜堅冰至是也。又有閒象閒占者，如坤六三含章乃象也，可貞，則占辭；或從王事乃象也，無成有終，則占辭也。

一、凡卦有一卦之才，凡爻有一爻之才，如乾純剛是其德而至健是其才也。初九下潛是爻德，而樂行憂違是其才也。六十四卦爻皆倣此。學易者或用卦爻之才德，有通變不同，因時變遷，而盡神明變化之妙者，唯聖賢能知。用卦，如傳用履謙九卦之類；用爻，如傳用中孚九二、同人九五之類。

一、讀聖人易書，須知相承之義。如初爻承二爻、二爻承三爻、三爻承四爻、四爻承五爻、五爻承上爻也。然事物无時无處无不有個承乘比應。

一、讀聖人易書，須知相乘之義。如上爻乘五爻、五爻乘四爻、四爻乘三爻、三乘二、二乘初爻也。

一、讀聖人易書，須知相比之義。比者，相親近之謂也。如初與二比、二與三比、三又與二四比、四與三五比、五與四上比，上又與五比也。

一、讀聖人易書，須知上下相應之義。初與四應、二與五應、三與上應，如初九位正，則與六四位正為正應；若初六位不正，與九四位不正，則為應之以不正；若初九與九四、初六與六四則為陰陽剛柔不相應，二五、三上皆倣此。卦吉爻吉，得應則吉；如卦凶爻凶，有應是應之以凶也，宜無應為吉。

一、河圖兌乾巽坎四卦居圖上，中爻皆九；艮坤震離四卦居圖之下，中爻皆六。上卦乘下卦，皆九五六二，剛柔中正相應，如乾无妄觀蹇之類。下卦乘上卦，皆六五九二，柔剛正中相應，如睽大壯升蒙之類。上卦乘上卦，皆九五九二、五剛中正直，二剛正中，失應；下卦乘下卦，皆六五六二，五柔正中，二柔中正，失應。上乘上，如夬姤渙之類；下乘下，如噬嗑豫謙之類。

一、讀聖人易書，須知初爻為始為本，上爻為終為末，三初又為內卦之始終，四上又為外卦之始終。又有遠近親疏善惡愛惡之義，如上與初遠亦與二遠之類。近如初近二、四近五之類。比、近則親之類；不應、不當位則疏之類，位正為善，位不正為惡，又陽為正、陰為惡之類。相應，同陰而正同陰而

不正，同陽而正同陽而不正，皆愛之類；不相應，同陰有正有不正，同陽有正有不正，皆惡之類。

一、讀聖人易書，占辭須知元亨利貞有分讀之義，有合讀之義。有亨，有元亨；有利，有貞，有利貞；有吉，有元吉，有貞吉，有有終，有終吉；有悔，有小有悔；有厲，有悔厲；有征，有征吉；有利，有攸往有利，有利涉大川、不利涉大川；有无咎，有厲無咎，有利無咎，有貞利利無咎；有有孚於吉者，有有孚於凶者，種種不同。雖善讀，戒占之辭多，以文王處憂患故也。

一、讀聖人易書，須知上經首乾坤，即圖南乾北坤；上經終坎離，即圖離東坎西。上經中，屯蒙泰否剝復無妄，多是見氣數之盛衰；下經咸恆，即圖之兌東南、艮西北、震東北、巽西南，中孚小過又用四隅通變流行，多是見一身一家一國天下千古之治亂。其以坎離終焉者，蓋水火乃天地之大用也。讀上經，當須知作一時之事、一日之事、一年之事、百年之事、終古之事觀之也；讀下經，當須知作一身之一事與所為之萬事、治一家之事與治天下千古之事觀之也。易之道虛活，不庸拘執如此。

一、讀聖人易書，須知以觀象為主，得象察理，知理察數，故曰聖人立象以盡意。上下經及十翼，皆是據象論理。

一、讀聖人易書，原是伏羲、文王、周公、孔子四大聖人手編，理同而言或有推廣之異耳。而王弼、費直、鄭、虞，取孔子之《彖辭》《大象》《小象》屬之於各卦各爻，以便後學誦記觀玩。然如出一手，合讀之，使讀經者其義易曉故也。今姑檢出數例以發讀易之道如此。

一、讀易書，有吉之例，如元吉、大吉、貞吉吉、無不利吉、無咎終吉、初吉吉、亨有孚吉、悔亡吉、小事吉、利征吉、利有攸往无大咎之類；有凶之例，如既云凶不必言元大，但言貞凶，有孚凶厲，吝悔終厲終凶，小有悔小利大貞凶，無攸利征凶，皆占吉凶之例也。

一、讀易先明圖書精微之蘊，次明卦爻通變之妙，然後玩《彖／象／傳／繫》之辭，乃得《繫辭》申明精妙之義。

一、讀易十傳，原是因伏羲之畫、文王周公之辭，孔子申明其說，推廣用卦之義，一字一句，皆據卦爻象立說，不得逕作秦漢以來文字立解。舉凡聖經賢傳之說，皆本此以成法言法行者。

一、讀易書，不得固執成說。易曰變而通之以盡利、鼓之舞之以盡神是也。

一、讀易書，須知往來之義。有往前之爻為往、後來之爻為來者；有自下爻及上爻為往，自上爻及下爻為來者；又有自反對來為來、理勢將往為往，如隨賁否泰之類。

一、讀易書，有相對之義，如乾對坤、坎對離、兌艮震巽相對之類；有反對之義，如兌巽反對為大過；有合對之義，如巽兌合對為中孚之類；有反之義，如否反之為泰之類；有無反之義，如乾反之仍乾之類。

一、凡筮占，須觀其人何如，其事何如，不可泥象，當因象以通占；又不可泥辭，更當因辭以推事，如乾初九象潛龍，占則勿用。君子占之時宜隱晦，勿用有為；小人占之事必發露，勿用隱避。蓋易為君子戒謹之書，君子占吉，因以戒慎得吉；小人占吉，則以放肆得凶之類。

一、讀易書須知立象設教，至有究至無，至無實至有，其妙極矣。

◎易告蒙序：《易》者告人改過遷善書也，其大原本天地、分陰陽而彌綸曲成者也。今趙子著《告蒙》一書，詳述易理，以啟以正，以惠後人。曾呈請，茲欽奉詔命徵求經傳，正宜恭進，頒發公世，用是心不能無慮。余閱之云：易如守宮變、茅犀神，日月往來最深遠也。然卦有時位，權宜得中而理有的理，太虛內之有太極，隨事物而實。夫理動生氣，氣生五行萬彙。聖人緣河洛所呈，體其對待流行者，畫卦以立象數，象數以顯物理，理周通於卦爻。六爻合玩，各爻之理定。理本一，循而行之與否，吉凶悔吝所由起。二五隨時當位罔愆，則為中。中無礙，有圓轉之意。天地之中四時如環，人苟得中四德俱備。蓋三木胎酉、四金胎卯、水一胎午、火二胎子、天人道德，圓轉一貫，告蒙使知七日來復之義。於先後甲知欲善終則慎始；於先後庚知更始則有終。辛勤丁癸而全易釋然。告人改遷者，昭朗於卦之顛倒錯綜、方圓橫直、交互上下矣。而六爻時位亦貫徹變化，豈容背的而失正鵠哉。閱者禊如《詩》之知思無邪、《禮》之知無不敬可也。易之用，君子小人，又誰可外哉？況於圖說，列前發後，各卦各爻，按象數，明一理，繫辭發揮而微至，誠得易之大原。故不憚精詳條暢，務令蒙者易知易從，此欲立人達人之苦心，人可共信也，夫何慮。時乾隆三十八年癸巳中秋月上浣，茶陵同學弟陳安兆咸懷氏拜撰。

◎易經圖註說：無聲無臭，虛渾精微，充塞乎天地古今者，噫！其太極之一理也哉？雖然，理必生氣，有氣即有象，有象即有數，數依象生，象倚氣立，氣從理動，但理一也，虛渾精微，隱含萬變，故太極之理動，其數一，一

必分，分則二，二則變，變則易。易則化萬，分則萬變，萬變則萬易，萬易則萬化，一數遂因所分之變易相化，生生不已，而象卓立乎其中矣。顧數既生，生必有序，序必有初，氣必變，變必有本，本必有始。象既立，立必有由，由必有素，此數之有太初也。氣之有太始也，形色象貌之有泰素也，其究同歸於虛渾精微之一理，而統名之為太極焉。故《大傳》曰「易有太極，是生兩儀」，儀者表見也，表見莫大乎天地，故兩儀立而後萬化之變易行，故曰「兩儀生四象」，而兩兩閒之，四時四方四德，莫非天地之四象也。四象生八卦，而四時之八節、四方之八風、兩儀之四德，散見於八八六十四卦，何莫非天地之四象所生，故《大傳》曰「生生之謂易」。其曰「伏羲氏之王天下也，仰則觀象於天，俯則觀法於地，觀鳥獸之文與地之宜，近取諸身，遠取諸物，於是始作八卦，以通神明之德，以類萬物之情」，又曰「天生神物，聖人則之；天地變化，聖人效之。天垂象見吉凶，聖人象之。河出圖洛出書，聖人則之。」夫聖人聰明睿知，首出庶物，自心通于三極大中至正之理，先天下而開物成務，即圖書未出之先，其所作睹者，固未嘗不與圖書之理氣象數默相符契。然而不聞羲畫禹疇作於河洛未出圖書之先，始知必因神物興起時，聖人亦嘗仰觀俯察、近取遠取，而後則圖數、畫八卦。故《大傳》一則曰「聖人則之」，再則曰「聖人則之」。況稱天地即乾坤也，稱變化即爻變也。而離為日、坎為月、震為雷、巽為風、艮為雲、兌為雨，莫非仰觀在天之象；乾為玉、坤為土、艮為山、兌為金、離為火、坎為水，莫非俯觀在地之象。乾為首、坤為腹、坎為耳、離為目、震為足、巽為股、艮為背、兌為口，近取諸身者也；乾為馬、坤為牛、震為龍、巽為雞、離為雉、坎為豕、艮為狗、兌為羊，遠取諸物者也。然則伏羲則圖數、畫八卦，因而重之為六十四卦，復何疑乎？而大禹則書衍疇，不大可知矣。《大傳》曰「易與天地準，故能彌綸天地之道」，又曰「範圍天地而不過，曲成萬物而不遺，通乎晝夜之道而知，故神無方而易無體」，蓋圖書之數，天地萬物寒暑晝夜之數也，故聖人則之，得以見天地萬物寒暑晝夜于圖數者也。卦畫之數，陰陽剛柔五行萬象之數也，故聖人設之，得以見陰陽剛柔五行萬象於卦畫者也。然則不有圖書，焉有卦畫；不有卦畫，焉有繫辭？然則前之聖人畫卦，原以發明卦畫之理氣象數，是即發明圖書之理氣象數，即天地萬物之理氣象數者也。且夫天地鬼神授聖人以圖書者，原默示夫陰陽屈信、精微虛渾，苟非其人，焉能觀圖玩象，擬象窮理？而況心思匪靈弗瑩也，知能遠不逮夫聖人，又離圖書卦畫漫求經解，

無怪衹驚其精微，莫測其虛渾，不知古昔神靈，尚必立象焉憑藉之以盡意念之在，設卦焉以盡情偽之所變，繫之辭盡顯其義蘊之所存，窮萬變而盡通之於利用，極鼓舞而盡妙之於神化，非則圖書之數，焉能與於斯哉？是以《圖註》一書，倣古傳釋，因昔先儒於易道之廣大，言有未及者，茲則強探力索，推義廓蘊，不惜瑣屑立圖，雖僅揭其膚淺，意在童蒙讀是經者，案經言觀圖書、玩卦爻、考傳釋，捐妄誕而收確義，或有取於此書之鄙說，將自卑邇以至於高遠，盡目接耳迎，皆陰陽屈信之在天下，即太極兩儀四象八卦以至六十四卦三百八十四爻，无人无物无動无靜无時无處不在天下也夫！趙鐸峯世迥譔。

◎四庫提要：是書凡例稱遵仿《本義》分卷，然其書仍用注疏本，未喻其故，殆據坊刻《本義》言之歟？卷首《圖注》三卷皆推演河洛之義，書中時時附圖，蓋欲以圖書明易而反以易明圖書者也。

◎光緒《湘潭縣志》卷十《藝文》：《周易告蒙》四卷（趙世迥撰。《四庫》存錄）。

◎趙世迥，字鐸峯。湖南湘潭人。乾隆中諸生。又著有《四書博義》七卷。

趙世迥 易經告蒙圖註 三卷 圖說 四卷 存

齊齊哈爾藏乾隆三十九年（1774）四德堂刻本

清三讓堂刻本

四庫存目叢書影印乾隆三十九年（1774）四德堂刻本

◎一名《圖注易經告蒙大全》、《周易圖注》。

◎目錄：一卷太極圖、太極充積十三道圖、太極十三道動靜升降圖、太極十三道渾含萬變圖、太極生物分類圖、太極通變四圖、月光明晦圖、日道出入晝夜長短二圖、四仲中星圖、二十八宿定位圖、日月九道圖、日月升降九道圖、二十八宿見的圖、分星畫野圖、七政花甲屬二十八宿二圖、納音納甲圖。二卷河圖數解、洛書數解、圖數象天地二圖、圖數用變圖、書數象天地二圖、龜文圖、九疇圖、五氣通變盡利圖、五行生克二圖、五福六極圖、心象圖、幾善惡圖、立達圖、九九數圖、大衍筮法圖、八卦數九九數龜卜三法、干支生屬圖、天地不滿圖、陰陽數動圖、朱子論數加減之法、算法二十九圖。三卷諸儒易說、易理約說、易論、先儒序卦圖、十二序卦圖、圖書卦畫總論、河圖洛書數卦變五圖、因數設畫四圖、卦成次序三圖、八卦次序圖、數

含八卦圖、卦數見天地圖、太極生兩儀四象八卦先儒所設圖、八卦生聲色圖、文王八卦圖、六十四卦方圓圖、六十四卦橫列對待圖、亦天圓合地方圖、陰陽升降成寒暑二圖、互卦全圖、從正對合圖、古卦變圖、音律二圖、五色正變圖。

◎易經告蒙圖註上卷：《周易》經辭象占，最易蒙漷，昔見家塾，閒有訛句。蓋以伏犧、文王、周公、孔子編定二五八卦三才之書，是乃五經之源，義蘊精深，夫固有難知者。予因竭心思、強探索三十餘年，稍通聖人立象盡意、繫辭盡言之法，而恍然於天地萬物皆易理象數充塞，無少閒息。顧友人向予曰：「易稱蒙以養正，子何不積所得付之棗梨，公之家塾，告發童蒙，未為無益於教學之道。」予因其言，乃依經序次，妄附《本義》之末，敢曰明經義哉？或者少申傳說耳。是以在經文，依考亭定本，務必句句離斷象占，以便訓詁；在疏解，務必淺顯明白，以便發蒙。苟於義蘊難知者，則為圖以便指示聖言本源，非憑空撰出者比，且非擒藻捄華者所能擬其萬一。復於因卦爻為術者，亦頗立圖以見人為搆巧，遠於易教潔淨精微、太極二五固有之理也。然則學易者，必用離象之虛明以主敬，用坎象之真實以存誠，德漸進於高明，業修畜乎淵深，豈非聖功日晉，由告蒙養正之不先迷於攸往也哉？夫童蒙之知能即乾坤之易簡，童蒙之性情即剛柔之健順，氣雖偏焉，致曲則成矣。是凡家塾訓詁，所當三復蒙之二五占吉可也。至若經義，易曰「君子惟有解」云爾。時乾隆三十九年季秋月穀旦，四德堂序。

趙士通 易經圖說 佚

◎乾隆《歷城縣志》卷第十九《藝文考》一：趙士通《易經圖說》（見《蓼谷文集》，卷未詳）。

◎道光《濟南府志》卷六十四《經籍》：《易經圖說》，歷城人趙士通撰。

◎孫葆田《山東通志》卷百二十七《藝文志》第十：是書見《縣志》。

◎趙士通，字潛夫。山東歷城人。順治十一年（1654）孝廉。歷官宰邑。喬寓歷下，與王士禎友善，於明湖同倡秋柳詩社。

趙嗣晉 易經彙解 四卷 佚

◎乾隆《直隸廣德州志》卷三十三《人物志》：喜讀書，著有《易經彙解》《通俗演義》《增刪古文奇賞》《四書易經文稿》《內省錄箋釋》等書。

◎乾隆《曹州府志》卷二十《藝文志》：趙嗣晉《易經彙解》四卷。

◎道光《城武縣志》卷四《學校志》：《易經彙解》（邑令趙嗣晉著，板藏學宮，今無）。

◎光緒《廣德州志》卷四十一《藝文志・書目》：《易經彙解》《增刪古文奇賞》《通俗演義》《城武邑志》《內省錄箋釋》（俱趙嗣晉著）。

◎孫葆田《山東通志》卷百二十七《藝文志》第十：是書見《府志》。

◎趙嗣晉，字煥望，號桐崖。山東單縣人。康熙辛未進士。授武城令。

趙坦 周易鄭注引義 十二卷 存

臺灣藏鈔本

◎《書目答問補正》題無卷數。

◎趙坦（1765～1828），字寬夫，號石侶。浙江杭州人。阮元視浙學，遂以經術受知，補諸生，入詁經精舍，著弟子籍。道光元年（1821）舉孝廉方正，不赴。治漢學，尤好古金石文，亦富藏書。著有《周易鄭注引義》十二卷、《春秋異文箋》十三卷、《石經續考》、《保甓齋文錄》二卷、《保甓齋劄記》一卷、《杭州城南古跡記》、《煙霞嶺遊記》等。

趙太素 周易斠 六卷 存

北大藏清鈔本

趙同 易解心悟 四卷 佚

◎民國《重修莒志》卷五十三《文獻志・藝文》：趙同《易解心悟》四卷。

◎民國《重修莒志》卷六十八《文獻志・人物》：研窮經術，尤邃於易，麋聚漢宋傳注，冥思苦索者三年。夜夢兩人至榻前，扣之曰：「子猶未悟耶？」其一曰：「茲悟矣。」遂笑而去。既寤，思之洞然，遂善易卜，休咎奇中。乃攜一童遊淮海徐揚，仿君平垂簾故事，得貲盈數。歸而鳩工鑿石，築橋於村東五里許，寬平堅實，行旅便之。工甫竣，無疾而逝。初自筮終身，遇同人，辭曰：「同人于野。」遂取名同，字子野。著有《易解心悟》，今佚。

◎趙同，字子野。山東莒南汀水鎮人。

趙文運 周易講義 一卷 佚

◎民國《增修膠志》卷四十六《文苑》：著有《周易講義》《尚書講義》

《尚書禹貢圖義》各一卷，《說文諧聲譜》《說文字例淺解》各二卷，《容齋詩文存》共三卷，俱未梓。

◎趙文運，字子開，號容齋。山東膠州人。肄業濟南濼源、尚志兩書院，光緒癸巳舉人，後歷主諸城、莒州兩邑書院講席。充《續修山東通志》局分纂。民國十年續修《膠志》，公推為總纂。於小學尤多心得，與同邑法偉堂互相引重。

趙獻 讀易品藻 二十卷 佚

◎嘉慶《廬州府志》卷三十二《文苑》：趙獻字方叔，無為人。廩生。工行草。所著有《讀易品藻》二十餘卷、《芝嶼集》六卷（《州志》）。

◎嘉慶《無為州志》卷二十六《藝文志‧書籍》：《讀易品藻》（二十卷）、《芝嶼集》（六卷。俱趙獻方叔著）。

◎趙獻，字文卿，號方叔。本安徽巢縣人，清初避禍安徽無為，遂為無為人。康熙諸生。著有《芝嶼集》六卷、《讀易品藻》二十卷。

趙燮元 讀易管見 二卷 佚

◎光緒《射洪縣志》卷十六《藝文》上：《讀易管見》二卷（趙燮元著）。

◎趙燮元，字衡軒。四川射洪人。嘉慶丁卯舉人。學識過人，任雲南永平令。嘗主講金華書院。又著有《陼海遏盜數策》、《虎帳元機》四卷。

趙新 還硯齋易漢學擬旨 一卷 存

國圖、山東藏光緒八年（1882）黃樓刻還硯齋全集九種本

續四庫影印上海藏光緒八年（1882）黃樓刻還硯齋全集本

◎趙新，字又銘。福建侯官（今閩侯）人。林慶炳師。咸豐壬子進士。改庶吉士，授檢討，歷官陝西督糧道。又著有《續琉球國志署》二卷首一卷、《餘詩偶存》不分卷。

趙新 還硯齋周易述 四卷 存

國圖藏光緒八年（1882）黃樓刻還硯齋全集九種本

續四庫影印上海藏光緒八年（1882）刻還硯齋全集本

◎各卷卷首題：福州趙新又銘著，男慶崧慶濂慶椿、孫詒書詒經謹校字。

◎還硯齋周易述目錄：卷一乾坤屯蒙需訟師比小畜履泰否同人大有謙

豫。卷二隨蠱臨觀噬嗑賁剝復無妄大畜頤大過坎離。卷三咸恒遯大壯晉明夷家人睽蹇解損。卷四繫辭上傳繫辭下傳說卦傳序卦傳雜卦傳，易漢學擬旨一卷（附）。

◎還硯齋周易述序：夫易何為而作哉？聖人知理之遁於幽者，不可得而明也，於是乎舉而示之於數，數立而理寓焉。故夫易者，聖人之權也。今夫尸以為肖、昭穆以為別，所謂鬼神者，吾不知也。然而求鬼神之情狀，無善於此矣。高者壇之，卑者墠之，所謂天地者，吾不知也。然而求天地之方位，無善於此矣。夫易則亦猶是已矣：立之以位以驗其當否，離之合之，博觀而約取之，如是者為吉為福、如是者為凶為禍，其為事至無謂也，然而理存諸此矣。是故數者器也，理者乘此器者也。運氣於管，氣不可見而管則可見；察影於鏡，影不可即而鏡則可即。離數而求理，吾不知所為理也。自漢以前言易者，人自為說，然而必之於數者莫能易也，其弊流為五行讖緯之家，昧其由來。而數之足憑，要不誣已。王弼始為廓清之說，於是乎舉漢以來之學一切掃除之，而佛老之旨得行於其閒。竊嘗論之：《易》之為書，數為體，理為用，執一而墨守，均不能無弊，然數主實而理主虛，天下實之失易見而虛之失難窮，故偏於數之失人易得而知之，偏於理之失人不易得而知之也。又銘邃於易，其學一以漢儒為宗，出入於孟喜、京房、荀爽、鄭康成諸家，而折衷於虞氏之說為夥。自其迴翔館閣，洊歷臺諫，出為監司，官暇未嘗不從事乎此。今取而讀之，蓋未成者猶十之一二焉，其難如是。予於易未嘗專經，獨其所持理數之說，自以為有當讀易之宗旨，而幸又銘之與余合也。又銘既沒，予亦老朽，耳目心思之用遠遜於前，而觀象玩辭，閒有一得，猶時時為後進言之。因思又銘於易沈浸融貫，即其未勒於書，而殊解卓識見諸論說者，猶當寶而藏之，況其所積已若是之多，固不必以未卒業為病也。後之人規其條例，研其數理，纂而續之以畢君未既之緒，是則又銘之本心，而亦予之所厚望也。光緒壬午秋八月，年館愚弟郭柏蔭頓首拜序。

◎跋：先君子鑽研易學垂三十年，嘗謂虞氏說經最合古義，惟文簡詞奧，非疏通證明無以得其旨趣，閒亦有一二當更商酌者，因作為《周易述》一書，先成《漢學擬旨》一卷，官事忙冗，率率未遑。丁丑歲始筆之別紙，未數月而病作。故今僅存屯蒙起至解損止凡若干卦。濂等不肖，不能補續，然不敢以書之未全而遂弗永其傳也。謹付剞劂，藏諸家塾，以俟後人云。光緒壬午仲秋男濂、慶崧、慶椿，孫詒書謹誌。

趙懿 支易 二卷 佚

◎趙怡〔註77〕《弟懿行狀》：弟病初作，撰著《支易》一書，部官遊象，經緯三才，舒納萬類而錯綜通變。凡古今象數家言，纖巨悉入，靡不融貫。至其綴辭仿依揚子雲、焦延壽，往往愈加恢奇，窮怪極賾，鞭風擺霆，神鬼幻炫，不可測詰。家人戒且勿為而不能止，余心憂之，亦數止而不可得。書卒以成。

◎趙懿（1854～1896），字悔予，一字淵叔，號延江生、南湖。貴州遵義人。趙廷璜次子，鄭珍甥，趙怡弟。光緒二年（1876）舉人。曾三次赴京應試均落第，後納資捐官，以知縣銜管理四川雲安廠官鹽。光緒十六（1890）年官名山縣知縣。精經史百家、訓詁、堪輿、金石之學。書仿北魏，畫工人物，均極秀雅。尤長於詩。著有《支易》二卷、《詩微》、《延江生詩集》十二卷、《夢悔樓詩餘》二卷等。

趙永清 周易詮釋 佚

◎光緒《增修登州府志》卷四十三《文職》：趙永清（廩生。邃於易理。著有《仁說》《性說》《周易詮釋》）。

◎孫葆田《山東通志》卷百二十七《藝文志》第十：是書見《府志》。

◎趙永清，字靜齋。山東黃縣人。諸生。

趙筠昌 潛園讀易札記 佚

◎孟鴻聲《齊庋》：趙筠昌《潛園讀易札記》。

◎趙筠昌（1872～1946），字竹菴，號潛園老人。山東淄博桓臺張店區東北村人。貢生。工書。又著有《潛園文集》、《潛園詩稿》《潛園詩論》等若干卷。

趙筠昌 潛園周易爻詠 佚

◎孟鴻聲《齊庋》：趙筠昌《潛園周易爻詠》。

◎孫葆田《校經室文集》卷五《太學生趙君墓碣》：光緒丁未秋七月，吾友張次陶先生卒，其門人淄川孫迺瑤、新城趙筠昌等皆來會葬至灘，余始因

〔註77〕趙怡（1851～1914），字幼漁，號漢鬢生。光緒十五年（1889）舉人，光緒二十年（1894）進士，官至四川新津知縣。經術文章並有法度。書仿蘇軾，神味淵永。清季創辦客籍學堂，及門稱盛。著有《漢鬢生詩集》、《文字述聞》等。又主持編修《名山縣志》。

韓生晉昌以識孫、趙二生，皆從張先生遊，為宋儒之學者也。

趙在翰輯　易辨終備　一卷　存

嘉慶十四年（1809）侯官趙氏小積石山房刻七緯本

中華書局 2012 年中國思想史資料叢刊鐘肇鵬、蕭文郁點校七緯本

◎漢鄭玄原注。

◎楊鐘羲《雪橋詩話餘集》卷第七：緯書自孫子雙《古微書》外，侯官趙在翰鹿園緝《七緯》三十八卷。《七緯》者，《易》《書》《詩》《禮》《春秋》《樂》《孝經》也。鹿園采集各書，標所自出，多附考辨，專主鄭學，較孫氏之書為勝。金山顧尚之復刪所未當、補所未及為《七緯拾遺》。

◎趙在翰，字鹿園。福建侯官（今閩侯）人。嘉慶諸生。又著有《經餘必讀三集》《晉書補表》。

趙在翰輯　易稽覽圖　一卷　存

嘉慶十四年（1809）侯官趙氏小積石山房刻七緯本

中華書局 2012 年中國思想史資料叢刊鐘肇鵬、蕭文郁點校七緯本

◎漢鄭玄原注。

趙在翰輯　易坤靈圖　一卷　存

嘉慶十四年（1809）侯官趙氏小積石山房刻七緯本

中華書局 2012 年中國思想史資料叢刊鐘肇鵬、蕭文郁點校七緯本

◎漢鄭玄原注。

趙在翰輯　易乾坤鑿度　一卷　存

嘉慶十四年（1809）侯官趙氏小積石山房刻七緯本

中華書局 2012 年中國思想史資料叢刊鐘肇鵬、蕭文郁點校七緯本

◎漢鄭玄原注。

趙在翰輯　易乾鑿度　一卷　存

嘉慶十四年（1809）侯官趙氏小積石山房刻七緯本

中華書局 2012 年中國思想史資料叢刊鐘肇鵬、蕭文郁點校七緯本

◎漢鄭玄原注。

趙在翰輯 易乾元序制記 一卷 存

嘉慶十四年（1809）侯官趙氏小積石山房刻七緯本

中華書局 2012 年中國思想史資料叢刊鐘肇鵬、蕭文郁點校七緯本

◎漢鄭玄原注。

趙在翰輯 易是類謀 一卷 存

嘉慶十四年（1809）侯官趙氏小積石山房刻七緯本

中華書局 2012 年中國思想史資料叢刊鐘肇鵬、蕭文郁點校七緯本

◎漢鄭玄原注。

趙在翰輯 易通卦驗 一卷 存

嘉慶十四年（1809）侯官趙氏小積石山房刻七緯本

中華書局 2012 年中國思想史資料叢刊鐘肇鵬、蕭文郁點校七緯本

◎漢鄭玄原注。

趙振芳 易原 二卷 首一卷 存

國圖、北大、上海、南京、湖北、中科院、福建師大、上虞藏順治十五年（1658）趙振芳、黃儀廣蕉白居刻易原易或合集本

北大藏日本傳鈔順治十五年（1658）趙振芳、黃儀廣刻本

湖北藏康熙十五年（1676）刻本

◎易原分目：

卷之次：釋圖〔註78〕——原卦第一：河圖中五之一、河圖中五之四、河圖中十、河圖之陽、河圖之陰、河洛太極、河洛兩儀、河洛四象、河洛八卦、極儀象卦合為八純、極儀象卦合為圓圖、極儀象卦合為方圖、列八純之方位、列圓圖之方位、列方圖之方位、三圖方位四偶同符、合三圖以序周易、周易二篇分體、周易二篇合體、周易二篇總體。明變第二：圖書之變、乾坤之變、八純之變、圓圖之變、方圖之變、中爻之變、卦序之變、著法之變、合諸圖之變繫周易。會通第三：河洛一原、小大一原、順逆一原、參兩一原、進退一原、消息一原、屢遷一原、上下一原、純雜一原、覆互一原。著法第四：天地極數、參兩倚數、盈乏應卦、奇偶應策、經緯本書、錯綜本圖、六爻盡變。五行第五：

〔註78〕此下原有小引云：圖與說本應相附，因前後不便翻閱，故分刻之，做古左圖右史意云。脣山氏識。

圖書五行之序、小成五行之序、大成五行之序、變合五行之序、卦氣第六：圖書卦氣、小成卦氣、圓圖卦氣、方圖卦氣。律法第七：音律辨義、音律統同、五音清濁本河圖、六律唱和本洛書。曆法第八：七政九差、黃赤繹道、黃白繹道、日行南北、考正中星、月行朔望、積算閏餘。天行地勢第九：河圖天地交洛書日月交、陽施陰布統諸圖、天綱地紀原小成、日合於天符原圖、日會於展辰證方圖、河山兩戒。挈本第十：理義象數一以貫之、歸於無極。

卷之首：古易圖書──古圖六章：河圖、洛書、小成八純之位、大成圓運之位、大成方布之位、大成二篇之序。古周易一十二篇：上篇、下篇、彖上傳、彖下傳、象上傳、象下傳、繫辭上傳、繫辭下傳、文言傳、說卦傳、序卦傳、雜卦傳。

◎分卷次第：孔序第一、李序第二、馬序第三、趙序第四、紀畧第五、總目第六、易原孫序第七、易原分目卷之首第八、古圖六章第九、古周易十二篇第十、古周易方跋第十一、易原分目卷之次第十二、諸圖第十三、圖說第十四、易原識後第十五、易或徐序一第十六、或徐序二第十七、易或分目第十八、易或紀後終。

◎易原易或題辭：二十年來，松雲蕉雨，寂寞遺身，爐香茗椀之餘，抱膝危坐，不敢問戶外事，不敢接當世偉人，不敢論文，不敢譚性命。乃今夏胥山子忽焉惠顧，初以疾辭，則固以問序請。予力疾把晤間一接謦欬，見其有眼如天，有胸如日，有口如河，因手所著《易原》《易或》以示予，受而讀之，月餘而後卒業。乃喟然嘆曰：嗟乎！絕業之不傳也久矣！易自漢魏以來，或流於玄或流於數，或偏於天或偏於人，或泥於象或泥於理，安得融通貫澈，合諸家之異同而統歸於一是如胥山、寒泉二子者乎？其大旨則天人合一、體用不二，而獨契其妙於一心。以心統性情，為事變材智之所從出，閱千萬世不窮，乃其精義有可言者，要不外此八卦以通神明之德而已。故即其變動不居，環流六合，道心無體，神用無方，釋天之健；時至而事起，物來而順應，不為事先，不失事後，釋地之順；見義直往，奮迅有為，釋雷之動；見理沉潛，則中竅會，釋風之入；能設機變，制伏匪颣，釋水之陷；善與人同，因物其濟，釋火之麗；堅執有守，更無搖奪，釋山之止；和平樂易，無忤於物，釋澤之說。八德俱備，而成其為人，即成其為天，即成其為易。然此八德總歸於易簡，易簡又歸於貞一，故其為書自六十四而原於八，自八而原於兩，自兩而原於一。一者乾也，六十四者皆乾之變化，故在我者，心之為慮，才之為

用，目之為視，耳之為聽，口之為言，四體之為動，皆是也。以在我者而在天在地、在人在物，分為萬派，即是性命；非天非地、非人非物，同出一源，即是太和；在內在外、在中在邊，變化不測，即是易；非內非外，非中非邊，聲臭俱冥，即是神會。易之原者如明月入懷肺腑濯濯，秦鏡在空鬢眉畢照，又何有於六十四、三百八十四哉！予於此道，白首紛如，獨怪世之學者非惟不能合天人象數而一之，且並立德言功分而為三，說書講學又分為二，加以俗鑒之迷，深廢淺售，人情日趨苟簡，古學日就荒落，竟使荀鐸搖車、邑桐執爨，胥山子之枘鑿於世也，不亦宜乎？！順治庚子秋七月，溫陵黃景昉題。

◎易原易或敘：余嘗過扶溝登羲皇畫卦壇，憬然思一畫未形之先，惝惝在目，無物可見，曰：此道州周子所為圓相者乎？繼而涉湯陰，觀周文演易處，又嘆聖人之弘也而聖人之奇也，彼乾天在南，而忽移於西北，心竊感之。夜顧見紫垣而辰極薇星端居其所，始悟西北之為前而東南之為後也。故太乙以乾當一以巽當九，轉洛書而右之，良亦會乎此爾。廼又以西北為背、東南為面也，故四序之行也，四月得純乾之卦而又在東南，十月得純坤之卦而退居西北。由此觀之，乾坤之位要無定所，總之無處非乾坤也。蓋對待流行雖有八，重雖六十有四，而實止於乾坤。於是得乾之初而為震、得乾之中而為坎、得乾之三而為艮，雖有三男之名，不過坤得乾爾；得坤之初而為巽、得坤之中而為離、得坤之三而為兌，雖有三女之名，不過乾得坤爾。然後知易中變化不外乾坤，易中乾坤惟此奇耦。故先子以奇耦二畫為乾坤而曰易之門。然而奇耦又止一奇偶者，一奇又一奇也。即至四千九百餘卦，亦不過一奇之積耳，故曰天下之動，貞夫一者也，而究之並無所為一焉。吾將觀其從出矣。方其一奇之未畫而將畫也，自無著有；而猶未有，有且未有，而未始無。正如燎火引木，木未出火而氣已忽忽如連者，是先子所謂繼之者是也。今人心未有一意，而一意將出之時，其心之靈不在意，而在出此一意之間，故易之妙不在一畫，而在方演此一畫之際。其演而畫之者何？常執以為一也。一且不執，何有于六，何有于三百八十四哉？聽琴瑟者聆音而往，不抱形而歸；拈花者聞香而返，非擬瓣而去也。故善易者得心易而已，我心剛健即為乾，我心柔順即為坤，我心能動能止即震即艮，凡若此者，皆我心也。聖人因心而作易，故有易之易是名象迹，無易之易廼為真易。人以為《易》者天書也，而不專在人心，不知人心動靜不形時全體太極也，其曰物物各有太極者，政就此時言之耳。是故周文之易非以明天道，實以示人心也。請試使人南向而立，

其命門之繫端在西北。命門屬乾，是人身之乾在西北也，夫然而知西北之天人之天也。滯乎象數者以龍為龍、以馬為馬，猶之以吾為吾而不知吾之所以為吾也。滯於理氣者，動必動、止必止，而不知不喪匕鬯，不動之為動；時行則行，不止之為止。如睽之同、同人之異與姤之不可無遇、坎之反以設險者，六十四卦中比比如是。故曰唯變所適，神無方易無體，而又奚以圖象為？而又奚以天人氣數絲絲膠輵為？胥山、天都二公，通無方之神，悟無體之易，窮徹陰陽、測微奇耦，以故從而原之、或之。原之者，探本乎無易之易，先天之學也；或之者，發明乎有易之易，後天之學也。兩人一原一或，而先後天之易盡矣。吾聞昔者虞翻夢天上陳爻，翻吞其一，醒而遂精易理。二公其陟而吞之者耶？真可出周道州圈子之外、破堯夫先生之車，而田何諸人以及施、孟、梁丘賀之屬，亦當撤皋比不復置喙也已。時順治己亥春王正月穀日，嘉禾孔自洙皥菴氏題於鐔津署中。古閩七園林竹書。

◎易原易或合集序：余起家於《詩》者也，三經三緯、四始五際之奧亦嘗竊窺一班。至於《周易》一書，圖演二天，人更四聖，三才之理並貫，萬有之數悉該，善易者且忘于無言，況非耑業者乎？然余雖未學易，身之所處，潛見升沉不一其狀，吉凶悔吝不一其情，覺有無之非易者，則易亦可的而言也。秦火以前勿論已，漢興，易學甚盛，大約不出理數二者：談數則有京氏，後如公明、景純之流，皆奉為師，而大體未精；談理則有費氏，它如鄭玄、王弼之徒皆為之傳，而眾論不一。惟宋周子主理，創為太極無極之說，至當而不可易；邵子主數，演為《皇極經世》之書，至賾而不可厭。厥後程子作《傳》耑言義理，本於周氏；朱子《本義》專尚卜筮，本于邵氏。此皆確可尊信，天下後世翕然宗之，非若《太玄》《潛虛》《元包》《洞極》之茫無據憑者也。今浙胥山趙君，年少潛心易書，不待假年五十，數翻先後之圖，否泰易位，巽坤殊倫，不難役靈以開蜀；理酌異同之衷，編尊古本，說備諸儒，匪徒截尾而續貂。良有所見，非苟而已也。原者原其所自始，示人飲水而思源也；或者或其所近似，示人思窮而鬼通也。從前易書之刻，得胥山而煥然一新；從後易書之傳，繇胥山而侈然大備。豈惟周、邵、程、朱之勍敵，抑亦羲、文、周、孔之功臣也。古言畫前有易，刪後無《詩》。畫前有易，胥山旦暮遇之；刪後無《詩》，余白首紛如矣。楚黃李元萃淑之父題於芝城懷歸軒。

◎序：《作》易者皆憂患也，匪但文周為然。羲皇涵易於心，憂不傳於天下萬世也，而畫八卦。孔子妙契易源，憂復淆於群言眾喙也，而為十翼。故人

非憂患不生，《易》非憂患不成。孔子之序處憂患也，槩以反身脩德之九卦。
嗣後善處憂患者亦各有成爻成象之道焉。近得之胥山趙子。胥山為吾友端明
公令嗣，端明以麟經起家，而命胥山從予遊。卓犖沉毅，甫試輒冠軍，以視青
紫拾芥耳。乃喟然曰：「雕蟲業何補於聖統，何裨於當世！」乃發憤閉關，思
為性道經濟之學，於吾杭湖山之陬邂逅寒泉徐子，道合志同，遂相與擔書登
新安黃海之巔，謝去帖括，殫心《周易》，披集幾二百種，乃空諸一切，從羲
皇心印直遡淵源，三年出山而易成矣，猶秘不發也。值乃翁端明令東川，胥
山隨侍，時流氛孔熾，以孤城抗方、張之熖，胥山登陴，冒矢為君父即墨、睢
陽之守者兩年于茲，既而危不可支，端明命胥山出求援，而城陷，乃翁闔門
殉節矣。胥山于是浮沉荊襄蘄黃間，與斐臣孫子復理易業，每每排難任勞於
羽檄搶攘中，時多以管葛目之，不知胥山之得於易者深也。與予暌隔者十有
餘載，茲訪之建南，胥山出一編示予曰：「近與峒諏黃子謀易刻，將告竣矣，
自出山來，流離患難，無不與俱。併合徐子說，以志同心，其為我序之。」予
閱竟快心，且斂容曰：「能作如是觀乎？合周、邵、程、朱為一人矣。」昔晦
翁註易於武夷，今胥山亦成易於建南，五百年貞元之氣又一翁聚乎？且胥山
之閱歷無非易也，予約略之，亦得九卦焉：其與徐子之偕入黃海也，得同人
之于門、兌之麗澤；其隨乃翁之守東鄉也，得蠱之幹父、師之以律；其輾轉於
楚蜀間也，得明夷之拯馬、旅之射雉；其在閩也，得訟之惕中、蒙之禦寇；而
茲刻之成也，得賁之文明以止焉。則茲九卦可槩胥山之從前矣。集行，不但
合漢唐宋明諸儒為大成，且遡孔周文羲之淵源，而匯為大《易》之全書，要皆
符前聖憂患之心而作，雖與天壤俱久，可也。西泠友人馬文燦含英甫題於芝
城之放鷳亭。

◎易原易或合敘：《易》自子夏商瞿親承聖訓，傳至田何而其流漸廣。漢
魏以來，最著者始則施、孟、梁邱、高、費世傳其章句，繼而遷、固為律歷之
學，繼而焦、京、管、郭為災異禍福之學，唯馬、鄭、虞、陸諸君子稍稍推象
以窮理。至輔嗣以清談注易，與老、莊並重，始為理義之宗，五代暨唐皆因其
說。至孔疏而始備，然終以為卜筮之書，故方伎諸家五行卦氣借以經緯天地，
雖有宋陳穆李邵圖變之傳亦出自術數，至于推本道學，切實踐履，惟周程張
朱乃號大成。至今《漢紀》十有三家、《唐志》七十六家、《宋史》百四十家，
迄明不可悉數，分風劈流，各承師說，大抵不離天人象數理氣者近是。然或
言天道而歸于渺忽，或言人事而失其本始，談理者多不能合數，談象者多不

能附理。氣運有各說之乘除，二五有互異之制化。諸家百氏，其始末未嘗不合，其既不得不分，然始何以合？既何以分？予起而疑之，徐子亦起而疑之，求所以釋疑者。戊寅之歲，予先授業雲間，元宇丁夫子稍指示圖學，則疑日起而不得不辯，辯日多而疑益不能已也，於是謀之徐子，羅致傳註家凡二百餘種，己卯相攜入黃海，絕人事而學草木，棄智與故，用志不分，於是求之章句而不通。卦畫則載鬼、劓人、靈龜、飛鳥與睽頤小過之畫全不相似矣。于是求之卦畫，而不通圖數則河圖之十，書何以九、卦何以八、蓍何以七，絕不相符矣。于是求之卦變而不通眾變，則一陰一陽即五陰五陽，而四陰四陽即二陰二陽，三陰三陽即三陽三陰，剛上柔下，柔來剛往之說，又與四千九十六卦互相矛盾矣。于是求之卦圖，而不通眾圖則小大橫直各一其體，方圓斜曲各一其用，序互錯綜各一其變，終日分挐而無所守矣。兩人乃多方以謀、彷彿以遇，原其辭、原其象、原其變、原其盡、原其數，冀所以冥契者不得于此即得于彼，故無所不疑則無所不原之也，而天然象數理氣覺有同條共貫者，則疑可釋也，而疑乃益甚。蓋一卦未通即六十四之未通，一爻未通即三百八十四之未通，一言可疑即言言可疑，幾欲盡棄其可疑之言也，又無所謂無疑之言。于是合集諸家之長，參以末議，草創《易原》一書。凡二十卷，尚期增刪定本，使必無疑而後快也。未幾予遊蜀楚，攜笈萬里，遂與徐子東西修阻，更分南北矣。風鶴載途，雲鴻絕跡，且也閱歷滄桑，屢遭烽燹。丁亥業已，全稿盡失，厚購死諜，僅獲首卷，圖說亦復殘落。至于經義傳義，杳無存者。眼穿落日，心死寒灰，自謂已矣。己丑寄踪黃州，孫子棐臣相與問難靈堂，亹勉珍重。拉予補葺斷簡，圖說僅成全帙，餘志焉而而未逮。辛卯予再入西川，丙申始遊劍南，疾走尺一天都，問徐子舊業，徐子則溘焉長往矣。獨幸遺書尚存，惟自困至未濟，徐子以病劇未脫稿，其餘經義傳義鼇然畢舉，不異夙昔之講求。而精神該核又過之，且能獨開生面，發前賢所未發。自成圖說，自成觀玩要領，絕不同《易原》舊本，特可謂徐子之易而非予所敢附會也。徐子自名《易或》，或之者，疑之也。要不殊原易之初心，前後一轍，遠近同軌耳，然有《易原》而無《易或》，則天人象數理氣似可一二不可一也。讀《易或》而後可知施、孟、梁丘、高、費之章句不外此也，焦京管郭之災異禍福、諸史之律曆不外此也，馬鄭虞陸之像象、百氏之五行卦氣不外此也，陳李穆邵之圖變、周程張朱之理學亦不外此也。即天即人，即理即數，即象即辭，即畫即變，且也即一變而即眾變，即一畫而即眾畫，即一辭而即眾辭，即一象而即

眾象，即一數而即眾數，即一理而即眾理，即一天而即眾天，所謂一物各具一太極、萬物共具一太極也。既共具矣，古之聖賢何事而分之？既各具矣，予與徐子又何事而合之？見其合者不得不疑其分，見其分者不得不疑其合，此予與徐子從疑而有《易原》，從其疑而有《易或》者也。然則易道無窮，疑亦與之為無窮而已。徐子先諱之裔，號天章，晚年隱其名諱在漢，號寒泉，古歙之練溪人。特表而出之，使世有桓譚，以雞林隻字讀《易或》者，庶幾跂其地仰其人云。丁酉陽月，虎林後學趙振芳識于芝山之放鷳亭。

◎紀畧：大易之有《易原》《易或》也，幸也而實不幸，不當問世也而不得不問世。己卯之歲，趙子、徐子披髮入山，羅百家而進退之，則易歸百家而易幸。庚辰辛巳間，趙子集眾長、秉獨斷，勒成《易原》，則易歸趙子，而易又幸。壬午癸未甲申間，徐子空諸一切，發憤精思，勒成《易或》，則易歸徐子，而易更卓。乃天人之奧、義理之宗，日入日出，幾無餘蘊矣。而高明之家，鬼闞其室，天災人眚，無不交致。自趙子入蜀，則易分東西，鼎革之變，又分南北。丙戌丁亥間，趙子寄跡湖南，《易原》已付梓矣，有突如而來者，火其居，刺其舟，盡版携去，厚購死諜，僅獲圖說殘稿，而經義傳義邈不復存，則易罹兵火，而易不幸。甲午乙未間，徐子厄于二豎，力疾訂定，自困以後增刪尚未竣，竟為脩文所促，則易閱死生，而易又不幸。向非趙子力任于艱難險阻之中、徐子堅承於流離貧病之際，則所謂千秋之業，將盡委草莽矣。又非孫子棐臣補葺圖學之焚餘，徐子令嗣子輿、子環寶持先人之手澤，則所謂僅存者並付之敗簏矣。迄今生者萬里而合璧，歿者九原而印心，趙子徐子為二書，皆未竟之業也，而何以問世？將更假數年，融通合一乃出之，廣則敢請。易萬變而不窮，惟二子窮易不已，重易之不幸，若更進焉。將更有不幸于易者，恐不獨聚散滄桑也。何不留未盡于天壤，泯人鬼之疾忌？則趙子所謂不當問世者，正廣所亟請以問世者也。趙子因付廣以董其成，殆將竣矣，命僕携稿入書林，復為猛虎所攫，稿失數日，復得之草間。則二書之離合存亡，蓋已數數矣。幸而離復合、失復存，殆天不欲盡發其藏，而又不肯深沒二子之心乎？此而不問世，行將有六丁雷電收之，古今來易總不傳者，蓋不止一台州道士矣。順治戊戌小春月，古潭晚學黃儀廣峒諏氏謹識。

◎易原序：易廣大悉備，天地得之而為清寧，聖賢得之而為顯仁藏用，帝王得之而為封建井田學校兵法，以至愚夫婦得之而為知能，飛潛動植得之而為遺音、為躍淵、為炳蔚、為科節，故學不歸六經，誕也；六經不歸易，支

也。雖然，易有太極，混闢無窮，其原莫可名也。主宰理流行氣對待數推測之言耳。圖書開其先，卦畫衍其後，而後物物一太極之理明則甚矣圖學之所以通天地人也。故凡書有字而無圖，必非善本；讀書尋摘章句而遺其圖，必非善讀書者也。古人左圖而右史，良有以乎？胥山經明行脩，毅然以古學自任，所著《易原》直當與日月並行，而當世絕無有知者。或曰：「《易》三教合一之書，非聖人不能啟而脩之。或曰邵子宋儒之聖而神者，先天一大圈子，乾生子中、坤生午中而納方於內，否居西南、泰位東北，古今元會運世之局，無有出其外者。今胥山以小成為先天方圖，易否於泰，且乾一坤二，置乾一坤八自然之次為侵中五而不用，毋乃抉腸剔胃，盡翻宋人窠臼乎？」余曰：自魯商瞿子木受易孔子，五傳至齊田何，而秦禁《易經》卜筮之書獨全，可謂傳受不絕，鐵案如山矣。迺易道以東，何以有丁將軍三萬言哉？且施、孟、梁丘之學興，人各一家，雜論同異。至建武，學者宗費氏如傳燈，而京氏寢衰。根極一原，風敎各有殊焉。嗟乎！易之道大，譬則日月體光明也，而鳥背埃駒，容光必炤。凡炤皆體，譬則江河，厥源不窮。極之鳥日月、鷗乾坤，千萬派而無非水也。胥山年少足跡遍天下，所遇多傳人，所藏多名山。十年前問業黃海，世味斷絕，人情高束，以至沐櫛盡廢，得易書二百七十種，刪其繁榮，總其條貫，久之，空山靜悟而衣篋几杖咸若與羲、文、周、孔目擊而道存焉。坐臥古人，獨出心見，然不敢以己意穿鑿，一綜前賢之精義，而折衷以董其成，故言述而不言著也。國難以來，征戰離苦，經義傳義並祖龍收去。而胥山眼當落日，心著寒灰，亦遂付半生心血于荒煙衰草。余耳而寶之，胥山為搜殘帙，得圖說之全編而輯之翻刻；得其圖之半，補而訂之。草成一書，便可與楊止菴、錢啟新諸公單行于世。其弁為《易原》者，所以別《太玄》《元包》《潛虛》《洞極》之名也。其稱為古圖者，尊商瞿子木之傳也。其發為圖書大義者，覺天文地理五行音律等學無學非易而得一萬畢也。其始于河圖中五之一而究歸于無極，正所謂要言不煩、善易者不言易也。昔孫期少為諸生，得易秘本，牧豕于大澤中以養母，遠人從學，皆執經壟畔，里落化之，而黃巾相約毋犯。我則志焉。今也胥山治篋成都、賣醬眉邛，三陽失位，易學在蜀。余別胥山而後，使當世有愛我如吳康齋之于龍潭老人，亦可驅豕入草不顧矣。楚黃同學社弟孫錫蕃棐臣氏頓首題。

◎易原識後：目可畫，瞳不可畫。自人視之，瞳如其人焉；自物視之，瞳定如其物。物不能言而人欲代物以視瞳，則物又為人所奪，竟付之杳不可知

而已。且也天空空爾，目視之，亦必空空而無瞳。人以為目無瞳則不見，今以空遇空，而仍能見其空，是天與物一致、物與空又一致也。故曰以道視天地則天地亦一物，物一耳，而物之物與目交則目有一物，目之物與心交，則心亦一物。舉體用一原顯微無間者，無待措置而一時皆足，故目能視矣，而其所以視者非目；耳能聽矣，而其所以聽者非耳。人皆知其所以之故莫神於心，不知猶莫神於無心之心。究之，心之所以神，終不得而知也；無心之心之所以神，猶不可得而名也。《陰符》不得已喻之機，《老子》不得已喻之弓，其實弓之所以張，非弓也；機之所以發，非機也，人也。然而人無弓則無所用其張，無機亦無所用其發，此其天人離合之玅，豈容以髮間哉？是故天地之氣之充塞也，呼之則出吸之則入，招之若來麾之若去，人得之以人，物得之以物，草木得之以草木，氣稟而生氣絕而死，存乎吐納之巨細，而栽培傾覆即寓其中，實則眾斟共酌，無不各得，非其一本，何用相資哉？古人亦嘗喻之枳矣。夫枳一也，而穰各分焉，此一事之所以萬事、一物之所以萬物、一言之所以萬言。分之則各應其用，合之則同歸於一者也。至於三十輻共一轂，當其無有車之用夫合輻成轂，其說已幾於枳矣，乃其所以成車之用者，又不在輻不在轂，仍在輻與轂所以運之間。不得已而歸之虛無，則枳與穰又何足以窮奇妙哉？故曰語大天下莫能載，語小天下莫能破。夫天下大莫如地，水能載之；小莫如芥，木石能破之。至於不能載不能破，則必有立於天地之先而超於行響之外者。此《易》之所以作、《易原》之所以述也。繇是而觀之，則余之所能言者僅焉爾。繇是而進之，則易之所未言者，亦僅焉爾。甲申秋八月，振芳識於楚荊之芙蓉署。

◎摘錄卷首雜卦傳後跋：《易》以卜筮之書未經秦火，得古聖真傳者，宜莫如《易》。而字體代更，傳本不一，致有魯魚亥豕之謬，甚且割裂章句，使諧聲轉韻之學獨廢于象傳，識者所以志復古也。余不敏，輒訂古本而集諸家之異同，則參互證據，長短畢出，使同人考鏡而自得之。至於《易或》詮解，仍從今本，則遵同文之制云。後學趙振芳謹識。芝城余蟾桂正字。

◎摘錄卷首《古周易跋》：余童習易，即聞韋編三絕，功在十翼。及問易因何而翼，其數未能屈指也。趙子夙慕古本，自石經籀文以下凡十家，一一攷訂靡遺。予幸得窺藏稿，始知經之為經、翼之為翼也。自商瞿傳至田何，古易十二篇，以上下經二篇合十翼也。漢費直以《彖》《象》《文言》雜入卦中。至後漢而古本亡矣。王弼又以《彖傳》宜繫彖辭後、《象傳》宜附當爻後。魏

晉而下，益淆其序。唐詔孔穎達等參議註疏，於易獨取王弼。是合經傳為一者，始于費，申于鄭與王，而穎達成之也。不知古者凡經傳皆各為一書，朱子亦以分經合傳為非，吳仁杰、稅與權咸編《周易古經》，是皆深于古學者也。今徐子既從今本而述《易或》，究融通合一之妙矣；趙子乃仍合諸家舊本而攷其異同，復古易而弁諸首，庶幾靡贅于四聖也。予謬執校讐之役，謹識其後，與諸同志者進求古學。若以是為無裨舉業而贅疣之，是欲為負荷而子而先忘前人柝薪之勞也，是大可嗛也。遐山後學方國和敬跋。

◎四庫提要（題無卷數）：是書列《古本圖書》、《古本易經》為首卷，列諸圖與說為次卷。其《古本周易》集諸家舊本而考其異同，於章句文字頗有釐訂，惟所載圖說自河洛蓍法、五行卦氣而外，並及天行地勢之類，則不免曼衍支離。夫易為象數之總，推而衍之，三才萬物無不貫通，故任舉一端皆能巧合，然於聖人立象設教之旨則究為旁義也。

◎嘉慶《山陰縣志》卷二十六《書籍》：《易原》二卷，國朝趙振芳撰（案《易原》無卷數，此《府志》據《經義考》載之。又案宋程大昌有《易原》八卷、本朝姜壵有三卷。又案《欽定四庫書目》載是書列《古本圖書》《古本易經》為首卷，列諸圖與說為次卷，則亦分為二卷也）。

◎乾隆《杭州府志》卷五十七《藝文》一：《易原》二卷（國朝杭州趙振芳述，歙縣徐在漢同訂）。

◎趙振芳，字香山。浙江山陰人。貢生。有智略。順治六年任四川營山縣知縣。又任黃岡縣丞，陞知縣、建寧府同知。

趙振芳 易原圖說 十卷 存

順治十一年（1654）跋刻本

趙振先 周易管見 佚

◎《中州藝文錄》、《河南通志藝文志稿》著錄。

◎趙振先，字繼文，號惠南。河南睢州（今睢縣）人。道光貢生。又著有《禮記白文》、《左傳彙鈔》。

趙仲全 易學洪範會極 十卷 佚

◎嘉慶《寧國府志》卷二十九《人物志・文苑》：又《語錄》二卷、《詩銘文集》五卷、《易學洪範會極》十卷、《古本大學》《朱陸辨》《趙氏家乘》諸

書，粹然一出於正。

◎趙仲全，字文質，學者稱梅峯先生。安徽寧國人。少補諸生，博綜羣籍，讀宋儒諸書，歎曰：「道在是矣，安事彫蟲為！」遂引疾，罷諸生業，隱居教授。年八十八卒。嘗著《道學宗師錄》五卷，絫上古而下，若董賈濂洛諸儒及老莊申韓諸子，靡不考述其言行，為之折衷。

趙自新 易論 佚

◎嘉慶《直隸太倉州志》卷五十三《藝文》二：《易論》，趙自新著。

◎嘉慶《直隸太倉州志》卷二十九《人物》：臨歿謂其子曰：「吾生無益於世，沒後題墓石曰『明鄉進士憒道僧趙某』，願足矣。」自新面目嚴冷，人望而畏之。著作甚多，陳瑚、陸世儀輩皆其弟子。

◎趙自新，字我完，號樽匏。江蘇太倉人。深於經學。卒年五十三。又著有《左氏贊論》。

趙宗猷 易經大意 佚

◎《中州藝文錄》、《河南通志藝文志稿》著錄。

◎趙宗猷，字相如，號龍池。河南西平人。雍正七年（1729）拔貢。親老不赴朝考。著有《易經大意》、《書經大意》、《禮記大意》、《詩經大意》十四卷。

鄭本玉 讀易輯要淺釋 三卷 存

湖北、四川藏同治三年（1864）湖北鄭氏友竹齋刻本

◎光緒《江陵縣志》卷四十九《藝文》、光緒《荊州府志》卷七十三《藝文志》一：鄭本玉《周易輯要淺釋》八卷。

◎鄭本玉，字石元，榜名本勤。湖北江陵人。道光乙未舉人。官國子監學正，升助教，俸滿以同知外用，攝理湖南漵浦事，旋攝益陽令。

鄭二陽 師卦解 一卷 存

山東藏崇禎元年（1628）胡正言刻本

◎周按：明王恪亦著有《師卦解》一卷。

◎鄭二陽，字潛菴。河南鄢陵人。進士。崇禎八年以僉事備兵維揚。又著有《孫子明解》。

鄭方坤 易經稗 二卷 存

廣東藏清嶽雪樓鈔本

◎鄭方坤（1693～？），字則厚，號荔鄉。福建侯官（今閩侯）人，寄籍建安（今建甌）。雍正元年（1723）進士，官至兗州知府，屢舉治跡尤異。詩詞文賦皆可觀，人稱雅宗，尤邃於詩。著有《經稗》六卷、《全閩詩話》十二卷、《國朝名家詩鈔小傳》二卷、《嶺海叢編》百卷、《蔗尾》詩集十五卷文集二卷、《五代詩話》十卷、《歷代文鈔》、《本朝文鈔》、《本朝詩鈔》、《嶺海文編》、《讀書劄記》、《杜箋評本》、《四六談柄》、《詩話醍醐》、《古今詞選》等，與長兄鄭方城有《卻掃齋唱和集》。

鄭鳳儀 周易大義圖說 二卷 存

四川藏嘉慶九年（1804）河南刻本

山東藏嘉慶二十二年（1817）鄭氏通德堂刻本

◎卷目：汪廷珍序。自序。卷上圖四篇、說三篇。卷下圖說九篇。末附明道堂月課張之槎課卷一首，又鄭氏自作紀夢詩一首。

◎民國《蕭山縣志稿》卷三十《藝文》：《周易大義圖說》（清鄭豹文撰）。

◎黃壽祺《易學群書平議》卷三評述可參。

◎鄭鳳儀，原名豹文，字南榮。浙江蕭山人。乾隆四十二年舉人。

鄭敷教 易經圖考 十二卷 佚

◎自序：宋紹興中，布衣楊甲著《六經圖》，陳森補而刻之，為圖三百有九，凡得《易》七十。迨於我明，侍御胡賓，復為編輯六經各有圖，《易》得四十有六，皆足以啟蒙發矇。圖之為學，粗者以形示，精者以意盡，於是乎不可忽矣。六經統於《易》，《易》本於圖。圖者應三皇之符而出，後世因之以為教，其可易言哉。讀是編而不能盡意，是執權衡者不知有捶鉤而泥，尋尺者不知有運斤也，非作者之心也，崇禎甲申三月。

◎道光《徽州府志》卷十五《藝文志》：鄭敷教《周易廣義》四卷、《易經圖攷》十二卷。

◎民國《歙縣志》卷十五《藝文志‧書目》：《周易廣義》四卷、《易經圖攷》十二卷（俱鄭敷教）。

◎鄭敷教（1596～1659），字汝教，一字士敬，號桐庵，門人徐枋、宋德宜等私諡貞獻先生。江蘇吳縣（今蘇州市）吉由里人。鄭光戀子。崇禎三年

（1630）舉人。淡泊仕進，辭官歸隱，以教授為業。學宗程朱。又著有《鄭桐菴筆記》一卷、《桐菴文集》一卷、《雲遊詩》一卷、《桐菴文稿》一卷、《桐菴存稿》一卷、《吾猶及》、《楞迦注》等書。子三：之謨、之鑒、之銓。

鄭敷教 周易廣義 四卷 圖一卷 存

中央黨校藏康熙二十三年（1684）刻本（清鄭杲批）

國圖藏乾隆五十四年（1789）松月樓刻本（無圖）

四庫存目叢書本

◎一名《易憲廣義》。

◎周易廣義總目：河圖、洛書、伏羲八卦次序、伏羲八卦方位、伏羲六十四卦次序、伏羲六十四卦方位、文王八卦次序、文王八卦方位、卦變、筮儀、上下篇義。卷之一乾坤屯蒙需訟師比小畜履泰否同人大有謙豫隨蠱臨觀噬嗑賁剝復無妄大畜頤大過坎離。卷之二咸恒遯大壯晉明夷家人睽蹇解損益夬姤萃升困井革鼎震艮漸歸妹豐旅巽兌渙節中孚小過既濟未濟。卷之三繫辭上傳繫辭下傳。卷之四說卦傳序卦傳雜卦傳。

◎周易廣義後序：《周易廣義》者，吾師鄭士敬先生蒐輯眾說之異同，折衷於朱子之《本義》而會通於四聖人之精微者也。德宜方弱冠即從先生遊，先生品為世重，學為世師，於書無所不窺，而易尤稱專家。謂《書》《詩》《春秋》《禮》《樂》《孝經》皆原本於《易》，自羲皇一畫，易凡三變：夏易首艮，《連山》八萬言；商易首坤，《歸藏》四千三百言，文彖、周爻、孔翼，更四聖而後成，言象言數言理，殊塗同歸，莫非陰陽，莫非太極，由魯商瞿以下至田何丁寬，而後施孟異指、周韓殊學，九師之說、五子之書，言人人殊，學者講說愈繁而經學愈晦。先生究心於此蓋已有年，於是集漢魏以來諸說，辨其得失，疊几充架，晨夕披覽，彙成四十餘卷，名曰《大易全書》。如濟川之有舟楫、適路之有指南，炳炳麟麟，成大觀矣。廼復於全書中紬繹精義，由博返約，審異致同，取其合於朱《義》者，輯為句讀，以便後學。其於全書不過全鼎之一臠、江河之一滴，然而大旨微言無不囊括。即此片羽吉光，先生之澤被於天下後世者遠矣。初因先生無意成書，二稾並存家塾。茲遇聖天子振興文教，講繹羣經，既以《四書／尚書講義》頒示天下，近又刊行《易義》，於是諸同門在京師者，咸謂先生此書誠為探其淵源、綜其純粹，必有深契乎睿思者，因亟請先以《廣義》行世，俾德宜序之。德宜竊懼譾陋，不足以表章師

意，謹述大略以識於後。時康熙歲次甲子仲夏朔旦，賜進士出身資政大夫經筵講官吏部尚書加二級受業年姪宋德宜謹序。

◎周易廣義後序：吾師鄭士敬先生為名孝廉四十年，著書數十種，而《易經》一書是先生以此起家、以此教授生徒、以此安身立命者也。吾鄉自顧端文、高忠憲兩先生倡導理學，一時文章節義稱極盛焉。如吾郡文文肅、姚文毅以館閣重望，立朝侃侃不阿，居鄉矯矯不流，其孝廉而隱然負時望者，人必曰楊、鄭。維斗先生慨然赴國難，人皆服其節烈；鄭先生則退老東郊，僧衣道帽，雖在城市，飄然世外，遂得終老，所謂箕山採薇之節，不是過也。先大夫少從先生遊，論學取友，匪朝伊夕。晚年又如方外交，先生嘗呼先大夫為老友。猶憶壬午歲，先生館於家渭陽，彤隨先大夫負笈於先生，先生一見而器之，迄今四十餘年，而先生歿已數年矣，先大夫亦相繼捐館舍。感念疇昔，能無痛悼？！甲子夏，彤讀易於雙泉堂，至困卦。夫困者君子不得志於時也，身雖可困，道則常亨。因思困之義，不必不遇時而為困，雖遇而亦有困者；不必人困我，亦有我自為困者。能讀書樂道，雖困而不困，所謂心亨也。方自以為得解，適先生令嗣仙羽貽書于余，曰：「先君子一生苦心，在《易經廣義》一書，今某老矣，恐手澤之不常，已付之剞劂。」而問序於余。余受而卒業，因歎曰：易之道廣矣大矣！昔孔子刪定六經，于《詩》于《書》則刪之，于《禮》于《樂》則定之，未嘗下一註腳；獨于《易》則有十翼，伏羲、文、周三聖之精義已傳，似不煩程朱之註解。蓋易愈解愈不明，非不明也，其理微也。漢魏以來，學易數十家，如王輔嗣之註、孔穎達之疏，列之十三經，其他如京房氏之易、管公明之易雜以讖緯術數陰陽災變，此不言理而言數姑勿論矣。至有宋諸儒如周元公之《太極圖》、邵康節之《皇極經世》，無一不本於易，要必以《程傳》《朱義》為宗。明洪武定科場條格，兼用程朱兩家。永樂中，《大全》頒行，亦程朱並列。而程朱亦有未合者，故舉業家專取《本義》，實不知《程傳》不可廢也。即諸儒之說亦不可盡廢也。吾師窮年考索，探天人之奧，究性命之旨，取程朱兩家與諸儒之說，融貫而出。其異者則削之，其同者則存之。而又恐學者之重複，則同而不必存者亦削之；又恐精義之未詳，則異而終同者亦存之。雖曰《廣義》，其辭約，其理備，為後學津梁，舍此安歸。仙羽能讀父書，又廣為流傳。不獨孝于親，亦有裨於經學不淺也。彤故樂為之序。時康熙二十三年歲次甲子夏六月下浣，賜進士及第翰林院侍講受業門人繆彤謹撰。

◎《華山書·名賢傳》：國變後寄跡於廣生庵，潛心《周易》，兼究釋典，嘗集同志為盧山社。熊開元飯釋居華山，敷教時從之遊。開元於華山設薦殉難諸賢，敷教為詩賦其事，後亦終於釋，時稱難師弟云。卒時年八十，門人徐枋、宋德宜輩私諡曰「貞獻先生」。所著有《周易廣義》、《吾猶及》、《楞迦注》等書。子三：之謨、之鑒、之銓。

◎翁方綱《翁方綱纂四庫提要稿》：《周易廣義》四卷，明舉人吳中鄭敷教輯。用注疏本，以程《傳》、朱《義》為主而推廣之，故名《廣義》。其於諸儒之說，與《本義》合者收之，不則去之。朱彝尊《經義考》載敷教《易經圖考》而不載是書。應存其目。

◎四庫提要：是編用注疏本，以程《傳》、朱《義》為主而推廣其說，故名《廣義》。凡諸儒之說與傳義合者取之，稍有不合者則去之。朱彝尊《經義考》載敷教《易經圖考》十二卷而不載是書，殆偶未見歟？

◎民國《歙縣志》卷十五《藝文志·書目》：《周易廣義》（鄭敷教）。

◎王國維 1909 年 9 月 30 日致羅振玉函〔註79〕：蔣氏書先送來經部易類十四種。一汲古影宋寫本《漢上易傳》十一卷，附《漢上先生履歷》一卷。此書自宋以來著錄本均不聞有《履歷》，現擬覓通志堂本一對，恐未必有也。此外元本《周易傳義附錄》，則經拜經舊藏。又有鄭桐庵先生《周易廣義》手稿（存下經卅二卦），不分卷，無書題，但有「鄭敷教印」、「士敬」、「榮陽」諸印，行草極似朱子《論語集注稿》，四庫存目中有此書四卷，殆有刻本歟？

鄭賡唐 讀易蒐 十二卷 存

國圖、上海、南京、華東師大藏康熙刻本

北大、上海、湖北、山東藏光緒四年（1878）五雲松溪鄭雲峯等刻本

◎序〔註80〕：自漢以後，治六經者人各㒾一師說，白首而不敢變，其說愈紛，其義愈隤。京房氏以陰陽災變解易，而讖緯之學祖之；王輔嗣以清談解易，而虛寂之學祖之；管公明以算數解易，而奇遁之學祖之。符讖算數，儒者所不道，惟弼註為近世所宗。然弼善學老氏者也，性命之學流為老、莊，老、莊之學流為申韓，支分派別，屢變而失其傳。極其害，不至於賊天下不止。烏乎，曾聖人之教而支離若是乎！《易》之為書，彌綸六合、包孕萬象，

〔註79〕錄自劉寅生、袁英光編：《王國維全集·書信》，中華書局，1984 年，第 296 頁。

〔註80〕又見於光緒《縉雲縣志·藝文》卷之十一，題曰《讀易蒐續序》。

凡後世諸儒假託附會、牽引穿鑿者，大抵皆易象中所有。但欲執此以求符契於聖人之旨，則不啻眇者牖中窺日而已。聖人以易為日用飲食，而後人務為新奇可喜，以愚惑天下之耳目，此其所以蔽也。從來汲學嗜古之士，史傳所載，指不勝屈，而踐履篤實者什不能得一。或身負天下重名，一旦臨大事，顛倒瞀亂，猝然而有折足覆餗之敗。非其才不厚、力不裕，不善學易故也。夫學易而不稟於道，不獨無適於用，且喪其身，世之履壯搆險、出處不慎而卒踵京房之禍者亦豈鮮哉？《繫辭傳》曰：「危者使平，易者使傾，懼以終始，其要無咎。」吾夫子之說易也，吁，盡之矣！程朱《傳》《義》反覆象占，研理深而攝教廣，故其書至今不廢。帖括家錮陋闇習，傭耳剽目，習而弗知。寶水鄭先生痛之，網羅舊聞，折衷大義，著《讀易蒐》若干卷，立論精微，實祖伊川而禰考亭，其餘諸家緒說旁搜博取如裔耳之竊附焉，而皆不悖於聖人知危知懼之旨。其為經傳羽翼何疑？夫六經同一旨也，不以鑿累質，不以巧汩實，不以紈綺醲豔而厭布帛菽粟，後生小子，辨途而趨，庶幾無岐路矣乎！康熙辛酉仲夏，北固後學張玉書頓首拜譔。

　　◎讀易蒐自序〔註81〕：一畫，屯之世也，羑里而夷、居東而蹇、轍環而旅，彼皆處艱難，有所托目擄寫其不得已，何嘗操券責吉凶，斷然不爽？迺祠風后於庭，而信是求之京、焦、管、郭之流，猶有竝焉者歟？即考左氏卜澨，與今時絕不類，數之失傳久矣。或曰數何如理，不聞漆雕馬人之對三大夫虖？智不能及，明不能見，非由外也。然則遵奉殘缺，祖宋賢而守其說足矣。漢疏晉箋佗傳說又何求焉？曰：非然也。《易》固廣大變通之書也，三畫無端，六爻不處，探理者目為深觀，蒙者以為奇。前之所是，後或非之；此之所疑，彼或信之。各出所見，以得津涯。猶之乎測海酌河也。王輔嗣之言曰：「眾之所目得咸存者，主必致一也；動之所以得咸運者，原必無二也。物無妄然，必由其理。故六爻相錯可舉一目明也，剛柔相乘可立主以定也。」蘇子瞻之言曰：「其實有不容言也，故以其侶者告也。達者因似以識真，不達則又見其侶侶者而日以遠矣。」朱元晦之言曰：「目一時而索卦則拘於無變，非易也；以一事而明爻，則竄而不通，非易也。」楊敬仲之言曰：「道一而已矣：三才一，萬物一，萬事一，萬理一。坤者乾之偶也，震巽坎艮離兌，乾之便錯者也。無二，乾也，一言之謂之乾，兩言之謂之坤，八言之謂之八卦，又別而言之謂之六十四卦，又謂之三百八十四爻，又謂之萬有一千五百二十，又謂

〔註81〕又見於光緒《縉雲縣志・藝文》卷之十一。

之無窮，皆此物也。」數子者，或即事以明理，或游源以該流，其為經傳羽翼則一也。緬惟商瞿子木、橋庇子庸、馯臂子弓流傳，何岐之有？余樗昧甚，讀易二十年，又嬰憂患，輒不自揣量，網羅舊聞，載諸管見，求庶幾無戾於理斯己矣。微言奧義，敢云或知？嗟乎讀易之為憂患也多矣。時丁亥秋，禪退居士鄭賡唐書於惡壞之空壘。

◎四庫提要：是書序稱丁亥，蓋成於順治四年。經文全用注疏本，每卦之末附論一篇，多經生之常義。至《繫辭》舊雖分章，然自漢晉以來未有標目，賡唐直加以「天尊章」、「設位章」諸名，則是自造篇題，殊乖古式。又《說卦》章次亦加刪並而不言所以改定之故，更不免變亂之譏。蓋猶明季諸人輕改古經之餘習也。

◎乾隆《縉雲縣志》卷之八《藝文志》下：《讀易蒐》十二卷（鄭賡唐著）。

◎光緒《縉雲縣志‧人物》卷之八：居平論學，以聖人之道莫大於易，而其志具在《春秋》，於是為《讀易蒐》《春秋引斷》二書。《易蒐》鉤索精微，多發人所未發。其論六龍也，謂其時之不得不亢，惟知進而已，何能慮其退；惟知存知得而已，何能慮其喪亡。以伊周觀之，上下危疑，流言繁興，斯時欲慮退於進、虞存於亡、患喪於得，能無餒乎？論泰之初九曰：卦以泰交為義，所謂內君子外小人者，正欲與之相安，不欲與之相激。相安則小人可化，相激則君子亦傷。否之六二曰二，以中正應五，中正為能包容小人之心、承順君子之德，使小人皆受其吉，即大人否亨之道。此雖與小人為羣，而轉移變化在我，豈得而亂之哉！坎之九五曰器盈則人概之，盈者人之所欲，概也不盈則適得其平，處中以受天下，何險不濟？其解義精確類此。引斷多采諸說之長者，而間申以己意，皆為通人所稱。治經外，復取古事可疑者辨析成書，曰《古質疑》《漢語林》。其辨周公未嘗殺管叔，論尤宏偉，有關倫教。其他詩文十餘卷，而最奇崛者為《嵺上吟》一卷，洞金石而泣鬼神，語二子曰：「此吾志所在，存此一卷足矣。」晚歲有欲以遺逸薦者，公笑曰：「吾豈以終南為捷徑者哉？！」力拒之。公二子，長惟飈，次載颺，皆舉進士高第，有文章名（《黃虞稷集》）。

◎光緒《縉雲縣志‧藝文》卷之十一：鄭賡唐《讀易蒐》十二卷（自序見文編）、《春秋引斷》、《春秋質疑》、《唐宋節錄》、《古質疑》、《兩漢語林》、《古今同異辨》、《空齋遺集》十二卷。

◎鄭賡唐（1607～1678），原名孕唐，字而名，號寶水。越東縉雲縣周村

人。天啟七年（1627）舉人，屢試進士不第，遂治經世之學。唐王即位福州，任為翰林待詔，升吏部主事員外郎，攝文選事。後任福寧兵備道，思有所建樹而回天無力，隱跡長溪叢林。晚年致力治學，著有《讀易搜》、《春秋引斷》、《春秋質疑》、《古質疑》、《兩漢語林》等。

鄭觀琅　讀易隨筆　佚

　　◎民國《順德縣志》卷十三《勝蹟略》：書種堂在倫教鄉展岸坊，鄭觀琅子鳳翔、孫時達嘗於此堂著《讀易隨筆》《星經圖解》《東齋記事》《風土記》等書（國朝鄭觀琅撰。《鄭氏易譜序》）。

　　◎民國《順德縣志》卷十四《藝文略》：《讀易隨筆》（《鄭氏易譜序》）。

　　◎鄭觀琅，字德球。廣東順德倫教鄉展岸坊人。又與子鳳翔同輯列祖詩文為《連珠集》。

鄭國器　易經辨疑　四卷　佚

　　◎四庫提要：是書首為《圖書辨疑》，次為《羲易辨疑》，以舊傳先天八卦方位衍為數十圖，頗為繁碎。

　　◎鄭國器，字用齋。湖南湘鄉人。諸生。又著有《詩經叶韻考》、《三禮辨疑》、《春秋質疑》、《論語質疑》、《孟子質疑》、《九經辨疑》、《詩書辨疑》、《經絡指南》、《銅人圖繪注》、《麻疹活幼》、《損傷證治》、《各省沿革考》、《歷代甲子字畫辨忽》、《人道工程表》、《晉唐書法譜》。

鄭郟　易測　四卷　存

　　福建師大藏康熙三十八年（1699）家刻本

　　◎民國《福建通志》卷六十八《藝文》一：鄭郟《易測》《春秋表微》《皆山詩文》。

　　◎卷前有康熙己卯天中節陳汝咸序、康熙歲在己巳長至日白彥良序、己卯年仲春花朝前一日黃豹文序、辛酉中秋自序及丙子夏至撰《三易指歸》一篇。

　　◎福建師範大學黃文泉碩士論文：《易測研究》。

　　◎周按：明曾朝節亦著有《易測》十卷存世。

　　◎鄭郟（1615～？），字奚仲，一字皆山。福建莆田人。歲貢生。黃道周弟子。又著有《春秋表微》、《皆山詩集》、《詩史》、《和陶》、《廣騷》、《明書》、《南華微笑》、《續英雄記》、《鈔同聲錄》。

鄭郟 易測說卦傳 一卷 存

福建師大藏康熙三十八年（1699）家刻本

鄭郟 易測繫辭 二卷 存

福建師大藏康熙三十八年（1699）家刻本

鄭郊 明易 二十卷 佚

◎乾隆《莆田縣志》卷三十三、民國《福建通志》卷六十八《藝文》一：鄭郊《明易》二十卷、《史統》一百卷、《南華十轉》、詩文集六十卷、《偶筆》六卷。

◎鄭郊，字牧仲，號南泉（居士）。福建莆田人。曾祖茂、父涇、弟郟皆有聲。與夏允彝、徐孚遠交厚。又著有《史統》一百四十五卷、《南華十轉》、《冰書》、《折衡》、《偶筆》六卷、《寓騷》、《孝經心箋》及詩文集六十卷。

鄭郊 註易 十七卷 佚

◎乾隆《興化府莆田縣志》卷二十六《人物志》、《閩中理學淵源考》卷五十六：著書甚多，《註易》十七卷，盧陵知縣于藻為之刊行。尚有《史統》百四十五卷及《南華十轉》《冰書》《折衡》、《偶筆》《寓騷》《孝經心箋》及雜詩文若干卷藏於家。

鄭良弼 乾坤易簡錄 一卷 存

湖北藏清涵虛抱壺之齋刻本

◎鄭良弼，字子餘（宗），號肖巖。浙江淳安人。萬曆舉人。澤州教授。其學通經，尤善《春秋》之學。著有《春秋續義發微》十二卷、《春秋或問》十四卷《存疑》一卷《續義》二卷。

鄭旒 鄭氏易譜 十二卷 存

廣東藏乾隆十八年（1753）順德鄭氏刻本（鄭時達重輯）
山東藏道光六年（1826）梁廷枏刻本
◎周按：是書專論河圖卦位。
◎鄭旒，字承衮。廣東順德人。崇禎庚午歲貢。

鄭祿鐘 大衍義 存

浙江藏 1917 年鉛印本

◎《浙江公立圖書館第八期年報 · 通常類目錄甲》：分又一部（一本）。分《大衍義》（鄭錄鍾撰，民國六年印本，一本）。又二部（各一本）。以上三部象山鄭樂中君捐。

◎鄭祿鐘，寧波法政學堂別科畢業，曾任吳興初級審判廳學習推事、浙江第一高等審判分廳書記官。

鄭嵓 周易指南 佚

◎民國《遂安縣志》卷七《人物》：著有《周易指南》《正誼山房文集》待梓。

◎鄭嵓，字龍源。浙江遂安（今屬淳安）人。讀書穎悟，過目不忘。自諸子百家靡不淹貫。尤精於易理，抉程朱奧旨，為文自成一家。與江南俊豪著述於其父培廣所築正誼齋中，時有川南文藪之目。

鄭圃 讀易緒言 一卷 佚

◎民國《吳縣志》卷第五十六下《藝文考》二：鄭圃《讀易緒言》一卷。

◎鄭圃，初名玉琬，字薇令。江蘇吳縣東山人。鄭階弟。明季府學生。書學二王，遇得意處能亂真。

鄭薇垣 周易心鏡 佚

◎民國《香山縣志》卷十五《藝文》：《周易心鏡》（國朝鄭薇垣撰）。

◎鄭薇垣，廣東香山人。著有《周易心鏡》。

鄭維駒 太元經易補注 六卷 存

哈佛大學、國圖、江西藏光緒十七年（1891）豐北湖園三起書屋刻本

◎卷首題：豐谿鄭維駒諮臣甫著；南屏李樹藩价人甫閱；男學正心則、學厚敦伯、學韓次琦謹全編次；姪志澄鏡清、志洵少泉謹全參校，志晉季蕃、志均則勻謹全錄挍；姪孫良裕益之恭參挍；外孫俞承眘厚蒼恭繕稾。

◎凡例：

一、卦氣圖為《元》所本，司馬氏《說文》為讀《元》者所不可廢，故登之卷首。

一、補注取象於《說卦》，荀九家外，多本仲翔逸象。

一、《元》數中五行取類多從八卦而生，然亦有不同者。如乾，金也，又為玉，《元》則水類為玉；巽木為墉、為床，《元》則金類為城、土類為床。如此類不一而足。補注中，象與類同者，取類即是取象；其不同者，則視其文義所在，兩取之以會其通。

一、補注大率從本卦自下而上取象，蓋卦分二爻為三重，首分三贊為三重，其以三準二，贊辭有明為指出者。如差首下三贊準小過下二爻次三云：將至於暉光，以艮為暉光，將交於艮之主爻也；交首次六云：大圈閡閡，小圈交之，是明指泰弟四爻以陰交於三陽之上也。如此類不一而足，雖不能盡例，然《元》之出入易象中固自可知。

一、補注有於辟卦取象者，如迎準咸而取象於姤、廓準豐而取象於遯是也；有於卦位取象者，如裝首之微陰據下眾首之信高懷齊，皆取象於巽是也；有互相取象者，如準泰否各首是也。此因乎易之大義，非期於象而然。

一、《元》中取象，有不必有是卦，而以五行所屬之卦取象者，如二七為火，即於離取象之類。

一、范注多言五行生克，其有未及者亦用其意為闡發，然要以補象為主。

一、司馬氏集注、范注多係摘取。今得范氏全注，間有異同，其訛脫不可句讀者，悉仍其舊。

一、集注所引諸家但稱姓者，以名具見序中。今自司馬以上悉仍其例；其司馬以後有所採錄，則備稱姓名，便於觀覽。

一、司馬本各家注，茲擇其要者錄入。

一、《元》中贊測以陰陽相間為臧否，王氏、司馬氏皆據之為注。今撮其大旨於此，其注義相同者，後不備錄。

一、正文下小注云某作某，則所從者諸家本也。其諸家中各有異同，則並詳小注下。

一、自一卷至六卷補之。

◎自序：《元》自漢迄宋，諸家解釋具見司馬氏集注中，何補乎爾？為有象補也。司馬氏《說文》云：「《易》有說卦、《元》有數，數者論九贊所象。」《元》自有象矣，云補何？《元》贊中之象有與《易》同、不與《元》數同者，於何論之？於《元》證之，於《易》證之。《元》有五行，五行有類。贊中非木言木、非金言金、非其類而取其類者，比比而然，非易象而何也？《元》以

九贊準《易》六爻，而臧否相間，且每首相承，不與《易》準者何？《元》以陰陽定臧否，不與《易》同。而所準之卦自下而上，其象恆相準也。諸家亦間及象矣，云補何？諸家於象不備見，故補之。補之者，見《元》之本於易、讀《元》者之本於讀《易》也。余己卯歲讀《元》，謬為補注，今老矣，不能省記，因略加釐正，付之手民。世之深於易者，一正其謬，余之幸，亦讀《元》者之幸也。若區區以一得自信，夫何敢！光緒十有七年孟夏月甲午朔，鄭維駒序於信江書院之拜石軒。

　　◎後跋：季父通籍後，承大夫志，隱居教授，暇即手一編不置。窮經外兼涉子史及性理經濟諸書，而尤嗜《易》，所讀易解不下數十種，有心得輒別出新解。後讀揚子《太元》，窮其奧，不外準《易》卦氣，而范氏、司馬氏注則精而略、核而未備，爰本經文之準《易》者，補而注之，其精核者仍之。脫稿後未及梨棗，遽捐館舍，何天奪我季父之速也！彌留時，命志晉等與編校之役。書成，謹述數語以識巔末。尚有《讀易一得》《詩古文》待梓（姪志晉謹識）。

　　◎2017 年 11 月 23 日～2017 年 11 月 25 日北京德寶 2017 年秋季拍賣會曾展出此書，云是光緒十七年（1891）豐北三起書屋刻本，然網絡展出一頁，不見於今本，未知何故。錄此頁文字如下：

　　世傳揚子作《太元經》以擬《易》、作《法言》以擬《論語》，前人論之詳矣。昌黎韓氏有云：「《易》奇而法」，然則《法言》者守其法而《太元》者朔其奇者也。顧書中多奇字，未能卒讀。惟知其以畸起數，由三而九，由九而二十七，而終之以八十一首焉。畸者陽之數也，名其書曰《太元》，蓋天經也，然則《太元》者，專釋乾卦。

　　◎鄭維駒，字諮臣。江西廣豐（今上饒）豐谿人。咸豐三年（1853）進士。即用浙江知縣。又著有《春暉堂初稿》八卷首一卷、《去思草》二卷、《南屏心版》一卷、《冰玉集》四卷，參纂同治《廣豐縣志》。

鄭獻甫 讀易錄 一卷 存

　　光緒二年（1876）刻愚一錄本

　　山東藏臺北成文出版社 1976 年無求備齋易經集成影印光緒二年（1876）刻愚一錄本

　　◎是書為《愚一錄》卷一。

　　◎摘錄卷首：漢人談易皆明象，宋人談易皆明理，而轉關者魏王弼也。

《唐志》七十六家，易有卜商、孟喜、京房、費直、馬融、荀爽、鄭元、劉表、董遇、宋忠、王肅、王弼、虞翻、陸績、姚信、荀輝、蜀才、王廙、干寶、黃頻、崔浩、崔覲、何允、盧氏、傅氏、王又元、王凱沖、韓康伯、謝萬、桓元、荀諺、荀柔之、宋襄、任希古之注，又有宋明帝、梁武帝、張該、蕭偉、蕭子政、張譏、何妥、褚仲都、梁蕃、劉瓛、孔穎達、陸德明、陰洪道之義疏，又有元宗、張璠、鍾會、范氏、應吉甫、鄒湛、阮長成、阮仲容、宋處宗、宜聘、樂肇、袁宏、楊乂、沈熊、薛仁貴、王勃等之雜著，以及李鼎祚、東鄉助、僧一行、崔元佐、元載、李吉甫、衛元嵩、高定、裴通、盧行超、陸希聲之不著錄者。而張璠《集解》二十八家，又有向秀、庾運、應貞、張輝、王宏、王濟、衛瓘、杜育、楊瓚、張軌、宣舒、邢融、裴藻、許適、楊藻數人別見。李鼎祚《集解》三十餘家，又有何晏、侯果、翟元、崔憬、沈驎士、焦贛、伏曼容、姚規、朱仰之、蔡景君、延叔堅數人別見。又《釋文敘錄》除已見姓名外，又有尹濤、費元珪、袁悅之、卞伯玉、徐爰、顧懽、明僧紹、李軌、徐邈、周宏正等。計可考者不下百人，而今所傳者不過數家，可惜也。前明多談宋易，本朝漸求漢易。如鄭元之注、虞翻之注、荀爽之注尚可從李氏《集解》採輯成卷，周氏之說、褚氏之說、莊氏之說（未詳何人）尚可從孔氏《正義》摘取成秩，其餘散見《釋文》者不過音讀字句之異，略見而已。此惠定宇、毛西河、孫淵如所以廣為搜羅、一字一句不勝寶貴也。

◎陳澧《東塾集》卷五《五品卿銜刑部主事象州鄭君傳》：生平無嗜好，惟好書。終日不釋卷，博覽強記，《十三經注疏校勘記》皆有評點。

◎鄭獻甫（1801～1872），原名存紵，字獻甫，別字小谷，後避咸豐諱以字行；號識字耕田夫、草衣山人、白石先生。廣西象州縣寺村鎮白石人。道光十五年（1835）進士。任刑部主事，丁父母憂告歸，遂不復出。為學姿稟超絕，強記博覽。既絕意進取，益貫綜六經諸子百家，於經義、史論、古文、詩詞、四六駢體皆精之。曾於廣西雒容設館教學，又先後主講廣西德勝／慶江／榕湖／秀峰／象臺／柳江、廣東順德鳳山、廣州越華、桂林孝廉諸書院。與陳澧相交頗深。道光三十年，遇賊，失所著書稿。著有《四書翼注論文》十二卷、《鴻爪續集》三卷、《補學軒詩集》八卷、《補學軒續刻詩集》十二卷、《補學軒扶鶯詩詞》二卷附錄一卷、《補學軒文集》六卷、《補學軒文集續刻》七卷、《補學軒文集外編》四卷、《鄭氏家記》一卷、《愚一錄》十二卷、《補學軒制藝》四卷、《補學軒批選時文》二卷、《象州志》四卷。今人點校有《鄭獻甫集》。

鄭獻甫 愚一錄易說訂 二卷 存

桂林、山東藏 1932 年上海研幾學社鉛印海寧杭氏易藏叢書本

山東藏臺北成文出版社 1976 年無求備齋易經集成影印 1932 年上海研幾學社鉛印海寧杭氏易藏叢書本

◎附《沈氏揲蓍法》。

鄭曉 周易圖說 一卷 佚

◎孫葆田《山東通志》卷百二十七《藝文志》第十：是書見《州志》。

◎鄭曉，山東東平人。

鄭曉如 易經析錄 四卷 存

臺灣藏曲阜鄭氏遺書稿本

山西大學藏同治十三年（1874）刻本

◎臺灣《國立中央圖書館善本書目》（增訂二版）據稿本《曲阜鄭氏遺書》著錄。

◎《中國歷代藝文總志》：《清史志》〔註82〕誤「析」作「折」。今傳有稿本。

◎鄭曉如，原名憲銓，以字行。又字子彬，號意堂。原籍安徽歙縣，遷山東曲阜。咸豐元年（1851）恩科舉人，歷知廣東新安、澄海、曲江等縣，補清遠縣。又著有《禮記正簡》四十六卷、《闕里述聞》十四卷、《皇朝聖師考》七卷。

鄭曉如 周易讀本 八卷 存

臺灣藏曲阜鄭氏遺書稿本

◎臺灣《國立中央圖書館善本書目》（增訂二版）據稿本《曲阜鄭氏遺書》著錄。

鄭曉如 周易集說 四卷 存

臺灣藏曲阜鄭氏遺書稿本

◎臺灣《國立中央圖書館善本書目》（增訂二版）據稿本《曲阜鄭氏遺書》著錄。

〔註82〕周按：彭國棟《重修清史藝文志》。

◎孫葆田《山東通志》卷百二十七《藝文志》第十：是書有家藏稿本。

◎民國《續修曲阜縣志》、孔祥霖《曲阜清儒著述記》著錄鄭曉如《周易集說讀本》四卷附《周易古韻考義》，不知是否即此書。

鄭燮書 易經背錄 二卷 存

南京藏影印稿本

哈爾濱藏光緒三十四年（1908）石印五經背錄本

◎鄭燮（1693～1766），字克柔，號理庵，又號板橋。江蘇興化人。雍正十年舉人，乾隆元年（1736）進士。官山東范縣、濰縣縣令，政績顯著。以請賑饑民忤大吏，乞疾歸。客居揚州。詩書畫世稱三絕。著有《鄭板橋集》。

鄭暶 周易圖說 一卷 佚

◎民國《東平縣志》卷第十三《藝文志》：《周易圖說》一卷，清鄭暶撰。

◎光緒《東平州志》卷第十七《藝文志》：《周易圖說》一卷，國朝鄭暶撰。

◎鄭暶，山東東平人。

鄭勖士 觀玩約編 二卷 佚

◎光緒《日照縣志》卷八《人物志》：晚年邃於易，著《觀玩約編》二卷、《草間吟集》十五卷、經義古文辭醫卜雜著各若干卷，悉以授猶子游。

◎孫葆田《山東通志》卷百二十七《藝文志》第十：《縣志》載是書，稱其晚年邃於易。

◎鄭勖士，字彥兮。山東日照人。諸生。

鄭勳 周易簡註 四卷 存

首都圖書館藏康熙四十六年（1707）刻本

◎鄭勳（1763～1826），字書常，號簡香。浙江慈溪人。鄭性曾孫。從蔣學鏞受《毛詩》《春秋》，得其嫡傳。嘉慶初闢二硯窩以庋二老閣流散書，蔣學鏞為作《二硯窩記》。著有《鄭氏徵獻錄》、《二硯窩詩存》三十八卷、《二硯窩文集》六卷、《二硯窩讀書隨筆》，《梨洲年譜》、《簡香日錄》等。

鄭元慶 周易集說 佚

◎翁方綱《復初齋文集》卷十四《補錄鄭芷畦窆石志》：晚年託迹幕府，

研窮經學，於易、禮尤邃。所著有《周易集說》《詩序傳異同》《禮記集說參同》《官禮經典參同》《周禮集說》《家禮經典參同》《喪服古今異同考》《春王正月考》。

◎翁方綱《復初齋文集》卷十四《補錄鄭芷畦窆石志》：方綱因與丁君共檢諸先生集，若毛西河《釋二辨文》援芷畦《喪禮經典參同》，疑《士禮·喪服記》一條；又若胡東樵《禹貢錐指》「震澤底定」句下援芷畦辨湖漊、南潯等二條。西河有湖誌序，竹垞有贈鄭秀才詩，芷畦亦可以不朽矣。丁君猶以為未足，又考得其年譜，大略曰：「康熙二十九年庚午，芷畦秋試後出遊四方。三十一年壬申歸自燕，局戶讀書者二年。三十三年甲戌館湖濱徐氏，撰《廿一史約編》。其明年乙亥始從事於府誌。四十年辛巳秋，《石柱記箋釋》成。冬，遊孟城。明年春遊淮安。四十三年甲申，府誌初藁成。」至其生卒歲月亦未能詳也。《石柱記》五卷今已行世。又所著《今水學》《兩河薛鏡》《七省漕程》諸書見《行水金鑑》中。其《禮記集說參同》八十卷、《湖錄》一百二十卷、《行水金鑑》一百七十五卷，而他書卷數亦未詳也。方綱按：西河客杭在康熙四十一年壬午，竹垞贈詩在四十六年丁亥，其曰「近得《苕溪集》，期君讀草堂」謂南宋劉一止集也。蓋芷畦考求鄉前哲之著述，與一時名輩上下其議論，歷年久而用力勤，此皆於他集互見中可推證，而況其書有補於經學者乎？方綱重感丁君之意，為補書於窆誌，以俟他日訪其書而讀之。

◎周按：宋俞琰亦著有《周易集說》四十卷存世。

◎鄭元慶（1660～1730後），字芷畦，又字子餘。平生慕鄭子真為人，自號小谷口、鄭谷口。浙江歸安（今湖州）人。幼年從其叔學易、禮，並通史傳及金石文字。後以貢生入國子監。通史傳，旁及金石文字。藏書處曰魚計亭。與毛奇齡、朱彝尊、胡渭交。李紱、張伯行雅重其學，欲薦於朝，未果。著有《湖錄》（《湖州府志稿》）一百二十卷、《詩序傳異同》、《禮記集說參同》、《官禮經典參同》、《家禮經典參同》、《喪服古今異同考》、《春王正月考》、《海運議》、《小谷口薈蕞》、《二十一史約編》、《石柱記箋釋》等。

鄭允修 易集解 佚

◎道光《滕縣志》卷八《人物志》：著有《四書集解》《易／書集解》、詩賦文稿藏於家。

◎宣統《滕縣續志稿》卷四《藝文》：《易集解》、《書集解》、《四書集解》、

詩賦文稿（鄭允修撰）。

　　◎鄭允修，字永夫，號蓉坡。山東滕縣人。嘉慶己卯進士。官永善知縣。又著有《書集解》《四書集解》《詩賦》《文稿》。

鄭湛　易筮要義　一卷　存

　　天一閣藏伏跗室舊藏稿本

　　◎饒國慶等編《伏跗室藏書目錄》著錄。

　　◎《中國古籍善本書目》著錄作《筮易要義》。

鄭振麟　讀易習成　六卷　佚

　　◎民國《香山縣志》卷十五《藝文》：《讀易習成》六卷（國朝鄭振麟撰）。

　　◎鄭振麟，廣東香山人。著有《讀易習成》六卷。

鄭宗堯　易經要義　佚

　　◎杭世駿《道古堂文集》卷三十四《華泉居士傳》：與章□、孫拱極為文章意氣之友，沉酣六籍，大放厥辭，著述滿家，於經學尤邃。有名《易經要義》者，有名《禮記選常》者，有名《春秋摘要》者，有名《詩書精解》者。他如《周禮》《史記》及宋元理學之書，靡所不究……史氏曰：連江文獻，項背相望。或隱或見，厥軌亦殊。若其逸足方騁而羈焉中絕，則朱有如居士之可哀者也。居士循庸行而不鈞奇，為文卓詭切至而宗於經，推其所至，宜有益于世用。而年不登中壽，挽髮傳業而不得貫名州郡。嗚呼！其有限之者耶！

　　◎民國《連江縣志》卷二十二《藝文》：鄭宗堯《易經要義》《詩書精解》《春秋摘要》《禮記選常》。

　　◎鄭宗堯（1691～1736），字嗣勳。嘗遊玉泉、寶華二山，遂自號華泉居士。福建連江人。乾隆壬子以五經充副貢。著有《易經要義》《詩書精解》《春秋摘要》《禮記選常》。

鄭作相　易說揆方　十二卷　佚

　　◎孫葆田《山東通志》卷百二十七《藝文志》第十：繆荃蓀志其墓云：嗜易，闡象數，闡義理，萃眾說而折其衷，附以己意，著此書。見《藝風堂集》。

　　◎孫葆田《校經室文集》卷四《鄭一泉先生墓表》：先生學宗六經，《尚書》、《毛詩》皆有手訂本。尤嗜《周易》，著有《易說揆方》十二卷。其大旨

以為：易者聖人憂患寡過之書，道在陽統陰、陰從陽，用在陽制陰、陰輔陽。

◎鄭作相，字仲巖。山東日照人。歲貢。纂《日照縣志》。

鍾秉用 易講說 佚

◎羅有高《尊聞居士集》卷五《外王父鍾先生家傳》（摘錄）：先生少時目易應舉，晚而竺嗜易，著《易講說》若干卷，又著《帽山詩文集》若干卷，《制藝》若干卷藏於家。

◎光緒《江西通志》卷九十九《藝文略》一《國朝》：《易講說》，鍾秉用撰（羅有高撰傳）。

◎李桓《國朝耆獻類徵初編》卷四百三十二：教弟子必始以朱文公小學書，曰：「是為人之規矩載焉。人之規矩，不修則廢，不由則蕩，偭而趨，而欲成人焉，難矣。」繼以史，曰：「小學通，則務治經以精之，治史以廣之。既精既廣，規矩陳像，翼翼嚴嚴，率循不爽，其寡過矣乎！」論經義曰：「聖清監百王，因明制，首四子書義，範圍曲成，至矣。士幸逢今時，不務浴德安雅、研聖賢微恉，幾自得而寫諸辭，而希詭遇，不誠也。始不誠目進，其出而仕，其有賈心決也，上何賴焉。」

◎鍾秉用，字上（尚）銓。江西瑞金人。年十九為里中童子師，年二十六補學官。雍正元年（1723）舉人。屢試禮部不第，遂以教授終其身。又著有《帽山詩文集》（一名《月軒詩文集》）。

鍾晉 筮占古例 一卷 佚

◎光緒《平湖縣志》卷二十三《經籍》：《筮占古例》一卷（鍾晉。府《于志》。未刊存。凡五十五條）。

◎光緒《嘉興府志》卷八十《經籍》一：鍾晉《周易學》四卷、《周易象義觀通》十二卷（徐士芬跋曰：書凡十三卷，言象宗仲翔居多，言義宗伊川居多，而貫串諸家，別裁穿鑿附會之說，真能觀其通者也）、《筮占古例》一卷（並未刊）。

◎鍾晉，字山子。浙江平湖人。恩貢生。著有《周易學》四卷、《周易象義觀通》十二卷、《筮占古例》一卷、《毛詩學》、《春秋往例質疑》二卷、《春秋夷庚》、《句泉集》，又著有《觀音堂詩鈔》二卷、《明日看雲集》一卷、《道中歌》一卷、《觀音堂硯銘》一卷，合稱《雪子偶存》。

鍾晉 周易釋 十二卷 存

內蒙古自治區藏同治光緒刻、民國補刻金華叢書本

◎光緒《平湖縣志》卷十七《人物・列傳》三：深於經術，力求聖賢用心
所在。常端坐深思，達旦不寐，故所見真切。尤精於易，著有《周易學》四
卷、《周易象義觀通》十二卷、《筮占古例》一卷、《春秋往例質疑》二卷，今
僅存《周易釋》十二卷已刊，《勺泉集詩選》二卷未梓。

鍾晉 周易象義觀通 十二卷 佚

◎光緒《平湖縣志》卷二十三《經籍》：《周易象義觀通》十二卷（鍾晉。
府《于志》。未刊存。是書有提綱十二篇：上經三、下經三、文言繫辭三、說卦序卦
雜卦三。卷首以三易之分、作易之人、名易之義、象數有本、圖書假借、先天附益、
卦變不同、筮占用易、著法存異、篇次治㝎、全旨緒論、淵源家數分為十二篇。兩浙
學使吳鍾駿有序。末附《筮占古例》一卷，故徐氏《漱芳文集》作十三卷。稿藏乍川
廖氏）。

鍾晉 周易學 四卷 佚

◎光緒《平湖縣志》卷二十三《經籍》：《周易學》四卷（鍾晉。府《于志》。
刊本存。永康胡氏刊本作《周易釋》十卷。凡例云取先儒成說，間或師其意而易其語，
或用其語而移其意。自序）。

鍾晉 大易炬說 佚

◎乾隆《杭州府志》卷五十七《藝文》一：《大易炬說》（國朝錢塘鍾晉德
威撰）。

◎朱彝尊《經義考》卷六十六：鍾氏（晉）《大易炬說》，六卷，存。黃百
家曰：錢塘鍾晉德威撰。

◎鍾晉，字德威。浙江錢塘（今杭州）人。

鍾夢桂 易經訓纂 一卷 佚

◎民國《東莞縣志》卷八十三《藝文畧》一：《易經訓纂》一卷（國朝鍾
夢桂撰。《採訪冊》）。

◎鍾夢桂，廣東東莞人。著有《易經訓纂》一卷。

鍾瑞廷 易象顯微 十卷 存

四川、南開大學藏光緒九年（1883）四川蓬溪鍾氏紅雪山房刻本

◎鍾瑞廷《讀易玩河圖洛書作》：讀盡群經不讀易，數典忘祖終無益。讀易不玩圖與書，徒尋枝葉功亦虛。

◎《蜀中正學編》：其學以心性為綱，倫常為目，靜存動察，克治擴棄為功，誠恒為要。尤嗜易。壯時觀洛書金火易位，遍索諸家，鮮有道及者。著論以發其奧，嘗謂圖書乃易之淵源，前聖寓性命之理於象數，象不可廢，亦不可執；數不可無，亦不可拘。要以理為斷，後儒拘執象數，雖窮工極巧，揆以性命之理，多不相符。聖人作易也，將以順性命之理，諸儒蓋未深思其妙耳！其純粹如此。

◎咸豐進士、翰林院編修四川榮昌敖冊賢《瑞廷公七秩壽文》〔註83〕：吾蜀道學之傳，繼南軒、鶴山而起者舍先生，子其誰與歸？

◎馮大中《梅花瘦人傳》：於書則六經、子史、浮屠、莊老及兵家韜鈐之屬，靡不窺究，而尤精於易。其治圖象、卦爻，貫穿穴注，凡天人性命之奧，類皆軒豁呈露，其要皆約乎中庸之旨，範乎民生日用之常，一破當世讖緯、占驗、神奇詭誕之說。

◎宋家蒸《鍾瑞廷墓誌銘》：先生壯歲即志在聖賢，酷愛子輿氏存心養性之學，而未悉其用功之要。遍閱諸先儒語錄，亦難一貫。後聞止唐劉子悉其傳，遂執贄往事，盡所學。至是，益殫精焉。其論學以心性為綱，倫常為目，靜存動察，克治擴充為功，誠恒為要，力踐有得，筆之於書。於易尤邃一時，學者宗之。

◎射洪舉人胡文魁《挽鍾瑞廷》詩：殄瘁憂時事，淵源有瓣香。雙流流不斷（先生嘗學於雙流劉沅），何處待慈航？

◎胡文魁《挽鍾瑞廷》：易著千秋業，人為一代師。

◎鍾瑞廷（1805～1884），字薇垣（維圜），號妙凝子、梅花瘦人。四川蓬溪石板灘場（今大英縣象山鎮）人。少讀書有神童之譽。咸豐九年（1859）舉人。劉沅弟子，嘗主講蓬萊、蓬山、象山、經義諸書院。著有《易學探源》二卷、《易象顯微》十卷、《學人要語》一卷、《保命延生錄》一卷、《守寨方略備覽》一卷、《兵法陣法纂要》二篇、《道德經輯要》一卷、《陰符經注疏》一卷、

《龍溪詩草》二卷，主修同治《蓬溪河西鐘氏族譜》。

鍾瑞廷 易學探源 二卷 存

四川、南京大學藏同治十年（1871）刻本

四川、南京大學藏光緒九年（1883）四川蓬溪鍾氏紅雪山房刻本

鍾煜 周易蓍詩 一卷 存

中山大學藏清賤坡書屋鈔本

乾隆四十三年（1778）刻本

廣東人民出版社 2013 年四編清代稿鈔本

◎雷夢水《販書偶記續編》卷一：《周易蓍詩》二卷（清山陰鍾煜撰。乾隆戊戌刊）。

◎鍾煜，浙江山陰（今紹興）人。著有《周易蓍詩》二卷。

鍾元聲 易經說約 佚

◎同治《贛州府志》卷六十三《藝文志》：鍾元聲（安遠人。有傳）《易經說約》《詩文集》《家課集》。

◎光緒《江西通志》卷九十九《藝文略》一《國朝》：《易經說約》，鍾元聲撰（《贛州府志》。字聲希。由興國徙安遠）。

◎鍾元聲，字聲希。江西人，由興國徙安遠。

鍾元鉉 易經統約 佚

◎同治《贛州府志》卷六十三《藝文志》：鍾元鉉（安遠諸生），《石湖詩文集》《易經統約》。

◎光緒《江西通志》卷九十九《藝文略》一《國朝》：《易經統約》，鍾元鉉撰（《贛州府志》）。

◎鍾元鉉，字士雅。江西安遠人。諸生。著有《易經統約》。

周淳 周易合纂 佚

◎同治《贛州府志》卷六十三《藝文志》：周滔（信豐人，有傳），《四書家塾纂言》《周易合纂》《史評》。

◎光緒《江西通志》卷九十九《藝文略》一《國朝》：《周易合參》，周滔

撰（《贛州府志》）。

◎周淳，字淑修，私諡康靖。江西贛州信豐人。康熙五十六年歲貢。夙夜勤學，留心經濟，邑蒙其利。選德化訓導，未任卒。著有《四書家塾纂言》、《周易合纂》、《史評》等書。

周大樞 易義 十卷 佚

◎民國《紹興縣志資料第二輯・書目》著錄。

◎周大樞（1699～1771），字元木（元牧、園牧），號存吾。浙江山陰（今紹興）後馬村人。乾隆十七年（1752）舉人。邑廩生。幼工詩。與杭世駿、齊召南、萬光泰相友善。乾隆元年（1736）舉試博學鴻詞報罷，十四年（1749）又舉明經不中。後以舉人充平湖教諭、成安教習卒於官。博學多才，究心經籍，尤邃於易。又著有《鴻爪錄》六卷首一卷、《存吾春軒詩集》（《居俟堂集》）十卷文集二十卷、《薲香詞》一卷、《列女表》一百卷。

周大樞 周易井觀 十二卷 存

哈佛大學藏清鈔本

南京藏清鈔本

四庫存目叢書影印南京藏清鈔本

◎目錄：三易說、文王序卦圖、文王序卦圖圖說、文王序卦方圖、序卦方圖說、卦位說、卦位生六十四卦圖、卦位生六十四卦說、河圖洛書說、太乙下九宮說、四象生八卦圖、四象生八卦說、卦有八類說、上下分篇說、元亨利貞四德說、八卦配五行說、八卦說、重震說、尊離說、序卦說、用九用六說、六爻相應說、西南東北說、先甲後甲先庚後庚、七日八月說、參天兩地說、參天兩地圖、參伍錯綜說、五位相得有合解、蓍策說、筮法說、占法說、近取諸身說、遠取諸物說、雜卦三十六宮第一圖、雜卦三十六宮第二圖、雜卦傳說、兼兩卦說、諸卦叢說、繫辭傳。

◎四庫提要：此編論天地之數，謂與大衍相符，必漢儒遞相傳授以及康成，是以古來說易並無先天八卦，故不取邵子所傳圖位。蓋先天八卦即從所稱後天圖演出，不過取其一畫交易則各成乾坤，乃道家「抽坎填離」之說，不合聖經之旨也。於六十四卦，則尊離重震，各為之解，為圓圖以應一歲節候之數，為方圖以應三才旋轉之象，以《雜卦傳》為孔子之序易，取文王所序卦而雜之他卦，皆用文王覆卦。至大過而後，獨不覆焉。終之以剛決柔，與卦首

之乾相接，即無大過之道，作《雜卦傳三十六宮圖》以差次之。又創為兼兩卦，每六畫覆之則為十二畫，仍可並為六畫，以盡易之變化。他如用九用六、四象八卦以及著策占驗諸說，俱博綜眾論斷以己意。惟引性空真火、性火真空，火愈分愈多，愈興愈有云云，頗涉二氏之旨焉。

◎嘉慶《山陰縣志》卷二十六《書籍》：《周易井觀》十二卷，國朝周大樞撰。

周大新 周易劄記 佚

◎嘉慶《潮陽縣志》十六《文苑傳》：承父會菴之志，著有《周易劄記》，中丞朱為序。

◎光緒《潮陽縣志》卷二十二：《周易劄記》（國朝邑人周大新撰。未見。據邑志本傳）。

◎周大新，號篤齋。廣東潮陽泗水人。乾隆己酉舉人。任封川縣教諭。

周岱峰 周易宗旨 不分卷 未見

◎《振綺堂書目》著錄鈔本。

周登瀛 象緯輯要 佚

◎嘉慶《太平縣志》卷六《文苑》：尤潛心於易，嘗語學者曰：「斯道之傳有正統有旁統：遵朱子之教循途守轍者，正統也；易朱子之說自出己見者，非無新奇可喜，然皆旁統也。甚之即位孟賊，故學者但當於簡中求是，不當於此外索解」，識者以為至言。又精於象緯星躔度數，推測恆不爽。著有《松雲窩詩文稿》《象緯輯要》《九數集稿》《春秋備要》。

◎周登瀛，字漢升。安徽太平（今黃山）人。恩貢生。好學篤行，不慕芬華。

周封魯 東山書屋周易課藝 六卷 存

湖北藏道光二十九年（1849）刻本

◎周封魯，字東山。湖北天門人。縣學增生。家世通經。又著有《周東山先生五經解》十卷、《詩經奧義錄》《書經奧義錄》。

周封魯 讀易捷訣 不分卷 存

湖北藏鈔本

◎同治《襄陽縣志・人物志》：著有《讀易捷訣》《周易便講》《五經備解》

《五經奧義》各書。

周封魯 易經備解 不分卷 存

山東藏道光二十七年（1847）刻五經備解巾箱本

國圖藏咸豐十年（1860）袖珍重刻本

周封魯 周易奧義錄 四卷 存

國圖藏道光十七年（1837）刻本

周封魯 易解 佚

◎同治《泰和縣志》卷二十二《藝文錄》：《易解》（周封魯撰）。

◎光緒《江西通志》卷九十九《藝文略》一：《易解》，周封魯撰（《泰和縣志》）。

◎周封魯，字字繹。江西泰和人。

周馥 讀易偶題 一卷 存

上海藏 1919 年石印本

◎周馥（1837～1921），原名玉山，字蘭溪，諡愨慎。安徽建德（今東至）人。歷任直隸州知州、永定河道、直隸按察使、四川布政使、直隸布政使、代理直隸總督兼北洋通商大臣、山東巡撫、兩江總督、兩廣總督。病卒。著有《玉山詩集》四卷、《易理匯參臆言》二卷、《負暄閑語》等，匯刊為《周愨慎公全集》。

周馥 易理匯參 十二卷 首一卷 存

山東藏 1922 年石印周愨慎公全集本

民國刻周氏師古堂所編書本

◎易理匯參目錄：卷首河圖、洛書、伏羲八卦次序、伏羲八卦方位、伏羲六十四卦次序、伏羲方圖、伏羲圓圖、伏羲八卦、文王八卦、上下經卦名次序歌、上下經卦變歌、八卦取象歌、分宮卦象次序、周易五贊（朱子述）、筮儀（朱子述）、筮法（今世通用）、斷法。卷一正編一：上經乾坤屯蒙需訟師比小畜履。卷二正編二：上經泰否同人大有謙豫隨蠱臨觀噬嗑賁剝復。卷三正編三：上經無妄大畜頤大過坎離、下經咸恒遯大壯晉明夷家人睽。卷四正編四：下經蹇解損益夬姤萃升困井革鼎震。卷五正編五：下經艮漸歸妹豐旅巽

兌渙節中孚小過既濟未濟。卷六正編六：彖上傳、彖下傳。卷七正編七：象上傳、象下傳。卷八正編八：繫辭上傳、繫辭下傳、文言傳、說卦傳、序卦傳、雜卦傳、啟蒙圖說。卷九附編一：易緯乾坤鑿度、易緯乾鑿度（漢鄭康成注，節錄）、易緯通卦驗（漢鄭康成注，節錄）、易緯辨終備（漢鄭康成注，全錄）、易緯乾元序制記（漢鄭康成注，節錄）、易緯坤靈圖（漢鄭康成注，全錄）、易緯是類謀（漢鄭康成注，節錄）、易緯稽覽圖（漢鄭康成注，節錄）、太極圖說（宋周濂溪著，全錄）、通書（宋邵康節著，節錄）、皇極經世（宋邵康節著，節錄）、皇極經世易知（清南海何夢瑤輯著，節錄）。卷十附編二：橫渠先生易說（宋張子著，節錄）、易傳程序、朱子語（從《朱子全書》鈔出）、周易玩辭（宋江陵項安世著，節錄）。卷十一附編三：易象意言（宋蔡淵著，節錄）、易璇璣（宋吳沆著，節錄）、易翼傳（宋鄭汝諧著，節錄自序）、易學啟蒙（宋稅與權著，節錄）、皇極圖說註（明來瞿塘著，節錄）、學易記（元信都李簡著，節錄）、大易緝說（元王申子著，節錄）、周易折中綱領（節錄）。卷十二末編：周易本義集成附錄（元南昌熊良輔撰，節錄）、易經註疏大全合纂（明張溥纂，節錄）、周易獨坐談（明洪化昭著，摘錄《四庫全書提要》）、羣經輔易（明陳際泰著，摘錄《四庫全書提要》）、易序圖說（明秦鏞著，摘錄《四庫全書提要》）、周易易簡說（明高攀龍著，摘錄《四庫全書提要》）、大易闡微錄（清劉琯著，摘錄《四庫全書提要》）、大易通解（清魏荔彤著，摘錄《四庫全書提要》）、易箋（清陳法著，摘錄《四庫全書提要》）、先天易貫（清劉元龍著，摘錄《四庫全書提要》）、十家易象集說（清吳鼎著，摘錄《四庫全書提要》）、易圖疏義（清劉鳴珂著，摘錄《四庫全書提要》）、易翼述信（清王又樸撰，節錄）、易圖明辨（清胡渭撰，節錄）、周易稗疏（清衡陽王夫之著，見《皇清經解續編》，節錄）、易漢學（清元和惠棟定宇著，節錄）、易例（清元和惠棟定宇著，節錄）、易學管窺（清涇章芝著，節錄）、周易注（清天津李世鈴著，節錄）、周易臆（清金匱楊以迥著，節錄）、周易或問（清黔南文天駿著，節錄）、易說求源（清樂亭武春芳著，節錄）。

◎易理匯參序：我年丈建德周尚書，生平遭際，由困而亨，出而用世，則初在咸同之間，一由亂致治之會也。洎入光宣之際，一由治致亂之會也。內之一身一家，外之天下，於殃慶倚伏之故、邪正消長之原，蓋經數十年之閱歷、數十年之體驗矣。致仕以後，益從事易學，遂於三聖微言觸處通貫，手輯《易理匯參》十二卷授鈺。讀之竊謂正編皆依經立義，字字衡量而出。姑舉其要：如說乾九四曰「或躍在淵」為君德已著更當韜晦，如舜避南河、禹避陽

城之時，理當如是，其假禪讓而實篡奪者不必論。坤初六推闡御纂《周易折中》案語，謂陰陽皆天地造化之妙，無淑慝可分，無所扶亦無所抑，所謂淑慝扶抑者，借陰陽以指人事而言。又謂易以陰陽分君子小人，本係假辭，其根源在存天理去人欲，天理陽也人欲陰也，存天理即合天心，直方大者，陰自助陽焉，有仇敵之理。需卦則駁或說太王居邠有翦商之志，得需之道，謂有是心則與莽、操何異？失有孚光明之義矣。說訟卦謂訟非君子所尚，故五爻皆以不訟為貴。泰上六申朱子說，謂治久故亂，必變化持守之，此即九三艱貞無咎之旨。說否上九先否後喜，謂自古否極轉泰，皆由人心振奮，天乃厭亂，若任氣運之自然，禍仍未已，預存先否後喜之心者失之。說謙卦謂老子知雄守雌、知白守黑，亦得此理，然猶有意為之，若《陰符經》所言直以謙為取勝之具，是仁義之賊也。說豫卦曰豫之為患甚多，即孟子死於安樂之旨。又於上六冥豫曰：大易於此等爻象每言有可變之道，又於極盛之時每言有危亡之道。說隨九四曰：爻詞何？咎者勸勉之。詞不言吉凶者，以在道則亨，在身則吉凶未可知也。剝上九碩果不食，謂如亂世三綱淪、五常斁，而民心之直道自在，在下之君子猶存。說无妄曰：當其境者，絕無一毫希冀趨避之心，一聽命運之自然。此即盡无妄之道。聖人於此卦必以災疾害三者明之，以見世人多因趨利避害而喪所守也。於大過上六雖凶無咎，謂雖身家喪敗，無過咎可言，蓋指殺身成仁之君子，不必從程傳指狂躁之小人。遯卦六二駁孔穎達處以中和厚順之道，可以因而安之之說，謂如此則為長樂老一流解脫矣。家人卦曰：大象言言有物行有恆，即身不行道不行於妻子之理，如果立身端正辭無鄙倍，則家人自能觀感而化有理，然後能和，豈獨家人一卦為然？睽卦謂小人睽乖之時，委曲含容，事極難處，即推誠守正，亦未必全苟為遷就，則與張禹、孔光何異？蹇九二匪躬之故，謂毀家紓難、殺身成仁，皆王臣意中事，不言吉凶者，於道應爾，不以吉凶論也。益上九曰：今世愚人以臨財苟得為得計，此《繫辭》所謂小人不恥不仁不畏不義，必至屨校滅趾者也。井卦謂君子處世祇可自脩濼治之功，汲食與否聽諸天命。革卦則曰：革乃萬不得已之舉，古來革命首稱黃帝戮蚩尤，次稱湯武之放伐，其他皆篡奪而已。漢高帝、明太祖以布衣起義，宋太祖為麾下所推正矣，然揆之巳日乃孚之義，則尚有間。鼎九四形渥用王弼沾濡之貌義，謂愧汗者其心歉，心歉則自絕於天人而不絕生生之理，雖死猶生；若絕天地生生之理，雖生猶死。讀易者但當明覆餗之必凶，不必問其凶之如何。漸上九曰：他卦上九多凶而不吉，漸

卦以進之以漸，故以吉言。然處無位之地，乃隱逸傳中人耳。於渙卦曰：天下之勢，宜聚不宜渙，至若不義之黨，則宜渙不宜聚也。謂既濟六爻陰陽各得其位，自是極善之卦，而每爻皆有誡詞，非不足其濟也，為既濟即有不濟者在其後也。盛衰之理祇在人心，人心即天心，苟能如既濟六爻，時時戒懼，自不至遽淪於未濟矣。未濟卦曰：一部《易經》全是誡詞，防未然也。熟讀《論》《孟》即得易理，所謂畫前之易也。以上諸條，皆我年丈俯仰時變，憂至深而慮至遠，冀於此邪說橫行之會，圖存人道於幾希。傳所謂百世以俟聖人而不惑者也。又以易義廣大，靡所不包，故又采輯易緯及宋以來易說為附編、末編。凡離合從違之故，既別而白之。中以周、邵二子遺說於易理尤可證明，故於《通書》《太極圖說》《皇極經世·觀物篇》撮錄賅備，於元會運世之說則推及於孔門。教人不言氣數，專事求仁。即佛道耶回各宗教，其最近理者，不外一慈字。慈即仁也，仁即天地生生之理，雖億萬劫而不可磨滅者也。富哉言乎！以紓生民之禍而開大同之運者，其必由此道也乎？鈺因熟復此編，而有會於困井革三卦序卦之義矣。以恆情言之，既曰困矣，必繼以革，而中次以井者何也？竊謂井以養人為義，困者失所養也，井道不足以養則圖所以革之；井道而尚足以養，則固無庸言革也。設不以養人為事，而但以革命為名，是則湯武之罪人，用以逞其私而肆其毒。窮其究竟，適得革，而當其悔乃亡之，反而益重其困矣。十年以來，明證如此。此則願我年丈論定之也。鈺從事校讐目錄之學，於大道曾無所知，辱年丈不鄙，後生得以窺聖人寡過之大要，故中心誠服，特揭編中粹旨，列於卷端。世有求通於天人之故者，其必有取於斯。太歲上章涒灘季冬月壬申朔，年家子長洲張鈺謹撰。

◎易理匯參自序：天下一趨利之場也，大易乃古今示人趨利之道也，而世人趨利若鶩，乃背而馳焉。利不必得而害每洊至。蓋所見者近溺乎人而背乎天也。《文言》曰「利者義之和也」，必義而和乃為利而無害無疑矣。伏羲畫卦，文王、周公、孔子繫辭，深有得乎利物和義之旨。惜乎千古有國有家者不之悟也。余於易學，夙罕研究。近稍檢閱諸家說，略有心得。自省平生雖未違道以干利，然處己接物之間，於輕重緩急之序失其宜者多矣。昔孔子欲天假數年學易無過，下學愚鈍，雖不敢妄有希冀，然一息尚存，安敢自懈？因取諸家言摘錄成帙，以備省覽，名曰《易理匯參》。御纂《周易折中》選輯精當，故鈔取獨多。會心處用筆圈點記之，原為便於省記。周子《太極圖說》《通書》語道最精，邵子《皇極經世》言數獨創，而與易理實相發明，故併摘錄。凡宋

以後說一者，若有心得，間亦選錄。每段後或有疑釋，皆加案語。以示塾中子弟，子弟果有志於學，雖未必能聞性道，然能達乎義利之旨，庶幾乎不墮罟擭陷阱之中矣。辛酉春日，皖南八十有五老人周馥識。

◎周學熙《周止菴先生自敘年譜》下卷民國二十六年：撰聯挽章式之鈺，近代經師，曾為先公勘定《易理匯參》。

◎周馥《周愨慎公自著年譜》卷下民國六年丁巳八十一歲：自本年起纂注《易理匯參》。

◎周馥《周愨慎公自著年譜》卷下民國九年庚辰八十四歲：《易理匯參》脫稿，計十二卷。

周馥 易理匯參臆言 二卷 存

民國刻周氏師古堂所編書本

山東藏天津華新印刷局 1921 年鉛印本

◎周馥《周愨慎公自著年譜》卷下民國十年辛酉八十五歲：四月，《易理匯參臆言》脫稿刊行。

周高芳 易經要旨 佚

◎民國《永春縣志》卷二十三《獨行傳》：著有《梅崖四書解》、《易經要旨》藏於家。

◎民國《永春縣志》卷十七《藝文志》：《易經要旨》《梅崖四書解》（周高芳撰）。

◎周高芳，字英齋。福建永春縣前溪人。幼嗜學，由順治恩貢入太學，旋因本籍寇發，假歸省親，即隱居不出，與僧道遊以自晦。

周穀 周易注 不分卷 存

南京藏鈔本

周廣業 讀易雜記 不分卷 存

上海藏稿本

◎周廣業（1730～1798），字勤補，號耕厓，又號菫園。浙江海寧（今海寧）人。年二十二受知于學使翠庭雷公，補博士弟子。又與同邑祝人齋、朱蒿庵兩先生講學纂禮，雅見推重。乾隆四十八年（1783）舉人，明年應春闈試，

不第，留京佐沈嵩門校四庫書二年。朱珪聘主廣德復初書院。性耿介，不與俗諧，歸家著述以終。顏其書室曰種松書塾，取閉戶著書之意以自壽。與陳鱣、吳騫交最密。當時名流如盧文弨、王鳴盛皆與往復討論，以著述相質證。騫撰有《周耕厓孝廉傳》述其行事甚詳。著有《孟子四考》、《讀相臺五經隨筆》、《經史避名彙考》、《蓬廬文鈔》、《蓬廬詩文集》、《客皖記行》、《客皖錄》、《季漢官爵考》、《關帝事蹟微信編》、《六安直隸州志》、《廣德州志》、《寧志餘聞》、《東林三君子傳》、《季漢官爵考》、《目治偶鈔》四卷、《四部寓眼錄》二卷、《動植小志》、《唐馬總意林注》、《過夏雜錄》及續錄、《循陔纂聞》、《讀易纂言》、《石經紀略》等數十種。

周廣業 讀易纂略 佚

◎趙懷玉《循陔纂聞序》：君所著《孟子四考》已見賞於名公卿，久傳海內。其校注馬氏《意林》亦於三十年前讀於鮑氏知不足齋。此外未刻者尚有《讀相臺五經隨筆》《讀易纂略》《季漢官爵考》《經史避名彙考》《兩浙地志錄》《寧志餘聞》《動植小志》《三餘撫錄》《目治偶鈔》《四部寓眼錄》及文集八卷詩集二十六卷，可謂富矣。

◎周春《蓬廬文鈔序》（見本書卷首）：平生所著，已刊行者有《孟子四考》四卷、《文昌通紀》九卷、《館帝徵信編》三十二卷、《重修廣德州志》四十六卷。其未刻者尚有《讀相臺五經隨筆》《讀易纂略》《季漢官爵考》《古今避名彙考》《校注馬氏意林》《兩浙地志錄》《寧志餘聞》《動植小志》《三餘撫錄》《目治偶鈔》《四部寓眼錄》諸書不下百餘卷。又文集八卷、詩集二十六卷並藏於家。著述之多，吾州前輩談觀若、范默庵後所罕覯也。自君祖東岡公與先祖澹軒公先後在寧庠，締交最契。嘗館予家，兩伯父並受業焉。百餘年來，世敦譜誼，故君與予為竹林之遊。然君品行學問實予之畏友也，且同有著書之癖。君每入城必過予齋，互出所著書商榷，倘有疑義，輒往復辨論，回憶四十餘年如一日也。我兩人相知極深。

◎吳騫《愚谷文存續編》卷一《蓬廬文鈔序》：昔宋羅子蒼有言：「今之學者不參六經而拾韓柳歐蘇之緒餘，筆史者不本《春秋》而希馬遷、班固之近似，賦詠者不能《三百篇》《離騷》之雅奧而唐人章句之是尋，故皆只襲前人腳迹，不能專門名家，未免為擔頭看花。」予讀亡友周耕厓孝廉《蓬廬文鈔》而深歎其學之博、才之贍，初不從古人腳迹求生活者。蓋君之學以六經

為根柢，子史百家為枝葉，所謂本之固者其實懋，是以所著皆體大思精，閎深奧衍，能發前人所未發。

◎吳騫《愚谷文存》卷十《周耕厓孝廉傳》：生平纂述凡二十餘種，已刊行世者：《孟子四攷》《文昌通紀》《關帝徵信編》《重修廣德州志》；未刻者：《周易纂注》《讀相臺五經隨筆》《經史避名彙攷》《季漢官爵攷》《寧志餘聞》《補注馬總意林》《動植小志》《循陔纂聞》《三餘摭錄》《時還讀我書錄》《目治偶鈔》《兩浙地名錄》《冬集紀程》《過夏雜錄》《四部寓眼錄》《古文紀序》《蓬廬詩文鈔》《制義》等藏於家。君于《意林》寢饋不離，南北舟車輒載以自隨，間為人借刻，亦置而不問，其襟懷豁達又如此云。

◎楊鐘羲《雪橋詩話》卷第九：耕崖篤嗜典籍，著有《讀易纂略》《讀相臺五經隨筆》經史避名彙攷》《季漢官爵攷》《馬總意林補注》諸書。

周桂 周易淺說 佚

◎同治《曲周縣志》卷二十《藝文》上：周桂《周易淺說》《禮記集要》《大中集解》。

◎教諭趙大山《恩貢生周濟美先生傳》〔註84〕：親承庭訓，克紹家學，絳帳所設，執經請業者座常滿焉。所著有《周易淺說》《禮記集要》《大中集解》，雖未刊行，而四方傳鈔幾於家有其書。

◎周桂，河北曲周人。著有《周易淺說》《禮記集要》《大中集解》。

周鎬 課易存商 一卷 存

南京藏光緒十年（1884）榮汝楫木活字印犢山類稿本

◎傅近勒《嘉興歷代人物考略》：著有《課易存商》一卷、《讀書雜記》一卷、《隨筆雜記》一卷、《犢山詩文稿》十卷等。

◎周按：是書宗主程朱，闡義理而不言卦象，不章解句釋，每卦設為問答一二條，兼取他說以補其所未詳。

◎周鎬（1754～1823），字懷西，號犢山。江蘇金匱（今無錫）人，嘉慶十六年（1811）平湖乍浦海防同知，後占籍平湖。乾隆己亥舉人，乾隆五十九年（1794）誥授中憲大夫，歷官漳州知府、福建護理汀漳龍兵備道、浙江衢州府知府。生平勤問學，至老不衰。著有《犢山類稿》。

〔註84〕摘自同治《曲周縣志》卷二十《藝文》上。

周弘起 大易集義 四卷 存

故宮、上海藏康熙十一年（1672）存仁堂刻本

◎一名《大易疏義》。

◎扉頁題：「太史仇滄柱先生鑒定」「當湖周道腴先生輯著，抱青閣行」「《周易》講義，自《大全》《蒙引》《存疑》而後，復有《衷旨》《口義》《說約》《集義》《集解》等書，至精至備矣，蔑以加矣。然或傷於太繁，或失之過簡。先生研心易學數十餘年，博採羣書，間出己斷，著成是編。有美必登，無疑不析，洵義經之指南、舉業之津梁也，讀者珍之。」

周煥發 易經曉義 六卷 佚

◎光緒《黃州府志》卷三十二《藝文志》：《易經曉義》六卷，廣濟周煥發撰（《縣志》）。

◎周煥發，湖北廣濟（今武穴）人。著有《易經曉義》六卷。

周繪藻 周易通纂會韻 卷 存

臺灣文聽閣圖書有限公司 2010 年起林慶彰主編晚清四部叢刊本

◎周繪藻，字星橋，號德耀。湖北黃岡人。光緒己丑舉人。官國子監學正、廣信知縣。又著有《周禮通纂會韻》六卷、《儀禮先易》、《說文賡纂》一卷、《爾雅訓纂》一卷、《山海經補贊甀讀》。

周蕙田 周易揭要 三卷 存

哈佛燕京、北大、湖北、山東藏乾隆五十三年（1788）許寶善自怡軒刻五經揭要本

山東藏清惜陰軒刻五經揭要本

山東藏清梁溪浦氏刻五經揭要本

國圖藏光緒二年刻五經揭要本

復旦藏清鈔五經揭要本

建甌藏光緒十五年（1889）上海積山書局石印本

◎刻本扉頁題：雲間許寶善穆堂氏閱定，玉峯周蕙田蓉裳氏輯錄、杜綱草亭氏參訂。

◎周易揭要凡例：

一、《周易》上下經二篇，其《彖傳》《象傳》《繫辭》《文言》及《說卦》

《序卦》《雜卦》十傳皆孔子作,在古原不相混。費直、王弼乃以傳附經,程子從之。至呂、晁諸儒以為應復其舊,此朱子《本義》之所據也。但塾本多從《程傳》之序,以為便於記誦。相沿已久,今亦仍之。

一、《本義》之作,參程、邵兩家以成書,實為易學之宗主。考亭自謂所作簡略,以《程傳》義理既備也。故此書以《本義》為主,間有未晰者,附以《程傳》併漢唐以來諸儒之說,有足補傳義所未及者,亦采擇一二,但資初學便讀,因倣節錄之例以從精要,非敢妄為苟簡也。

一、易學精微,諸儒疏解異同不一,謹遵御纂《周易折中》,以合于殊塗同歸之旨,且使究心經解者奉為圭臬焉。

一、傳義諸說有必讀者,注于本節之下;可緩讀者載在上方,以便參閱;其出題之處,旁用單圈標出。

雲間許寶善識。

◎王紹曾先生《清史稿·藝文志》易類拾遺:《周易揭要》三卷,許寶善撰。乾隆五十三年許氏刻本(易盧誤題周蕙田撰,誤作玉峯書院刻本)、五經揭要本。《叢綜補》、《易盧》。

周姬臣 易經講義 八卷 存

首都圖書館藏乾隆五十四年(1789)刻本

周吉 一畫陽爻說 佚

◎道光《續修桐城縣志》卷二十一《藝文志》:《一畫陽爻說》(周吉撰)。

◎周吉,安徽桐城人。

周景濂 周易管見 佚

◎郭嵩燾《郭嵩燾全集·日記》光緒十二年四月初六日:芷湘寄示所撰《周易管見》四種:一《圖象》(分上下兩卷)、二《易案》、三《易範》、四《讀易心得》(亦分上下兩卷)。

◎周景濂,字芷湘。河南淮陽人。受業劉惕菴之門,旋入庠食餼。急公好義。後就教職,歷署汝州、柘城。民國後不復求仕,種菊賦詩以娛晚年。年七十卒於家。

周楷 周易大全觀玩集 佚

◎光緒《宣城縣志》卷三十五《載籍》:《周易大全觀玩集》《四書懷珍集》

（並周楷著）。

　　◎周楷，安徽宣城人。著有《周易大全觀玩集》《四書懷珍集》。

周茂蘭　國朝參同契註　佚

　　◎《江南通志》卷一百九十二《藝文志》：《國朝參同契註》（吳縣周茂蘭）。

　　◎周茂蘭（1605～1686），字子佩，號芸齋，私諡端孝先生。江蘇吳縣（今蘇州）人。周順昌子。明諸生。好學砥行，不就蔭敘。入清不仕。工書法。又著有《篆隸考異》八卷。

周茂蘭　周易參同契衍義　佚

　　◎民國《吳縣志》卷第五十七《藝文考》三：周茂蘭《參同契演義》《芸齋集》。

　　◎康熙《江南通志》卷一百五十七《人物志・孝義》：茂蘭邃於易。

周懋宗　石侯易釋　一卷　佚

　　◎周懋宗（1593～1646），初字石侯，又字因仲，號蘧菴。浙江山陰（今紹興）人。與兄懋穀、弟懋宜稱周氏三鳳。與越中名士祁熊佳、魯栗、王自超、陶履卓、王觀瀛、余增遠等結因社，諸人先後成進士，唯獨懋宗不得志，於是以酒人自放，兼遊戲詞曲，填《禪隱三劇》（《啞煉丹》、《祭碑記》、《桃花源》），多透禪機。又著有《諺箋》十卷。

周敏　祖易象數述　八卷　存

　　中國中醫科學院藏清末稿本

　　◎周敏，字克勤。

周明焯　讀易隨筆　一卷　存

　　南開大學藏 1933 年周氏師古堂刻周氏師古堂所編書本

　　◎周明焯（1898～1990），字志俊，號市隱，又號艮軒。以字行。安徽至德（今東至）人。周馥孫、周學熙次子。近代實業家。又著有《瀛寰小記》《杼軸漫談》《芝博瑣言》。

周明焯　繫辭一得　二卷　存

　　山東藏 1933 年周氏師古堂刻周氏師古堂所編書本

周人麒　周衣亭譚易　不分卷　存

天津藏清鈔本

◎周人麒（1705～1784），字次游，號晴嶽，別號衣亭。直隸天津人。生而端方，少年老成，年十二銳然以勤學自勵。少受業於洪天錫。與兄人龍、人驥有「三周」之譽。乾隆三年舉人，四年聯捷成進士，殿試拔置詞垣，充《大清一統志》纂修官。六年後，奉旨授翰林院檢討。中年病休歸里，教學著書。晚主講順德龍岡書院。著有《尚書簡明錄》《毛詩簡明錄》《禮記纂言》《左傳輯評》《孟子讀法附記》《四書大全拾遺》《史記約錄評解》《昭明文選約錄》《檢定唐宋文錄解》《唐詩類疏》、《保積堂館課詩賦》、《保積堂四書制藝》。

周善培　大眾化易說　存

浙江藏鈔本

◎周善培，字致祥，號孝懷，諱名周禿子。原籍浙江諸暨縣，隨父宦遊來川，遂定居。1899年東渡日本，考察學校、警校、實業等，居四月返川。1901年於成都開設私立東文學堂。辛亥後旅滬，攻小學，治諸輕，尤深於易。解放初任民生公司董事長、全國政協委員。著有《周易雜卦證解》《大眾化易說》《說文》《力書》《虛字使用法》《假借轉注表釋》、《辛亥四川爭路記》等。

周善培　易簡義　不分卷　存

山東藏民國鉛印本

周善培　周易雜卦證解　四卷　存

山東藏1935年鉛印本

新書月刊1948年第5期本

上海交通書局1948年排印本

上海書店1990年排印民國叢書選印本

臺灣文聽閣圖書有限公司2009年林慶彰主編民國時期經學叢書本

◎目錄：卷一乾坤屯蒙需訟師比小畜履泰否同人大有謙豫隨蠱臨觀噬嗑賁剝復無妄大畜頤大過坎離。卷二咸恒遯大壯晉明夷家人睽蹇解損益夬姤萃升困井革鼎震艮漸歸妹豐旅巽兌渙節。卷三中孚小過既濟未濟繫傳上。卷四繫傳下、說卦傳、序卦傳、雜卦傳。

◎自述：包羲之易，畫而已。微文王之辭，包羲之畫不可通；微孔子為

之傳，文王之辭亦不可得而通。讀易者不敢舍文王彖爻之辭以解孔子彖爻之傳，獨至孔子傳《繫辭》而不顧其名、不嚴其義。若以孔子徒傳《繫辭》為陋，必於《繫辭》之外多為甚深微妙之說以解之，是何異乎舍《春秋》而說《公羊》《穀梁》，以為尊《公》《穀》，乃斥《公》《穀》與《春秋》之外乎？舍文王而尊孔子，於是孔子之易乃離文王而獨立。文王之辭不通，包羲之畫亦塞，而謂獨探孔子窮理盡性以至於命之微。其尤岐者，乃以為獨得先天後天、方圖圓圖之祕。朱子既成《本義》，而後有「說易但當釋傳」之言，其亦深察舍傳釋經之支離，而舍經釋傳之支離，言外蓋亦及之矣。予之學易始辛酉，當世無可置疑問難，惟出入於漢以來易大師之說，其疑且難，有幸而解者，不解者則存之。丙寅為人說易一過，既以累梓人矣。所為說十五六采之先儒，己意亦三四焉。說誠郛，亦幸無悖。獨於所疑難，不惟明夷六二、渙初六何以同繫「用拯馬壯，吉」之辭，離九三、家人九三何以一爻而繫哀樂相反之辭，即濟水火亦相息，何以不明之革而名之既濟？革亦水在火上，何以不名之即濟而名之革？若是之疑且難，存之既不止十百，乃至乾於卦為純陽，於世為太平，初九居正遭時，文王乃望其潛而戒以勿用，孔子有反復以七十餘言申勿用之旨。先儒於此皆無所疑難，予雖亦因其說以告人，反諸心則終以為疑且難而說之不安也。求之經不可得，乃退而反復以求之傳。求之三年而後有感乎「雜物撰德，辨是與非，則非其中爻不備」之言，因而求傳之言雜者，則有曰：「元黃，天地之雜也」、曰「恆雜而不厭」、曰「蒙雜而著」、曰「六爻相惟其時物也」、曰「物相雜故曰文」、曰「其稱名也，雜而不越」，標以教人，既至於七，又特立一傳曰《雜卦》。孔子而無取乎雜，其於雜乃若是言之不厭其反復乎？於是奉雜之教以求之傳，又求之經，以傳證經，以經證傳，又以傳證傳，凡夙所疑且難於經傳以為不得其說者，因難以求之，不直得其說，且若必如是說而後安，不如是且必無說者。己巳居大連，病百日，幸不死，閉門自養。乃舉所會於雜卦，自幸其通者，經則卦即其所難而為之解，傳則句求其切於雜卦者解之，不切者一二則略之。於經也，不直通其當名辨物、正言斷辭之故。凡古今中外一切治亂成敗、隆汙庸怪，不可說、不可思之心與境，無不攝之於六畫，順則察其因，逆則知其果，既以揭其病，又以示其方。予不敢曰舍《雜卦》而經遂無可通也，然不奉開物之教，渾以求之卦，則不能曲成萬物而不遺；析以求之爻，則不能範圍天地而不過。將求其言，則惟見其曲而不得其中；將求其事，則惟見其肆而不見其隱，往往不知其所指。

開而求之《雜》，其所指乃有不可思議之中，其隱則一揭焉而人人可知也。其於傳也，予亦不敢謂舍《雜卦》而傳遂無可通。然如先儒釋傳之甚深微妙，謂為尊孔可也，未可謂其說當於《繫辭傳》之名與義也。予之說傳無他，字字必證之文王之《繫辭》與孔子之自傳而已。不得於傳則求之經，不得於經則求之傳，傳之從經猶影之從物，狹經而廣為之說，是狹莛之影而援楹以實之，援則偉矣，何以解於不似乎！傳之從傳，猶流之有別，棄傳而別為之詁，是引河以通漢，引則浩瀚而已，別為一流矣！十翼之中，其翼文王而鉤其深以致之遠者，則《雜卦》也。《雜卦》之於十翼，猶宇之有極，舍極而舉梲棁棳棖以說之，宇之全其可立乎？予之於《雜卦》，非有所泥也，蓋舍之而經與傳之疑難，皆不可解也。漢儒既言互卦矣，後儒或疑之或信之，互卦近《雜卦》矣，疑之非也！然孔子不言互卦，且既曰「六爻相雜」矣，漢儒乃別立互卦之名，又不知六爻之必相雜，而惟以中四爻為可互，不信孔子，信之亦非也。若予之愚，則於孔子所不言不敢信，所既言不敢疑！以傳證經，由孔子以通文王也；以經證傳，由文王以通孔子也。以傳證傳，則因孔子以通孔子。通也不也，非予所敢自斷，要無一言敢竊於古人。不得經傳之證，亦不敢妄有所言耳。稿成於己巳，六削易之，至於乙亥。糜世之粟既六十年，無以自贖，乃止削改，而以未能盡信之稿託之剞劂，以希當世通人之教。易之深且幾，豈予之愚所能極而研其萬一？然即所開而得六十四卦所雜之病，以知今日一切之原，豈惟人可遷善而寡過，世可由陂而返平！凡立於天地之國，一切疾首蹙額之憂患，苟即吾說而求之易，包羲固畫其憂患之象，文王孔子固示以濟憂患之航。患不信不用，信而用之，固無一而不可濟也。文王之說易，舉高宗焉，舉太王焉；孔子之說易，舉文王焉，舉箕子焉。予之說，所為多舉近今之事，亦師文王孔子之意。非耳目所及，雖亦有所感，必不若所及之親且切也。丙寅刊所說易，而為之敘，嘗曰他日之說，或如今之說，或覆今之說而別建之說矣。今之說幾盡覆丙寅之說，一息不絕，惟守此經，後乎今日，或復有說而必不能覆今之說，非後之氣餒於今也。今之說固非予之說，而孔子之教也。不能刪孔子特立之《雜卦》，其敢於《雜卦》之外別闢一途以通文王之辭、包羲之畫乎？此篇於傳之釋校詳卦，則僅舉其雜物撰德之證，於其縕則略發之，百未及一也！世有好易而信雜物撰德之教者，能即象、爻之辭。字字循《雜》而闡其所指，必有不可量之獲畜，其於翼孔子以翼文王、包羲之功。既渙其群，必渙有丘，而匪夷所思矣。老幸不死，方期十年，勉竭其愚以充今之說

也！乙亥三月，諸暨周善培敍。

周上治 易解 佚

◎光緒《淳安縣志》卷十《人物志》：著有《易解》《論語解》《苔園詩》《南村詩》《苔園文集》。

◎周上治（1624～1702），字六雲，號鐵餐。浙江淳安人。歲貢生。好讀書，而博觀約取，歸宿於《易》《論語》二書。兼善詩書琴棋。著有《易解》《論語解》《苔園詩》《苔園文集》《苔園外集》等。

周韶音 易說 二卷 存

上海、南京、湖北藏宣統二年（1910）刻本

臺中文聽閣圖書有限公司 2011 年晚清四部叢刊第五編影宣統二年（1910）沭陽周氏刻本

◎劉聲木《桐城文學淵源考》卷十一：《詩》《書》《春秋》《三禮》皆有撰述，著《諧伯詩存》二卷、《易說》二卷。

◎周按：是書隨筆條記，計一百一十一條，於程朱傳義多所辨駁。

◎周韶音，字諧伯。江蘇沭陽人。諸生。官戶部福建司主事。師事魯一同受古文法。

周聲逸 讀易小記 不分卷 存

北大藏宣統三年（1911）稿本

周士顯校正 易經大全 二十卷 存

陝西藏康熙五十六年（1717）東邑書林王氏刻本

周世金 易解拾遺 七卷 存

國圖、南京、北師大藏嘉慶二十四年（1819）和義堂周氏家刻本（附周易讀本四卷）

上海藏道光元年（1821）長碧堂刻本

四川藏同治十年（1871）和義堂周氏家刻本

光緒十年（1884）和義堂重刻本

遼寧藏清刻朱墨套印本

四庫存目叢書影印嘉慶二十四年（1819）和義堂周氏家刻本

◎目錄：卷一（圖解）：河圖圖解（附三圖）、洛書圖解（附二十三圖）、河洛合解、伏羲八卦次序圖解、文王八卦次序圖解、羲文八卦方位圖合解（附六圖）。卷二（圖解）：伏羲六十四卦次序圖解（附周易序卦四圖並序卦解）、伏羲六十四卦方位圖解（附二十一圖）、文王六十四卦次序方位圖解（附周易序卦四圖並序卦解）、卦變圖解（未列圖）。卷三（觀玩）：觀玩第一法圖、觀玩第一法解。卷四（觀玩）：觀玩第二法圖、觀玩第二法解。卷五（上。觀玩）：觀玩第一法圖、觀玩第一法解。卷五（下）：易解、元解、利貞解（附四圖）、二用解、大象合解（附象傳不言卦德）、六十四卦對反生成相去之數（附元會運世數學撮要）。卷六（雜解）：龍象解、馬象解、牛象解、十年解、八月解、三歲三年合解、七日來復解、三日不食解、先甲後庚合解、帝乙歸妹解、童牛豶豕解、東西鄰解、喪勿逐解、革節象傳合解、明夷九三解、井初解、既濟六四解（附卦宮）、上繫傳第一章解、下繫傳第七章解、說卦傳第六章解（附參天兩地之數）、雜卦傳解、雜卦原本羲圖之數、雜卦虛八不用交錯羲圖之法、雜卦圖。卷七（總解）：乾解、坤解、屯解、蒙解、需解、訟解、師解、比解、小畜解、履解、泰解、否解、同人解、隨解、頤解、睽解、蹇解合解、歸妹解、中孚解、詩一首（佚）、呈一首（佚）。

◎發凡：

先儒解易，專明義理之大，故象數之小往往未及。學者紬繹全旨，原自可得於言意之表。無如善會者鮮，今為直直說出，使人易曉，此《拾遺》所以作也。

是集駁正前說，每不遺餘力，非好辯也，蓋前人一時解差，傳流既久，膠固難拔，不力辨其非，則正旨不顯。即起前賢而問之，亦正樂他山之助。既欲共與條晰聖經，自不挾私護短也。

河洛圖解之誤，源流更遠。蓋生水生火始於《三統曆》，乃日家者言易之旁支耳。後遂相傳為正解。而考亭生不逢時，此理竟亦不顯。今幸得抉出真面目，閱者當與鼓掌而稱快也。

伏羲四圖得邵子而傳，誠大幸事。乃後人致疑《六十四卦次序圖》非伏羲所有，邵子幾難自白。今即此圖推明文王序卦之法，井井有條，鑿鑿可據，雖不敢曰有功於羲、文，亦可為邵子解嘲矣。

《六十四卦方位圖》，朱子不如邵子解得明晰。今更即邵說暢發之。朱子所謂「易中字字句句皆從此圖流出」者，信乎非欺也。讀易者其熟玩之。

文王序易，實止三十六卦。邵子既發其旨，而圖之解之，則是集特明白顯易也，覽者詳焉。

是集本以拾遺，故或合解數卦數爻，或專解一卦一爻，各自成篇，為作應制經解者一則，正不敢逐卦逐爻解去，以擬於傳義也。

文周繫辭本從伏羲六十四卦圖下筆，學者每未察。今綴《繫辭》於羲圖之中，乍看似駁其錯亂《周易》之序，然熟讀《周易》後甚不可少此觀玩一法，久當自見其是也。若《周易》兩卦反正相連，其辭因而相犯，如泰否「小大往來」、夬姤「臀無膚，其行次且」之類，固易玩矣，因並作六十四卦吟以附於後云。

◎弁言：蒼黃既判，對立交需。絪縕變化，百族其蘇。惟人靈秀，備性全軀。理道無間，形氣有沮。其大父母，分爾與吾。亦離亦合，或同或殊。應感之際，意見紛如。得失斯界，吉凶別途。聖聖凡凡，智智愚愚。倍蓰什伯，庸可算乎？踐形盡性，斯與天孚。離經畔道，生也涉虛。惟天仁愛，大為之虞。乃命睿哲，牖啟其徒。皆汝兄弟，危持顛扶。我先說法，現身河圖。明昭大用，洛亦出書。產蓍百莖，一時與俱。冢子聰明，寅受以敷。則奇畫耦，三才是摹。八卦既具，兼兩弗孤。為六十四，象數咸都。包羅萬有，該括眾無。深入顯出，親切匪誣。教以蓍揲，進與神謨。得占觀象，凶避吉趨。後聖繼起，卦櫛爻梳。愈說愈顯，同患同忤。婆心佛手，言意悉舒。我師集成，分甘共茹。無微不達，有旨必攄。三絕勞勞，十翼瞿瞿。齊吹百竅，兼舉四隅。心天之心，同揆一株。經秦弗火，歷漢反淤。解者汗牛，聽者摸魚。匪鑿則泛，弗空即拘。淺反使深，達反使迂。而千餘載，經旨模糊。天心聖教，晦於世儒〔註85〕。聖人首出，闡珍握符。遠接四聖，眷顧所輸。訂譌正誤，折衷復初。定業決疑，吁吁嘔嘔。前民利用，啟闢迷塗。士賴明經，乾惕居諸。風聲之樹，達於閭閻。草莽微陋，淪骨洽膚。會意言表，得神墨餘。暢宣厥旨，恭御其與。是訓是行，吹鼓康衢。觀海言水，是無廓郭。問天遙遙，測聖區區。幸生〔註86〕隆盛，探得驪珠。自樂贈人，滿志躕躇。

◎原序：解易者多矣，金何人？又作易解！誠見世人讀解易諸書，終以此書未易解，不得已而為之也。易本非難解，解者自難耳。羲、文、周、孔作為此書，為是發天地之蘊，則春夏秋冬晦朔弦望，人知之而無待發也。為是

〔註85〕其下原提行。
〔註86〕其下原提行。

對聖賢立言，則辨是與非，避凶趨吉，自能之而不必言也。《繫傳》曰：「吉凶與民同患，易則易知，簡則易從」，人謀鬼謀，百姓與能，果何說哉？覺聾而警聵，扶危而持顛，將使無人不曉，豈復有旨難明？難其解者則苦于象數之紛耳。象數本淺，道理即寓其中。聖人為愚蒙難與說理，爰就事物之象數為言，是以謂之易，詎料後世轉以為難乎？乾馬坤牛，象不可假；八月七日，數不可移。聖人識之熟，故說之鑿，後人不得致疑而游移索解也。長者為張，矮者為李，相識則呼之即應；若素昧平生，亦止因識者而張之李之可，何事問張胡以長、李胡以矮？此亦長而胡不張，彼非矮而胡亦李也。自不解而決裂象數，紛談空理，漢儒不得辭其責。康節知之而不與伊川言，又得為無過乎？向使言之，則易傳之作，何至承譌襲舛、武斷臆度若斯之極與？朱子既知事無實證則虛理易差，又道如今不及見這個了，且從象以下說，不知何以信其說之無差也？是以《本義》大意從程出，是處絕少矣，餘子安足計哉。金所作解，全從象數上指出其理，經傳之外不另立說。直表四聖前民之物，昭如日月，切于水火，毋容視易為難，毋謂索解不得也。或曰：「程朱書行數百年，天下宗之。子入室操戈，能無罪乎？」金曰：然我之功罪，以解之是非而定，不以遵程朱與否而定也。是則程朱復生，不能爭非。則金固不敢筆之于書，乃持以行遠而速戾乎？若不問是非而罪之，則《詩》何以刪，《書》何以定，《春秋》何以筆削，程朱又何以于十翼後復有作也？雖然，金安能辭罪乎？閱此書，而以《易》為信易解者，罪我，我甘受也；閱此書而仍以《易》為未易解者，罪我，我更甘受也。不敢辭，終不忍辭，故遂舉以問世焉。乾隆辛巳孟春之望，惺齋周世金序。

　　◎歐陽厚均《望雲書屋文集》卷上《易解拾遺序》（道光辛巳）：余為童子時，耳衡山周仲蘭先生之名久矣。窮經汲古，尤研心《周易》一書。觀象玩占，反覆推闡，多創解亦多確解，實能發前儒之所未發。憾未親炙門牆得竊聆其緒論也。邇者與節菴刺史修姻好、敘情話，頌述先芬，乃知先生蓋刺史之世父也，曾撰《易解拾遺》七卷、《周易句讀讀本》二卷。乾隆年間，內廷開四庫全書館，經楚南大吏採訪進呈，因其家無力付梓，刺史時尚垂髫，迨既冠通籍，宦遊垂四十載而始歸，庋架藏書散佚殆盡。聞先生此集衡湘間嗜學之士猶有錄存之者，跡而求之，往往祕不肯出。今歲其羣從昆季始訪得於戚友之家，蓋即採進稿本，首尾尚為完善〔註87〕。刺史懼其久而仍就湮沒也，

〔註87〕《湖湘文庫》本點校為「蓋即採進，稿本首尾尚為完善」，誤矣。

爰鋟木以壽之，而問序於余。余學殖荒落，於易義尤茫無心得，曷能稍贊一
詞？顧念是集也，先生竭半世之心力而始成，乃中年不祿，繕本幸存，曾經
採進，且存祕閣。伏讀《欽定四庫總目提要》，稱其務拔奇於舊說之外，蓋較
之勦襲陳言與夫支離附會之說，固未可同日語也。而乃顯而復晦，幾至逸而
不存。刺史猶子誼篤，念手澤之留詒，多方購求，始獲原稿。復勉力開雕，以
公同好。余嘉其志而重違其請，爰不揣譾陋而為之序。而因以感世之學者累
日窮年，覃精瘁力，勒成一書，藏之名山，不一再傳，卒歸於晦蝕遺亡者，其
家之子弟賢不肖為何如也。

◎四庫提要：是書成於乾隆辛巳，大旨以數言易。卷一、卷二衍河圖洛
書、先天後天之說，務拔奇於舊說之外。卷三、卷四、卷五為觀玩四法，各繫
以圖解。卷六解易象卦宮及標舉《繫辭》、《說卦》、《雜卦》要義。卷七又別為
十九卦解。據目尚有詩一首、呈一篇，而有錄無書，蓋繕寫佚之矣。

◎光緒《衡山縣志》卷三十《人物》一：生平著述穿穴經史子集、傳註箋
釋，隨筆發明，戛戛獨造。著《易解拾遺》七卷、《周易句讀》二卷，四庫館
採入存目。

◎周世金，字仲蘭。湖南衡山縣人。諸生。工制藝，能詩古文辭。嘗主講
白山書院。

周世金 周易讀本 四卷 存

國圖藏嘉慶二十四年（1819）湖南衡山和義堂周氏家刻

山東藏同治十年（1871）衡山周氏和義堂刻本

四庫存目叢書影印嘉慶二十四年（1819）湖南衡山和義堂周氏家刻本

上海藏道光元年（1821）長碧堂刻本

遼寧藏清刻朱墨套印本

◎一名《周易句讀讀本》。

◎原序：《易》書經傳不混，道理固是如此。即以事情度之，方策簡書，
各自為便。漢儒以傳附經，本非孔子之舊。然以傳附經，其失猶小；而句讀傳
譌，其失最大。蓋附傳於經者，意亦猶君之始年，載在元年之下，學之為言效
也，列於學而之節，使人據傳解經，可免繙閱，事雖非古，義猶可通。惟句讀
之譌，則經旨所由以晦，不可不講矣。謹按《易》為觀象繫辭之書，如離、兌
之象便在利貞亨、亨利貞上分別，大有、鼎之象便在元亨、元吉亨上上分別。

通經如此，無一苟同。至若象有反則辭有反，如需有孚光、訟有孚窒，分明反在那裏，漢人以光字連下亨貞吉為句，則不可解也；象有比則辭有比，如既濟亨小、本亨小，分明比在那裏，漢人將賁小連下利有攸往為句，因疑彖傳有剛柔交錯四字之遺，則殊不通也。其餘上下割裂亦多矣。至若傳句與經句有同有不同，傳或合經文數句為一句，或撮經文數字為一句，或添或減或裁，或倒以為句，或歷述數句而總為之釋，但提一句而通釋數句，純乎肖物入妙之筆。後人都不理會，何怪鼎傳稱元亨，即斷彖辭吉字為衍文；震傳驚遠懼邇之下，謂脫不喪匕鬯四字也。凡此之類，所宜急講。蓋易未遭秦火，字字皆有象數，鑿鑿可考，並無遺誤；而秦漢以來句讀之譌，又正不關遺誤而差。殊可惜也。今即王輔嗣等所定本，為之離開句讀，俾童蒙有考焉。而熟於易者，試改口吟哦，當亦翻然悟前說之非矣。乾隆辛巳四月八日，衡山後學周世金敬序。

◎光緒《衡山縣志》卷四十《著述·國朝》：周世金《易解拾遺》、《周易句讀讀本》二卷（四庫全書存目：是書成於乾隆辛巳，大旨以數言易。卷一、卷二衍河圖洛書、先天後天之說。卷三、卷四、卷五為觀玩四法，各繫以圖解。卷六解易象卦宮及標舉《繫辭》、《說卦》、《雜卦》要義。卷七又別為十九卦解。據目尚有詩一首、呈一篇，而有錄無書，蓋繕寫佚之矣。後附《周易句讀讀本》，上下經各註句讀，自《繫辭》以下則但以黑白圈分章段。其自敘謂「句讀有訛則經旨皆晦，故為此本以正之」云）。

◎四庫提要：上下經各注句讀字，《繫辭》以下則但以黑白圈分章段。其自序謂「句讀有訛則經旨皆晦，故為此本以正之」云。

周特 周易詳解 佚

◎光緒《睢寧縣志稿》卷第十六《人物志》：於羲經尤加意揣摩，自著《周易詳解》未梓。

◎周特，字伯起。江西睢寧人。康熙戊寅科拔貢生。屢戰棘闈不售，考授知縣，以親老辭不赴。生平好仗義。著《周易詳解》。

周廷揚 易解 三卷 佚

◎同治《永新縣志》卷二十一《藝文志》：《易解》三卷，周廷揚撰（見《吉安盧志》）。

◎光緒《江西通志》卷九十九《藝文略》一《國朝》：《易解》三卷，周廷

揚撰（《吉安府志》）。

　　◎周廷揚，江西永新人。

周天賜　周易本義翼　佚

　　◎光緒《永嘉縣志》卷二十五《藝文志》一：《周易本義翼》（《花萼樓集》），國朝周天賜撰。

　　◎自序〔註88〕：易不可以解解也，解之，淺之乎窺易也。古今解易亡慮數百家，而本朝功令，一以紫陽為準。余幼時，王父手授易解一帙，雖未成書，而字疏句晰，惟精繹《本義》，更不旁溢一語。篋之二十稔矣，去年課兒輩易，鈍不能解，敬傚而增之，間參以考證數則，俾之繇淺入深焉。夫易不可以解解也，如薀解也，即覓夫不可解者，又安在哉？

　　◎周天賜，浙江永嘉人。著有《周易本義翼》。

周彤桂　周易懸鏡　佚

　　◎民國《長清縣志》卷十一《人物志》一：所著有《農業淺說》《訓女編》《養正要規》《啟蒙六種》《周易懸鏡》《說文標目》諸書藏於家。

　　◎民國《長清縣志》卷十五《藝文志》：《周易懸鏡》《說文講讀法》《說文標目》《二千字文註釋》（以上四種，舉人周彤桂著）。

　　◎民國《長清縣志》卷十五《藝文志》著錄《周復卿先生墓碑》（摘錄）：維教育則纂《啟蒙六種》、《養正要規》《訓女編》、《農桑淺說》，維國學則著《周易懸鏡》《說文講讀法》諸書。

　　◎周彤桂（1843～1908），字復卿。山東濟南歷城縣艾家莊人。性豪邁，博通群籍，尤好經世之學，人稱書簏。光緒十七年（1891）舉人。光緒二十一年（1895）春赴京參加會試，參與公車上書，力主變法自強。著有《下學梯航》、《農桑淺說》及《注釋保甲》諸書。

周維藩　易學宗旨　佚

　　◎康熙《江南通志》卷五十六《隱逸・周維藩》：著《史鑑闡微》、《易學宗旨》等書。晚精內典。

　　◎周維藩，字覺菴。江蘇上元人。高不仕之風，讀書達務，博通今古。

〔註88〕錄自光緒《永嘉縣志》卷二十五《藝文志》一。

周文郁 易經註 無卷數 佚

◎光緒《壽州志》卷三十《藝文志》：周文郁《易經註》（無卷數。舊志）。

◎周文郁，安徽壽州人。

周文郁 周易圖說 佚

◎乾隆《祁陽縣志》卷五《人物》：尤邃於易，所著有《先天後天／性反同歸／內外合德圖說》闡發性理精蘊，又著有《學庸講義》。

◎乾隆《祁陽縣志》卷九《藝文》：《西銘徵》、《性反同歸圖說》《內外合德圖說》（周文郁撰）。

◎周按：元錢義亦撰有《周易圖說》二卷行世。

◎周文郁，字靈芝，號雙溪。湖南永州祁陽人。歲貢生，淡於名利，居家訓課為業，邑子弟知名士多出其門。晚任臨湘縣訓導，丁內艱歸，卒於家。著有《周易圖說》、《性反同歸圖說》、《內外合德圖說》、《學庸講義》、《西銘徵》。

周文郁刪補 便蒙易注 四卷 存

順治十六年（1659）刻本

◎光緒《鳳臺縣志》卷二十四《藝文》：周星哉進士（名文郁，順治甲午舉人，庚戌進士。幼時家甚貧，幾不能謀生。讀書晝夜不倦，學問淹博，尤邃於理，不樂仕進，以教授自給）。

周煒 周易易知 三卷 存

嘉慶刻書三味樓叢書本

復旦藏稿本（不分卷）

◎周煒，號齊亭。乾隆丁酉舉人。任江蘇華庭縣令，有政聲，以忤上官罷，貧不能歸，僑居江浙間。年七十餘卒於浙。又著有《會心堂綱鑑鈔畧》十八卷。

周榦 易庸 四卷 存

國圖、山東、南京、浙江藏道光三十年（1850）震澤硯華堂刻本

周勿逸 周易卦變圖說 佚

◎民國《新修閬鄉縣志》卷十六《人物》：著有《增益齋拾草》《周易卦變

圖說》《樂畏堂集》兩卷。

◎民國《新修閿鄉縣志》卷十八《藝文》：周勿逸《增益齋拾草》、《周易卦變圖說》、《樂畏堂詩文》

◎周勿逸（1741～1822），字進之。河南閿鄉（今靈寶西北）人。乾隆三十六年（1771）舉人，歷知江西高安、南康縣，借補弋陽丞。改就教職，歷署西平、孟縣、許州等學，授杞縣教諭。又著有《增益齋拾草》《樂畏堂詩文》。

周錫恩 易說 二卷 存

傳魯堂遺書七種本（刻本暨鉛印本，牌記題乙卯十月蘄水湯氏刊於長沙）

1915 年刻適園叢書本

◎《湖北文徵》第十二卷：著有《寒芙蓉室集》《傳魯堂文集》《易說》等書。

◎周錫恩（1851～1900），字蔭常，一字伯晉。湖北羅田人。幼從張之洞學。光緒癸未進士，授翰林院編修。先後典試陝西、浙江，因科場案牽連貶歸。著有《易說》二卷、《黃州課士錄》、《觀二生齋隨筆》、《是園駢體文錄》、《傳魯堂文集》、《傳魯堂遺書》、《傳魯堂駢體文》二卷、《傳魯堂詩》三卷、《傳魯堂試律》一卷。

周興邦 易書會通 佚

◎光緒《黃州府志》卷三十二《藝文志》：《易書會通》，黃岡周興邦撰（《縣志》）。

◎周興邦，湖北黃岡人。著有《易書會通》。

周熊 易經集義 佚

◎光緒《江西通志》卷九十九《藝文略》一《國朝》：《周易圖說》一條、《易經集義》，周熊撰（《南豐縣志》）。

◎周熊，字厚植。江西南豐人。著有《周易圖說》、《易經集義》。

周熊 周易圖說 一條 佚

◎光緒《江西通志》卷九十九《藝文略》一《國朝》：《周易圖說》一條、《易經集義》，周熊撰（《南豐縣志》）。

周學熙 易經音訓 一卷 存

周氏師古堂 1932 年刻周氏師古堂所編書·經傳簡本本

◎周學熙（1866～1947），字緝之，別號止庵。安徽至德（今東至）人。周馥子。以實業著。

周學熙 易經音訓節本 卷 存

臺灣文聽閣圖書有限公司 2009 年林慶彰主編民國時期經學叢書本

周詢 易經玉屑 存

無格稿本

◎周按：是書按六十四卦序摘錄乾、坤、屯、蒙、訟、師、履、同人、謙、豫、蠱、臨、噬嗑、賁、剝十五卦之《文言》《彖辭》《象辭》《爻辭》文字加以淺註並音讀。

◎周詢（1865～1950），字宜甫，晚號逢廬老人。貴州麻江人。光緒舉人。遊宦四川。辛亥後任巴縣知事，未幾任成都、重慶中國銀行經理。晚年潛心著述。著有《蜀海叢談》《逢廬詩存》《逢廬隨筆》《逢廬聯話》《逢廬駢文存稿》《石頭記說疻》《易經玉屑》等十餘種。

周毅然 周易粹語 佚

◎民國《太和縣志》卷八《人物志·文學》：生平嗜《周易》，沉潛四十餘年，每約精義於一二言中，析註於行下，後輯曰《周易粹語》。

◎民國《太和縣志》卷十一《藝文志·書目》：《周易粹語》（周毅然著）。

◎周毅然，字秉健。安徽太和人。庠生。篤志理學，尤知主靜之旨，以《近思錄》為居心持身之檢束。

周應灃 周易四卦解 一卷 存

稿本

◎白玉岱《甘肅出版史略》著錄印本。

◎郭漢儒《隴右文獻錄》卷二十二：《周易四卦解》（一卷）、《黑弱水源流考》（一卷）、《希臘哲學名人傳》（一卷），均為稿本。

◎周應灃（1861～1942，一作 1865～1944），字伯青（清），號棣園。祖籍甘肅永登縣苦水周家莊，幼年隨父周文鳳移居蘭州。光緒十四年（1888）

舉人，二十四年（1898）大挑二等。司鐸靜寧州（今靜寧縣），署階州直隸州學正，選秦安縣訓導。宣統二年（1910）保薦秦安縣知縣，後執教甘肅省公立法政專門學校、蘭州中山大學、甘肅省立第五中學（今天水一中）。博通經史，博覽群書，尤邃詩文，與進士黃毓麟、舉人白寶千稱蘭州三才子。著有《棣園文集》二卷、《棣園詩集》二卷、《金剛般若波羅蜜經瞭解》二卷、《心經瞭解》二卷、《周易四卦解》一卷、《黑弱水源流考》一卷、《希臘哲學名人傳》一卷。

周漁 加年堂講易 十二卷 佚

◎自序：《易》者，羲、文、周、孔四聖人明道覺世之書也。孔子既沒，秦漢來以易學名家者指不勝屈，而近代儒生則大都奉朱子《本義》為定說。漁不敏，童而習之，長而不能無疑焉。朱子之言曰：「《易》為卜筮作，非為義理作。」伏羲之易，有占而無文，與今人用《火珠林》起課者相似；文王、周公之易，爻辭如簽辭；孔子之易，純以理言，已非羲、文本意。某解易，只是用虛字去迎過意來便得。然則孔子當日何用三絕韋編，而所稱加年無大過者？豈終日把定一束蓍草邪？閒嘗置《本義》而求之於程氏《傳》，又置《程傳》而求之於古今來凡言易之家，或言理而不貫，或取義而不專，或一爻偶合而全卦則歧，或一卦偶通而全經則窒，未敢信以為然。乙未春杪，下第歸，丁先儒人憂，讀禮之暇，取程朱《傳》《義》閱之，向來之惑滋甚。乃屏去，淨掃一室，顏曰加年堂，置一床一几，錄《周易》白文一冊，正襟危坐，日夕參尋。經半月，忽會得謙豫兩卦大意，蓋從乾至大有仍襲先儒注疏闕疑闕殆，而至謙豫則諸解尤不足信。即此而參亦即從此起悟，乃知羲畫、文辭、周爻、孔傳本一意貫通，取象立言皆有著落。自是每拈一卦，參究如前，或數日通一卦，或數月通一卦，或數年而後通一卦。貧於此而不知憂，病於此而不知苦，老於此而不知衰，官罷於此而不知恤。自乙未迄今甲寅閱歷二十年，稿凡四易，而六十四卦之解以畢。有學於漁者，集加年堂而問焉，每集講一卦，因名其編曰《加年堂講易》云。是講也，與朱子《本義》程子《傳》及古今來言易之家大相違戾，不無驚世駭俗，為習聞習見者所疑議，而吾黨之內，有窮年學易而不得其解，並不信先儒之解易者，聞是講，則莫不歡欣鼓舞而聽受之。謂能發數千百年所未發，漁不敢當也。若謂羲、文、周、孔四聖人明道覺世之旨不終晦於天下，假吾之心慮口宣，以代為發之也，是則何能辭也哉！

康熙十三年甲寅秋。

　　◎朱彝尊《經義考》卷六十七：周氏（漁）《加年堂講易》十一卷，存。

　　◎四庫提要：是書前有自序，稱與朱子《本義》、程子《傳》及古今來言易之家大相違戾。「謂直接加年寡過之學，漁不敢當也。謂四聖人覺世明道之旨不欲終晦於天下，賴四聖人之靈竅吾之聰、鑿吾之明，假吾之心慮口宣以代為發之也，是則何能辭。」其自命甚高。今觀其書，非惟盡反漢宋諸家之說，並《繫辭》《文言》亦指為非孔子之說，橫加排詆，即《彖傳》亦有所去取。末附一卷辟洛書之偽。首弁一卷，別衍河圖之奇偶而深斥《繫辭》「太極生兩儀，兩儀生四象，四象生八卦」之文。所解六十四卦亦多創論。如謂乾卦以龍喻性，六爻皆言見性盡性，「見群龍無首」猶言見性而實無所見。要之性亦強名，見亦落見，故增此以掃六爻名象之跡，謂復卦言賢人之去就，先儒作復善解，不知何所見而云然。其翻新出奇大率類此，亦可謂好怪矣。

　　◎嘉慶《重修揚州府志》卷之五十一《人物志》六：閉戶十餘年，著有《加年堂講易》行於世，《大學石本疏》《論語吟》皆未授梓。

　　◎嘉慶《重修揚州府志》卷之六十二《藝文志》一：《加年堂講易》十二卷（周漁撰）。

　　◎咸豐《重修興化縣志》卷八《列傳》：解組後日事講學，著作甚富，惟《加年堂講易》行世，餘未付梓。

　　◎咸豐《重修興化縣志》卷九《藝文志》：《加年堂講易》《大學石本疏》《論語吟》（周漁著）。

　　◎潘雨廷《讀易提要》卷八：初於順治十二年下第，疑《本義》、《程傳》及所有之易注，乃抄白本自參，積二十年，至康熙十三年（1674）撰成。堂名「加年」者，欲上承孔子加年學易之義。謂與言易之家大相違戾，自視似高焉。然得失互見，有大謬不然者，未可謂易道之正。《四庫》入存目，評以「好怪」，殊得其實。

　　◎周漁，字大西，號恕菴。江蘇興化人。順治十六年進士，官翰林院編修。

周源淋 易外偶記 四卷 存

　　國圖、南京、浙江藏乾隆二銘書屋刻本

　　◎光緒《諸暨縣志》卷三十三《人物志》：著有《易外偶記》四卷。

◎光緒《諸暨縣志》卷四十八《經籍志》：其書先引《素問》《淮南》諸古說及注，而以己意釋之，隨手輯拾，不分漢宋門徑。其第二卷又拾《易經》遺句，用心頗勤。刊於乾隆五十五年，源淋自為序。

◎周源淋，字沃齋。浙江諸暨藏綠隖人。援例授戶部山東司員外郎。

周贇 有極圖經解 一卷 未見

◎民國《寧國縣志》卷十二《藝文志》上：《有極圖經解》一卷（周贇著。以伏羲六十四卦內方外圓圖為有極圖，而以孔子《繫辭下傳》第八章為有極圖規，乃從而為之解。其說以外圓象天、內方象地，而人生其間，洪範會其有極、歸其有極，皇建其有極。在天，日月之交為會；在地，四夷內附為歸；在人，與天地參為建。此有極所以與《繫辭》三極之義合，乃知六虛指地之上下東西南北六方而言。地體雖圓，要必分此六方，六方皆天，則六方皆虛矣。周子言太極本於無極則必成於有極，亦原始要終之定理也。汪氏《易解》已採此說）。

◎周贇（1835～1911），字子美，號蓉裳，又別號山門。安徽寧國二十六都（今胡樂鄉）人。九齡作《六聲圖》，十二齡中秀才。同治三年（1864）鄉試中舉。呈所著《六聲琴律》於曾國藩。任青陽縣教諭兼理知縣，青陽、宿松訓導，徽州府教授。精書畫篆刻。著有《觀象袪疑》一卷、《有極圖經解》、《說文說》、《山門新語》、《山門詩史》、《史學驪珠》、《周氏琴律切音》、《周氏三字箴》《二十四史詩韻集》、《六聲堂讀書要訣》，主纂《宿松縣志》、《青陽縣志》、《寧國縣志》《九華山志》等。

周之翰 易理直解 佚

◎孫葆田《山東通志》卷百二十七《藝文志》第十：是書有採訪本。大旨本程子說易之意，直以理解，不用占辭，而於剛柔、上下、往來之義，悉依明儒來氏卦綜之說，與朱子卦變之論不合。

◎周按：據《江南通志》卷一百九十、嘉慶《松江府志》卷七十二，元代華亭亦有周之翰字申甫，精易學，著《易四圖贊》《易象管見》。

◎周之翰，字申甫。山東茌平人。歲貢。

周之浚 周易纂 六卷 未見

◎《四庫未收參考書目》著錄康熙刻本。

◎周按：疑周之浚為朱之俊之誤。

周樽 易經讀本 三卷 存

湖北、山東藏乾隆五十八年（1793）留餘堂刻十一經旁訓讀本本

◎一名《易經旁訓讀本》。

◎周樽，字壽南，號眉亭。雲南昆明人。乾隆己卯（1759）舉人。由知縣歷官安徽布政使。為政清廉，所至修建書院，培養士風。增刻《十一經旁訓》，士林稱之。輯著有《十一經讀本》六十四卷、《蘭山課業》、《蘭山課業經訓約編》、《風騷補編》、《同善院志》。

周作淵 周易輯要 佚

◎《中州藝文錄》、《河南通志藝文志稿》著錄。

◎周作淵，字澄懷。河南商城人。雍正廩貢，捐授訓導。乾隆四十四年知建平縣，四十六年改建郎川書院，五十六年任廣東惠州府同知。

朱彬 周易考證 一卷 存

道光二年（1822）寶應朱氏游道堂刻經傳考證本

山東藏臺北成文出版社1976年無求備齋易經集成影印道光二年（1822）游道堂刻本

◎是書即朱氏《經傳考證》之《易經》部分。

◎朱彬（1753～1834），字武曹，號郁甫。江蘇寶應人，乾隆六十年（1795）舉人。自少至老，好學不厭。承其鄉王懋竑經法，與外兄劉臺拱互相切磋。每有所得，輒以書劄往來辨難，必求其是而後已。於訓詁、聲音、文字之學，用力尤深。著有《經傳考證》八卷、《禮記訓纂》四十九卷、《遊道堂詩文集》四卷。子士彥（吏部尚書）、士達。

朱昌壽 漢儒易義針度 四卷 存

國圖、北大、南京、山東藏道光二十三年（1843）杭州朱昌壽刻巾箱本

國圖、湖北藏同治九年（1870）刻巾箱本

◎附《近科文式》一卷、《諸法指明》一卷。

◎自序：易生于數，而言數學者始自京房。房所用世應、飛伏、積舍、納甲之說，後世術士多宗之。漢初言易者三家，其二曰焦贛之易，自言得諸隱者，以授京房。劉向考定易說，獨以京房優于諸家。而李鼎祚《集解》備論荀爽九家，亦稱房為尤異，然其義蘊未宣也。至虞翻世傳孟氏易，博考鄭、荀

諸儒之說，箸為易義，參消長于日月，驗變動于乾坤，陰陽消息之理始暢厥旨。至國朝張惠言而絕學復傳，自時厥後，學者均奉仲翔為楷法。近科鄉會試易藝，獲售者競尚漢學，潛究消息，洞悉陰陽，漢儒之易益大彰明。某家藏有漢易秘冊及諸圖之罕傳者，實為易學之金針。奈傳抄日眾，幾不暇給。友人屢請付梓以廣其傳。某誠不敢自私也，因畧為校勘，犁成四卷，弁以數語，名曰《漢儒易義針度》云。時道光二十有三年歲在癸卯，西泉氏自序。

◎漢儒易義針度總目：卷之一易義例：互卦說、變卦說、之卦說、反對卦說、旁通說、爻辰說、明位、明象、明象、初爻、二爻、三爻、四爻、五爻、上爻、用九用六解、元吉大吉解、貞悔解、初筮原筮解、貴賤爻、爻有等爻、乾坤升降、易尚時中說、虞氏逸象、九家逸象、五行精義。卷之二：先天後天圖、爻辰入宮圖（鄭氏註考）、十二次圖、十二次月建圖、十二次星宿圖、十二分野圖、十二宮二十四氣圖、十二律圖、十二禽圖、十二消息圖考、辟卦七十二候、卦氣圖考、納甲圖考、世卦圖考、飛伏例、否泰貞辰圖。卷之三：上經卦演，下經卦演。卷之四爻辰直二十八宿占。

◎後識：予友西泉曩刻《易義針度》一書，簡而且明，各法均瞭如指掌，惟於所以然之故，未盡縷析，閱者尚多疑慮，因不嫌瑣贅其詞，詳述於後云爾。道光丙午仲春，仁和孫吉齋識。

◎朱昌壽，字西泉。浙江仁和（今杭州）人。同治九年（1870）舉人。博學多聞，兼工畫理。光緒初年署松江府川沙同知。

朱昌壽　漢儒易義針度指明　一卷　存

上海藏道光二十三年（1843）漢儒易義針度附刻本

◎一名《諸法指明》。

◎諸法指明目錄：變卦、互卦、之卦、易位、反卦、旁通、爻辰星占分野配氣應律演禽、消息、納甲、世卦、飛伏。

◎周按：《中國古籍總目》著錄上海藏道光刻本作「清□西泉撰」，失考。又王煥鑣等編《江蘇省立國學圖書館圖書總目補編》：《漢儒易義針度指明》一卷，（清）孫吉齋撰，道光刻本。

朱長泰　周易致一　八卷　佚

◎孫葆田《山東通志》卷百二十七《藝文志》第十：《縣志》載是集云：論者謂堪與濂洛分席。

◎民國《德平縣續志》卷之十二《藝文志》：朱長泰《周易致一》六卷、《帝王年編》四卷、《主敬齋稿》一卷、《步天歌》一卷、《修真節要》一卷、《奇方集義》一卷，均藏於家。

◎葛周玉《般上舊聞‧先輩著述》：未梓，不知存否。

◎朱長泰，字大來，又字謙茹。山東德平人。順治四年進士，知江南和州含山縣事，嚴正果斷，有包拯再出之謠。歷官戶部主事。

朱大年 易考 三卷 佚

◎光緒《黃州府志》卷三十二《藝文志》：《易考》三卷，黃岡朱大年撰。

◎朱大年，湖北黃岡人。著有《易考》三卷。

朱大韶 經字釋周易 一卷 存

實事求是之齋叢書‧實事求是之齋雜著稿本

◎光緒《松江府續志》卷二十四《古今人傳》：幼師陸明睿，講授羣經即解大義。及長，專力經學，服膺高郵王氏父子，詁經以假借、通轉為宗，又廣證古籍，研究析之精，當世匹儷。尤邃三禮，著《春秋傳禮徵》諸書，義據通深。

◎光緒《松江府續志》卷四十《拾遺志》：鄉賢當祀之人，青浦王給諫原論之詳矣。我郡順治朝如沈荃以直諫著，吳騏、王光承、王澐以氣節著；康熙朝如王原、黃之雋以文學著，焦袁熹以經學著，張昴以性理著；雍正朝如曹一士以直諫著，沈大成以經學著；乾隆朝如王昶以文學著，曹錫寶以直諫著，王永祺、倪思寬、陸明睿以經學著，皆當從祀。若降格以求，如盧元昌、周篆、唐士恂、陳崿之文學，周宗濂、楊履基、姚臣福之性理，胡寶琇之政績，王楨之義行，亦可廁饗宗之列也。今惟黃之雋、王昶已祀，餘皆未及。近時李林松、朱大韶、顧觀光皆我郡所推，而大韶經學尤湛深云（參章煥《友石居讀書記》）。

◎張文虎《朱虞卿學博家傳》：治經宗高郵王氏，以形聲、訓詁、引申、假借通古人所闕。尤執精三禮，凡大小典禮古今傳譌者，為之反覆辨證，不苟同不苟異，務要於至塙。名其所居曰實事求是之齋。知公者以為克副其儕。撰述既縣，費重，匙能謀剞劂者。粵寇竄松，播遷散佚。比肅清後彙所存，僅得題《經說》者，《周易》一卷、《尚書》二卷、《毛詩》一卷、《禮記》二卷、《春秋左氏傳》三卷；題《講義》者，《尚書》二卷、《毛詩》一卷、《禮記》

二卷、《春秋禮徵》十卷、《經字釋春秋左氏傳》一卷，皆多塗抹改竄，或重複錯見，殘脫斷爛。惟題《經義》者八卷最為完善，似經寫定，蓋總攬精華而歸一編，凡辨證典禮者均萃焉。其第五卷猶有別出，大同小異。今夫著書立說，豈無疑義，非一時所能定，必積以歲月，廣徵往著，旁質通人，或累易橐而後得乎心之所安。職是故也，而成書之後，賫志沒地，不幸遇刀兵水火之厄，或存或亡，或雖存而殘闕，出以問世，冥然無所惜，以為無當於利祿。哀哉！公沒後四十年，星衡以公遺書示南匯張文虎。文虎寫其辨證典禮者四十五篇。會長沙李觀察興銳求刊有用書，因請授之梓。而其餘仍藏於家。

◎光緒《婁縣續志》卷十七《人物志》下：奉親之暇，一意解經，尤究心三禮。時涇縣朱珔以經師主紫陽書院，大韶以所作往質，珔大服，為文敘之，勸付手民。道光庚子，郡守徐青照與大韶同年，見所作，願捐俸助刻，旋調江寧，不果。道光甲辰，選授江寧教諭，以親老不赴，旋卒。所著書藏於家，其稿皆大韶手自刪訂，友人姚椿校定焉。書目見《藝文志》。

◎光緒《松江府續志》卷三十七《藝文志》：《經字異同集證》四卷、《經典衍文脫文經字倒誤》一卷（並國朝朱大韶著）。

◎朱大韶，字仲鈞，別號虞卿。松江府婁縣（今上海松江）人。嘉慶二十四年（1819）解元，族人朱為弼延課其子。兩試禮部，滿薦仍遺，乃棄制舉業，研究經訓。道光六年（1826）大挑銓懷遠教諭，仕半載，以繼母喪歸。懷遠紳士請主真儒書院，整飭規條，務敦實學，濠泗間化焉。年未五十而鬚髮盡白，慨然決意以箸書終老。時續溪胡培翬、涇上朱珔皆以經學鳴東南，主雲間、紫陽講席，相與往還論議，然各自以為弗如。二十四年銓補江寧教諭，未抵任以病卒，年五十。又著有《尚書字詁》二卷、《韓詩存》、《三家詩拾遺》、《春秋禮徵》五十卷、《經字異同集證》四卷、《經典衍文脫文經字倒誤》一卷、《國語賈注輯》、《堯典中星考》、《月令中星考》、《實事求是之齋古文》。

朱大韶 至靜而德方解 一卷 存

上海藏實事求是之齋叢書本・實事求是之齋經說稿本

朱大韶 周易 一卷 存

上海藏實事求是之齋叢書本・實事求是之齋經說稿本

朱大勳 易解 三十二卷 佚

◎乾隆《杭州府志》卷五十七《藝文》一：《易解》三十二卷（國朝諸生錢塘朱大勳幼鴻撰）。

◎朱大勳，字幼鴻，又字研臣。浙江錢塘（今杭州）人。諸生。能作擘窠大字，書法自成一家。著有《易解》三十二卷。

朱賡駒 易象管窺 二卷 存

蘇州藏謄清稿本

濰坊藏清鈔本

◎民國《續滕縣志》卷三《藝文志》：《易象管窺》二卷（朱賡駒著）。

◎朱賡駒，字少白。山東滕縣人。光緒二年（1876）歲貢。品節端方，治古文辭，才名藉甚。

朱瀚 六十四卦觀象 一卷 存

南詢先生寒香集稿本

◎朱瀚，字霍臨。上海人，流寓嘉定（今屬上海）。又著有《毛詩箋注》二卷、《春秋四傳纂要》、《四書發明》四卷、《左史發明》四卷、《性理發明》二卷、《杜律解意》四卷《辨贗》一卷《闕疑》二卷、《寒香詩集》五十二卷、《寒香文集》四卷、《語錄》四卷、《道德經注》一卷、《中庸懸談》、《頌古》一卷、《雜語》一卷。

朱瀚 周易玩詞 十二卷 存

南詢先生寒香集稿本

◎光緒《嘉定縣志》卷二十四：《周易玩辭》十二卷、《觀象》二卷（朱瀚著）。

朱鴻瞻 周子太極圖淺說 二卷 存

溫州藏康熙二十九年（1690）家刻本

◎乾隆《溫州府志》卷二十《人物‧文苑》：著有《學庸講文》《四書字解》《太極圖說》《通書淺說》及《竹園文集》十卷。

◎朱鴻瞻（1618～1690），字表民，號默齋。浙江瑞安城南人。師事同邑陳昌言，涉獵五經正史，旁及諸子百家，善詩文。弱冠究心濂洛關閩諸學，有

志於昌明理學。創菉竹書院授徒講學，以教學為業三十餘年。康熙十年學貢，宣平縣訓導。著有《竹園類輯》十卷、《四書詳說》六十卷、《四書精要字解》一卷、《周子太極圖淺說》二卷、《時變紀略》等。乾隆《瑞安縣志》卷九收錄其《心極圖二銘》（《心極銘》《存省銘》）、《太極圖配先天圖說》。

朱璣　易經彙參　佚

◎道光《徽州府志》卷十一之四《人物志‧文苑》：尤精於易，著有《易經彙參》等書（《休寧縣志》）。

◎道光《休寧縣志》卷十四《人物志‧續學》：尤精於易，著有《易經會參》等書。

◎朱璣，字縉山。安徽休寧月潭人。庠生。學問淹博。

朱江　讀易約編　四卷　存

南京藏康熙三十六年（1697）刻本（缺卷二）

四庫全書存目叢書影印康熙三十六年（1697）刻本

◎凡例（計二十條）：

一、是編玩索圖象，研究經義，合諸家註釋而輯其要。

一、是編採用雖詳，而詮解以朱子《本義》為主，其背戾者槩不參入。

一、是編合註解講義為一，便於童子誦習，及長可無遺忘。

一、每節詮釋，刪繁就簡，使書理通曉而止，并無他說附後。

一、是編原為便舉子業，凡可備大小試題者，著其精意，餘止存經文。

一、朱子《本義》原以解經，《本義》詳明間直載之，不另贅。

一、博綜眾說，求發揮精實，確合理解，俾學者看書作文不致茫茫無據。

一、彖辭、《象傳》宜有虛實。邇來講章多將傳內義填入彖辭、《象傳》，似為蛇足。是編各還正位。

一、《易經》原有《本義補》一書行世，與今高頭《說約》不同。茲編用其式不襲其辭，去繁蕪而為真切，識者辨之。

一、是編於鄉會出題諸章尤加意探討，務使理真詞當。凡臨場捻題者可一覽而得，不必更閱他書。

一、凡先後天圖式，分載《繫辭》。玩圖索解，瞭如指掌，前不另繪。

一、每圖考之先儒成說，間附愚見而為圖解，其中河圖凡兩見，一明天地大衍之數，一與洛書並列，明聖人則之之意，餘皆一圖。

一、卦變乃易中之一義，諸書皆列篇首，茲因先儒圖說已明，不贅。

一、伏羲畫卦、文王繫彖辭、周公繫爻、孔子作《彖／象傳》，人人其知，語不贅析。

一、《序卦傳》頭緒紛紜，每易錯訛。今將白文逐段分開疏解。

一、《雜卦傳》不但經義反對，卦畫原取反對，故顛倒分畫白文之旁。

一、是編如衍文及顛倒訛誤者，正文下俱照《本義》註明。

一、字畫悉遵《正韻》，慎校無訛。

一、白文講義俱一例用大字，以便披覽。

一、是編合經文講解共六萬餘言，較之《本義》僅存強半，故名《約編》。

◎序：著書為其可傳也。古之書不必皆傳，蓋以邪正大小之不同，後世自有知之者耳。君子於此務求得於心而有濟於世，則又安在其不傳？書之大，無過於六經。六經之首為《易》，余嘗論《易》之為書，由天人性命兵農禮樂治亂興衰以及陰陽卜筮名物象數，無不有取焉。自明以來，乃有舉子八股之文，其所取於《易》者，抑末矣。然士之試於有司也，《四書》文三首經義又加一經，固多於四書矣。而余向校士南宮，見試卷之中，《易》居其四焉。則《易》又多於他經。或者謂八股即不足盡易之道，而其論君臣政治之大、吉凶悔吝之幾，未必無所取焉。惜其無專以此意為解說者。江都朱子東柱，博古好學，慨然有作，與難弟崑源、李子蜀嘉彙考先儒之論說而取其精，輯成一書，付之梓人，以為讀易者助。因家姪觀我就正於余，志下而詞謙，曰：「余書便舉子業而已，不矜多，不立異，非可以傳世也。」雖然，八股之業，而有時廢乎？不然，吾見其有濟於世而傳後決然無疑也。賜進士出身奉政大夫日講官起居注翰林院侍講學士加三級年家眷弟史夔拜撰。

◎序：易解莫妙於王輔嗣。唐有李元鼎一掃漢儒象數之繁而歸之約，讀者快之。至宋程朱兩大儒出，而先聖之旨大明。要其立說甚約，非若後世講學諸家紛紛聚訟也。夫立象盡意，約矣。即文王繫象、周公繫爻，仍約也。孔子象辭及上下傳，所以解羲、文、周公之易者，可謂明且備矣，而辭仍約也。則《程傳》《朱義》博綜古今而約言不煩者，夫非有得於先聖之遺意乎？乃講學諸家既各以其書自鳴，不可究詰，而近之為制舉業者，亦復淆亂於羣言，不知奉程朱《傳》《義》以為指歸。則經學之弊可勝道哉！江都朱子東柱以易世其家，謂易解不明由士子視傳註為童子誦讀之事，略而不道，而別求新說以參之；既求乎此，又惑乎彼，其勢不至於支離汗漫不止。救之者莫若合註

與講說而為一，使士少而習焉、長而安焉，庶於經學有裨。因與難弟崑源並吾學中李子蜀嘉彈精探討，芟盡繁蕪，輯一書以課子弟。初讀之，見為平易，而先儒之精奧實無不具其中，是知為制舉業者在於簡練揣摩，而講學諸家亦無庸費許詞一。似此妙悟，雖以方輔嗣、元鼎何多讓焉。余又聞東柱、崑源皆英年雋才，文采爛然，而能究心經學如此，其同人勸之行世為後學津梁宜也。余因樂厥成而為之序。時康熙丁丑秋七月，吳門年家友弟宋實穎序於興署之寶研齋。

　　◎四庫提要：是書成於康熙丁丑。其《凡例》有云：「是編原為便舉子業，凡可備大小試題者，著其精意，餘止存經文。」蓋鄉塾課蒙之本也。

　　◎嘉慶《重修揚州府志》卷六十二《藝文志》一、《皇朝通志》卷九十七：《讀易約編》四卷（朱江撰）。

　　◎《皇朝文獻通考》卷二百十二：《讀易約編》四卷，朱江著。

　　◎阮元《廣陵詩事》卷三：朱江字東清，亦江都人，有《讀易約編》四卷。

　　◎光緒《增修甘泉縣志》卷二十三《經籍志》：《讀易約編》，朱江。

　　◎民國《續修江都縣志》卷十四《藝文考》：朱江《讀易約編》。

　　◎朱江，字東注。江蘇江都（今揚州）人。

朱金卿　讀易管窺　四卷　存

　　浙大藏道光咸豐稿本（馬一浮、張宗祥跋）

　　◎馬一浮《題朱金卿讀易管窺後》：著者於義理、象數並有研究，觀其序說諸篇，如定位變象論、六位為六子定體論、既濟未濟論，實有心得，能發先儒未發之蘊。卷段自題七易稿，足見其不苟。在舊時經學中可備一家之言。惜其書成百餘年，罕有知者，可謂堙沒不彰矣。如出版界能為印行，當於治易學者深有裨益。辛丑仲冬蠲戲老人識。

　　◎光緒《餘姚縣志》卷十七《藝文》上：朱金卿《讀易管窺》（案金卿易說以既濟一卦為主，六爻定位，他卦皆從此變化而生）。

　　◎光緒《餘姚縣志》卷二十三《列傳》：著《讀易管窺》，七易稿而後成。

　　◎朱金卿，字夏霖。浙江餘姚人。諸生。家貧力學。品行端方，鄉黨欽重。精研小學等書。

朱鏡清　經藝戛造易經　不分卷　存

　　山東藏光緒十八年（1892）上海鴻寶齋石印經藝戛造本

◎朱鏡清（1849～？），字至堂，號平（頻／瓶）華。浙江歸安（今湖州）人。朱鏡仁兄。同治九年（1870）庚午舉人、光緒二年（1876）進士。授翰林。工書法，與吳雲、吳昌碩、周作鎔、沈秉成等交。又著有《經解入門》輯有《禮記》四十九卷。

朱鏡清輯 易經 四十卷 存

光緒十九年（1893）寶文書局影印皇朝五經匯解本

朱駿聲 六十四卦經解 八卷 存

浙江藏稿本
國圖藏藝古堂鈔本
中科院藏鈔本
中華書局 1953 年易學典籍選刊本
古籍出版社 1958 年本
山東藏臺北成文出版社 1976 年無求備齋易經集成影印 1958 年鉛印本
續四庫影印浙江藏稿本
國家圖書館出版社 2008 年文津文庫胡雙寶點校本
◎一名《周易匯通》。
◎目錄：卷一乾坤屯蒙需訟。卷二師比小畜履泰否同人大有。卷三謙豫隨蠱臨觀噬嗑賁。卷四剝復無妄大畜頤大過坎離。卷五咸恒遯大壯晉明夷家人睽蹇解。卷六損益夬姤萃升困井革鼎。卷七震艮漸歸妹豐旅。卷八巽兌渙節中孚小過既濟未濟。
◎易例發揮〔註89〕：易例。右前左後。右陽左陰。師四左次。明夷四左腹。豐三右肱。‖蒙九二取象三：師也、夫也、子也。可見易之不可為典要。一爻有數象。不必強合。‖乾為郊，同人、小畜言之。‖屯作君，蒙作師，需以養民，訟以刑政，師武，比文，小畜富，履禮，而泰運成矣。‖中爻互六畫卦之說，愚謂無理。重卦必六畫而後成，四畫不可命也。削之。‖虞氏納甲，愚亦不取。‖車轝同物，一本出車字。〔註90〕‖乾象故稱父，取未詳也。‖二五之應，莫著于泰卦，尚與歸妹合。二爻詞中行，五家傳中行。甚明（泰初

〔註89〕為節省篇幅計，各條之間加‖區分，不另分行。
〔註90〕此條及下條，古籍出版社 1958 年本脫去。手稿本可覈。

四，彙對鄰，拔對翻；否初四，彙對疇，小象志在君，與志行應)。‖比之匪人、否
之匪人，匪非同，比言非其人，否言非由人。‖宋人說易皆作文之體，非解經
之體。‖說易先要分別一爻中有爻象、有占詞，不可牽混亂講。‖觀二五正
應，何至可醜？同人二五亦正應，何至吝道？則虞氏既濟之說，終有難通。
‖孔子惟于乾坤泰否四卦言陰陽，餘皆言剛柔而已。‖彖曰、象曰，鄭康成
所加；文言曰，王弼所加。‖二至四為互體，三至五為約象，內卦為貞，外卦
為悔（三四。二五。乘陰加陽。初二為比，初四為應。五上。三上。承陰下陽)。‖
彖言全卦，以不變言；爻言一卦，以已變言（亦不盡然)。‖比如兄弟，又如甲
乙，皆本應如夫婦（又如甲己〔註91〕合土)。‖說卦，孔子言象；泰五歸妹，周
公言互體；睽五噬膚，周公用變爻。‖王恆齋曰：凡卦次序相連者，每言膚，
剝艮七坤八，睽兌二離三，噬嗑離三震四。‖卦以半體取象，如小畜上得坎
半體，故不雨之類。曲逕太寬，易于巧切，愚不謂然。‖咸二少夫婦之始，恆
二長夫婦之終，妒遇之不正，漸女歸之正。‖比有孚比之，作教初六者言（此
尚可)；小畜既雨既處，作上九言（此可笑)。頤舍爾靈龜，作初九言（四不作占
詞，欠通)；中孚好爵爾靡，作九五言（此尚可)；《遵述》之說，自以為未嘗艸
艸，極費籌酌。‖旁通為錯卦，又為正對；反對為綜卦，又為倒卦，上下兩象
易為交對。‖蹇五之來，非自上而下；睽上之往，非自下而上。則之內之外之
說，亦有未盡然。‖屯難初起，蹇難在中，困難終極。‖重卦者，或言伏羲，
或言神農、夏禹、文王，有四說。又連山氏得河圖，夏人因之，曰連山。歸藏
氏得河圖，商人因之，曰歸藏。伏羲得河圖，周因之。‖又易於文為勿，象目
彩之散著。‖爻辰六十四卦皆同。‖乾，初九子、九二寅、九三辰、九四午、
九五申、上九戌。坤，初六未、六二酉、六三亥、六四丑、六五卯、上六巳。
‖日之明止能及地，不能及天，故夜非無日光，而天暗然也。愚謂凡星光，亦
借日之光，星有質之物，若天蒼蒼者，氣無可麗而為光。‖邵以巽為月窟、震
為天根。‖朔文從屰，月與日會，月退就日，為逆度也，故日不云朔，月乃云
朔（愚按詩坊本，朔日辛卯，日乃月之譌)。南不云朔，北乃云朔。《說卦》曰「易
逆數也」，《堯典》亦曰「平在朔易」，理實同也。雷齋賢說。‖鄭氏曰：河龍
圖發；路史野王符瑞圖曰：河龍負圖，龍魚河圖曰黃龍負圖，又言黃帝云：予
夢兩龍授圖；《挺輔佐》曰：大鱸負圖以授帝蘭葉前；河圖曰：有鯉魚長三丈；
世紀曰：大魚流而得圖書，以上皆言黃帝。《論語比考》曰：赤龍銜玉苞；《書

〔註91〕古籍出版社1958年本「己」字誤作「乙」。手稿本可覈。

中候握河紀》曰：龍馬銜甲；孫氏《圖瑞》曰：神龍赤色，負圖而至，以上皆言堯。《圖瑞》又曰：周公踐阼時，青龍銜玄甲。《中候》曰：周成王舉堯舜之禮，沈碧於河，有蒼龍負圖。

　　◎近時說易家〔註92〕：雕菰樓易學（揚州焦循里堂著）。‖周易遵述（毘陵蔣本根菴著，乾隆人），大旨尊宋人而兼取漢人之象，取變易不取交易，以應比為主。‖河上易注（黎襄勤公世序著），本日月為易之義，專取交位為坎離，而於周流之義則失。且因坎〔註93〕離交媾之義，而視爻象為男女之事居多。‖葉佩蓀以移易為宗旨而不取變易。‖蘇秉國以變易為宗旨而不取交位。‖連斗山兼取交易移易變易，而於不易之義則失。‖晏斯盛不取圖書之說，並互體而廢之。‖任啟運以河圖之五十為全易之要。‖李塨全刪卦炁之類，而專主互體。‖孫宗彝引易歸禮，於易之中無所專主，反專主於易之外。

　　◎六十四卦經解跋：伏羲得河圖而重卦（重卦有四說，或言伏羲，或言神農、夏禹、文王），為易之始。《周禮》太卜掌三易之瀍，夏曰《連山》，商曰《歸藏》，周曰《周易》。舊說文王囚羑里作卦辭，周公作爻辭，孔子作十翼（《彖 / 象 / 繫辭上下傳》、《文言 / 說卦 / 序卦 / 襍卦傳》），而《周易》始著。孔子傳易商瞿，五傳至西漢田何益盛，立於學官者，有施讐、孟喜、梁丘賀、京房（漢傳易有二京房，此為焦延壽弟子字君明者），四家皆易今文；而民間私傳有費直、高相二家（高兼今文）皆易古文。東漢馬融、荀爽咸傳費氏，鄭玄為融弟子，亦由京易復習費易，於是今古文並重。又虞氏世傳孟易，至翻而盛。蓋漢初治易專主義理，其後則參陰陽術數。孟氏以卦氣說易（轍按卦氣見《乾鑿度》，古易說），漸趨陰陽災變。焦延壽、京房承之，益重占驗。故清惠棟謂卦氣六日七分、七十二候、十二月消息皆出於孟喜，張惠言則謂鄭玄之爻辰、荀爽之升降、虞翻之消息納甲俱其一端。說易穿鑿附會之弊，至漢末已極。故魏王弼出，一埽而空之，以玄言說易，由是王學盛行，漢易衰落。至唐孔穎達注疏以王注為主，社會益厭漢尊王學。雖有李鼎祚《集解》稍述漢遺緒，然不足以振之。至宋盛談象數，陳摶朔太極河洛先天後天之說，易又一變。宋之言易者宗之，周敦頤為《太極圖說》，邵雍精數學、著《皇極經世》，亦為學者所宗。程頤著《易傳》，舍數言理，故亦推主王弼，惟不參老氏之旨，比王為精。朱子作《本義》以補《程傳》言理不言數，故篇首冠以九圖；又撰《啟蒙》發

　　〔註92〕周按：為節省篇幅計，各條之間加 ‖ 區分，不另分行。
　　〔註93〕周按：古籍出版社 1958 年本「坎」字脫。手稿本可覈。

明圖書之義。或疑九圖為偽，其實易故重理，而亦不能略數，特不可以宋元之太極圖書遂為易數耳。至清毛奇齡，黃宗羲、弟宗炎，胡渭，張惠言，於圖書皆有辯論，而以胡、張為精。又焦循以洞淵九容比例說易，王伯申謂其精銳鑿破混沌。先大父豐苣博士，則謂其勞而寡功，蓋先大父深於經小學，兼通百氏，尤邃於易，且精天算，故能中其失。先大父著有易六種（《易鄭氏爻辰廣義》二卷、《易互卦卮言》一卷、《易章句異同》一卷、《易消息升降圖》二卷、《學易劄記》四卷），而以《六十四卦經解》八卷為最要（一名《周易匯通》），綜核漢宋以來各家之易說，而評論其短長，附見於注中。訓詁必窮其原，廣引古籍蘊義，歷史事實，以證明人事。又易之異同（另著《易章句異同》一卷）咸為臚列，而判其得失。其於之卦變化、互卦文義相通者，言之尤詳。非精熟深思、經數十年博覽考證研究之功，不克臻此。蓋其用力於易，與《說文通訓定聲》相等，實易空前之書，最便讀者。又於鄭玄爻辰、古今占易徵驗並附載焉。至於天文算術之實求陰陽術數之隱賾、地理方域之攷證、卦辭古韻之增訂，固為先大父之專擅，尤能貫通，非他家所可企及。又於本書隨手劄記，其心得卅餘條，多說易例及評清代易家著述，茲錄為一卷，題曰《易例發揮》，附刊卷首（可與《學易劄記》等合觀）。學易者得此一編，可以無須旁求已，可得其奧要矣。公元一九五三年二月十四日農曆癸巳元旦，孫師轍謹識於杭州岳王路卅號寄盧時年七十有五。

　　◎孫詒讓《朱博士事略》：謂孟、京之卦氣五行，荀、虞之納甲消息，馬、鄭之互體爻辰，輔嗣之空虛清悟，各有所得，亦各有所失。至爭言玄理，反疏訓典，墨守宗尚，拘求義例，尤後儒說易之通病。惟觀其會通，不膠一說，先釋其文，次求其理。至一卦之中取象雜出、一爻之內上下不蒙，不必強經以就我，周公之言不必拘羲、文之義而義貫，孔子之說不必泥文、周之旨而旨通。因著《六十四卦經解》八卷。

　　◎朱駿聲《傳經室文集》卷二《易雜說》：近時說易者蔣根庵以應比為主，不取卦變；黎世序六十四卦皆變未／既濟；葉佩蓀主于移易，不取變易；蘇秉國主于變易，不論爻位；連斗山兼取交易、移易、變易而無不易之爻；晏斯盛不取圖書，並廢互體；任啟運以河圖之五十為全易之要；李塨專主互體，不取卦炁之類；孫宗彝引易歸禮，于易之中無專主，反專主于易之外。愚謂易固不可為典要，然各有所偏。鄙意解易當先釋其文，則《爾雅》《說文》之類為本；次求其理，則合于經常之道為本；次考其典，則務當于古義，至于一

卦之中而取象褙出，一爻之內而上下不蒙，則固不必強經以就我，定欲使古經如今人文字也（解易先須識字，並須考此字在殷末周初時作何解。愚謂《爾雅》《說文》外最可者，古人名字相附之義）。

◎朱駿聲《傳經室文集》卷六《復貴池拔貢陳信吾（之瑞）書》（乙卯三月二十九日）：接誦手書，並賜教大稿數種。僕正避亂山中，于流離顛沛之時獲觀通儒饌箸，欣幸轉深。十讀醉心，五體投地。記前明董次公《卦變考略》一書，其自序以六書為說，謂六書明則大易如日星。本朝毛西河《仲氏易》《易小帖》諸書亦多以方位為說，申明易兼五義之恉。以愚觀之，均不逮先生之湛深精覈，發先儒所未發，乃真不朽之業也。僕曾有《六十四卦經解》八卷，視之不啻塵羹土飯矣。謻諑敍言，深願附驥以傳。惟此時逼迫危慮，端憂暮齒，又值抱病兼旬，握管不能成句。字畫指南，精義已經默識，茲先將原書寄還，一俟心緒牏安，當謹譔就呈政。其辱承指教之處，僕檢閱六字注內，因許說未安，已妄有糾正，似正與尊意相合也。

◎朱駿聲，字豐芑，號允倩，晚號石隱。江蘇元和（今蘇州）人。道光乙酉舉人。官揚州教諭。年十三受讀《說文解字》，年十五師從錢大昕，錢謂：「吾衣缽之傳將在子矣。」博學無書不讀，嫻習經史，擅長詩賦詞章。著有《學易記》三卷、《六十四卦經解》八卷、《易鄭氏爻辰廣義》一卷、《易消息升降圖》一卷、《易經傳互卦卮言》一卷、《易章句異同》二卷、《學易札記》四卷、《尚書古注便讀》四卷、《詩集傳改錯》四卷、《詩傳箋補》十二卷、《詩序異同彙參》四卷、《詩地理今釋》二卷、《儀禮經注一隅》二卷、《夏小正補傳》二卷、《大戴禮記校正》二卷、《春秋平議》五卷、《春秋三家異文疏》一卷、《春秋亂賊考》一卷、《春秋左傳識小錄》二卷、《春秋經傳旁通目》十卷、《春秋列女表》一卷、《春秋闕文考》一卷、《春秋地名人名考》、《左傳旁通》十卷、《論孟確解》二卷、《小爾雅約注》、《小學識餘》四卷、《六書假借經證》、《經史問答》二十六卷、《秦漢郡國考》、《歲星表》、《懸解》四卷、《離騷補注》、《秦漢郡國考》、《天算瑣記》四卷、《數度衍約》四卷、《說解商》十卷、《朱氏群書》、《朱駿聲文集》等。

朱駿聲 學易記 三卷 存

浙江藏稿本

浙江藏朱師轍鈔本

◎周按：元李簡亦著有《學易記》十二卷、明金賁亨亦著有《學易記》五卷存世。

朱駿聲　學易劄記　四卷　存

浙江藏稿本

◎孫詒讓《朱博士事略》：嘗覽古今說易百數十家，提要鈎玄，為《學易劄記》。

朱駿聲　爻辰補義　未見

◎朱駿聲《傳經室文集》卷二《作爻辰補義書後》：九重天皆左旋，宗動天最疾，恆星天次之，幾與宗動等，但每歲不及宗動天五十一秒，計七十年二百十一日有九時一刻盈不及宗動天一度，積二千一百十七年有奇不及天一宮，積二萬五千四百十一年有奇而與天會。此《堯典》《夏小正》中星所以不合于《豳風》《月令》《左氏傳》也。然則溯周公繫爻之時至康成注易之時，相距一千三百餘年，恆星歲差已十九度有奇。公之時女不次元枵之舍、危不居娵訾之辰，推之他宮皆然，不必取象如鄭所云也。雖然，孔子曰「觀鳥獸之文」，陸績謂朱鳥、白虎、蒼龍、元武經緯之文，仰以觀天，間亦符合，亦足見易理之無不通焉。康成所著爻辰說易，其書已亡，見于唐人《正義》者，寥寥數則。茲據《漢志》三統術，倣其意補之，名曰《補義》，雖穿鑿傅會頗多繆戾，聊存以備一家之言。他日尚當推周初之恆星宮度，繪圖讎校，汰其不合于古而益以義與古合者，以蘄通貫，茲適以他事未暇云。

朱駿聲　易經傳互卦巵言　一卷　存

浙江藏朱師轍鈔本

◎民國《吳縣志》卷第五十八上：朱駿聲《六十四卦經解》八卷、《易鄭氏爻辰廣義》一卷、《易消息升降圖》一卷、《易經傳互卦巵言》一卷、《易章句異同》二卷、《學易札記》四卷。

◎朱駿聲《傳經室文集》卷二《作互卦巵言書後》：孔子曰：「《易》有四象，所以告也，為道也屢遷，變動不居，周流六虛，上下無常，剛柔相易，不可為典要，惟變所適。若夫雜物撰德，辨是與非，則非其中爻不備。有天道焉，有人道焉，有地道焉，剛柔雜居而吉凶可見矣。」由是觀之，易無體也，以言者尚其辭，以動者尚其變，以制器者尚其象，以卜筮者尚其占。孟、京之

卦氣、五行，荀、虞之納甲、消息，馬、鄭之互體、爻辰，輔嗣之空虛、清悟，皆易理也。周公之言未必皆義、文之義而義貫，孔子之意未必泥文周之旨而旨通。夫八卦變六十四卦，世應之法也；六卦生六十四，爻之之例也；四卦統六十卦，卦氣之說也。反對五十六卦，兩象相易，五十六卦旁通六十四卦，兩象自反，四十八卦六子肖體三十卦，義或有取，均不可廢。後學墨守宗尚，入主出奴，膠其柱而鼓瑟，則皆失之。偶述經傳互卦若干條，雖穿鑿支離，卮言無當，或亦章句之一助云。

◎朱駿聲《傳經室文集》卷二有《易言西南東北解》《復卦彖詞解》《臨卦象詞解》《損益二卦解》《升卦說》《革巳日乃孚解》《賁彖傳解》《剝彖傳解》《蠱先甲三日後甲三日先庚三日後庚三日解》《易禭說》《卦變說》《兩儀四像八卦說》《駁虞氏解解卦義》《易總說》《易㳄說》《書焦孝廉循易圖略後》《作爻辰補義書後》《作互卦卮言書後》等篇可參。

◎朱駿聲《傳經室文集》卷二《卦變說》：卦變之說亦起于後儒。宋朱子有《卦變圖》、李挺之有《變卦反對圖》、朱子發《漢上易傳》有《六十四卦相生圖》，元朱楓林有《十辟卦變圖》《六子卦變圖》，明來知德有《卦綜圖》、何楷有《乾坤主變圖》，本朝毛西河有《推易折衷圖》，言人人殊，固難畫一。即虞仲翔消息升降之說，亦多所附會。更有所謂特變者、兩象易者以通其窮，究於古聖人作易之旨未必有當也。子曰：「八卦成列，象在其中矣；因而重之，爻在其中矣」，則八卦之為六十四，亦祇是八卦之上各加八卦耳。聖人以乾元觸類而長，參伍錯綜，發揮旁通，所以參消息而神變化者。間遇微旨，亦不可盡廢。愚故作為兩圖，一散卦統歸于八純卦所生，所謂因而重之也；一散卦分屬于六子十辟所生，所謂引而伸之也。舊圖無六子生他卦者，愚不謂然。

朱駿聲　易消息升降圖　二卷　未見

◎朱師轍《六十四卦經解跋》著錄。

◎朱駿聲《傳經室文集》卷二《易總說》：有中古聖人之易，有孔子之易。如乾元亨利貞，不過占詞，言大通而利于正耳。孔子借經以教天下後世，而釋之為四德。爻詞「利見大人」亦不過占詞，大人太卜之屬、卜筮之官，詩「大人占之」是也，而孔子釋之為乾坤合德之大人，蓋古人最信卜筮，孔子借卜筮之書申其義理廑以垂訓，所謂因勢而利導之也。

朱駿聲 易章句異同 一卷 存

浙江藏朱師轍鈔本

朱駿聲 易鄭氏爻辰廣義 一卷 存

浙江藏朱師轍鈔本

朱開 周易顯晦 四卷 佚

◎民國《懷寧縣志》卷十一《文藝》：朱開《周易顯晦》四卷。

◎民國《懷寧縣志》卷十九《文苑》：著有《修養窩耕餘偶筆》、《內經說》一卷、《古文》一卷、《周易顯晦》四卷、《吟草》一卷、《待用軒六壬》六卷、《修養窩奇門遁甲》二卷、《悔遲軒文集》四卷、《制藝》《試貼》各一卷。

◎朱開，號問粿。安徽懷寧人。邑增生。內行敦厚，嘗築一靜室曰稻花樓，讀書其中，寒暑不輟。而尤嗜《周易》及諸秘籍文。

朱孔彰 周易說文字校 一卷 存

浙江藏稿本

浙江藏鈔本

◎朱孔彰（1842～1919），原名孔陽，字仲武，更字仲我，晚號聖和老人，江蘇長洲（今蘇州）人。朱駿聲子。光緒八年（1882）舉人。咸豐十年（1860）投曾國藩幕，留營讀書。旋襄校江南官書局。光緒中，劉坤一聘修《兩淮鹽法志》，馮煦聘修《鳳陽府志》，兼主淮南書局，又主蒙城書院，歷任江楚編譯局協修、江南通志局撰述。宣統元年（1909）掌教安徽存古學堂。熟掌故，善書法，精小篆。民國後嘗應清史館聘，撰傳稿數十篇。著有《說文重文箋》、《說文粹》、《十三經漢注》、《論語孝經爾雅孟子古注匯輯》、《中興將帥別傳》三十二卷、《中山王徐達傳注》、《三朝聞見錄》等。

朱朗 易經闡微 二卷 存

嘉慶海上博斯書屋刻本

朱良裘 陳浩 李清植等 周易略例考證 一卷 存

乾隆武英殿刻十三經注疏附考證本

四庫本

四庫薈要本

◎卷首云：臣良裘按：《略例》一冊乃王氏易註之綱領，《隋書·經籍志》所謂《周易》十卷蓋併此數之，故《釋文》云或有題為第十者。孔氏作疏，主申王學而不疏《略例》，殊失體要。至坊刻注疏本乃削去之，謬妄甚矣。監本雖附見卷末，而序目不全，字句多譌。今據相臺岳氏所梓荊谿家塾本及《漢魏叢書》《津逮秘書》所錄，稍為參訂，有同異者著之。

◎朱良裘（1723～1795），字冶之，號補園。江蘇南匯（今屬上海）周浦人。雍正二年進士。授庶吉士。甚得方苞等器重，嘗奉旨校刊《十三經》。又著有《鶴浦書堂詩餘》。

◎李清植（1690～1745），字立侯，別號穆亭。福建安溪感化里人。大學士李光地孫。康熙五十六年舉人，雍正二年（1724）進士。歷官禮部左侍郎。少好《易經》，晚攻《儀禮》。

朱良裘 陳浩 李清植等 周易注疏考證 十三卷 存

乾隆武英殿刻十三經注疏附考證本

四庫本

四庫薈要本

◎卷前有乾隆十二年二月朔御製《重刻十三經序》、御製《伏日讀易》、御製《讀周易枯楊生稊辨詁》、御製《讀易繫辭上傳第五章書義》、《校刻十三經注疏進表》。

◎卷末云：臣少詹事朱良裘謹言：按孔穎達《易疏序》云：「為之《正義》十有四卷。」《經籍考》：《館閣書目》云：「今本止十三卷。監本分為九卷，蓋據王弼注。六十四卦六卷，韓伯注。《繫辭》以下三卷之文而又不依其篇第也。諸經題曰《注疏》而易獨名為《兼義》；諸經分錄音義而易獨附之卷末，直是合刻注疏之始，體例未定，故爾乖違。後人遂沿而不改耳。乾隆四年奉敕校刊經史，廣羅舊本，以備參稽。得文淵閣所藏不全《易疏》四冊，則上經三十卦釐為五卷，始知孔疏王注已分六卷為十卷，合之韓注三卷而十三卷。自備臣良裘偕臣林枝春、臣聞棠、臣吳泰昕夕考究，凡監本舛錯謬訛之處，證以舊本。如覆得發、如垢得梳，惜自晉卦以下舊本殘缺，然監本之不可復讀者已十去其六七矣。是年冬校訖進呈，奉制報可，爰付剞劂。逾年竣工，茲臣良裘復與同事臣陳浩、臣李清植覆加檢覈，詳審再三，錄為《周易注疏考證》若

干條，遵旨列於各卷之末。竊惟王弼易注孤行江左二百餘年，孔氏《正義》專申其學，幾於盡掃羣言。自程朱《傳》《義》出，學者乃束而不觀。今其說之合者已備錄於《周易折中》，無容更為論別。漢世傳易諸家異同不可復考，間有見於李鼎祚《集解》者，採輯一二以補陸德明《釋文》所未備。王注流傳差謬，郭京所舉正者總一百三節，世罕其書。今分別著之。其疏釋中字有訛別，各加指證，以資考索。他如《五經文字》《六經正誤》《音辯》《韻補》諸書所訂正足為字學、韻學之助者，亦采其說以附於識小之義，深知測海之難，實切負山之懼。臣良裘謹識。

　　◎民國《南匯縣續志》卷十二《藝文志》：《周易注疏考證》（清朱良裘著。据《光緒志・朱鑑傳》）。

朱履素　易解續　佚

　　◎乾隆《太平府志》卷二十六《人物志・文學》：晚歲尤耽於易。應康熙丙子贗歲貢。卒年七十六。著有《易解續》《枕香亭詩集》藏於家。

　　◎民國《蕪湖縣志》卷五十《人物志・文學》：著有《易解續》《枕香亭詩集》藏於家。

　　◎民國《蕪湖縣志》卷五十六《藝文志・經部》：《易解續》（清朱履素著）。

　　◎朱履素，字行初，號印泉。安徽蕪湖人。天性孝友。讀書神山麓羅漢寺中。顧錫疇嘗指而異之曰：「此子學業如此，得不令前賢畏後生耶？」

朱奇齡　周易測微　二卷　存

　　國圖藏咸豐（1854）朱葆彝盛堂鈔本

　　◎一名《周易蠡測》、《易經蠡測》。

　　◎乾隆《杭州府志》卷五十七《藝文》一：《易經蠡測》（國朝貢生海寧朱奇齡與三撰）。

　　◎朱奇齡，字與三，號拙齋。浙江海寧人。朱朝琮子。康熙三十年貢生。屢試不中，刻意以古文自任。又著有《春秋測微》《續文獻通考補》《拙齋集》。

朱奇穎　周易纂注　無卷數　存

　　天翼堂刻本（題天翼堂周易纂注）

　　◎《江蘇採輯遺書目錄》題作三卷。

　　◎光緒《嘉定縣志》卷二十四《藝文志》一：《周易纂注》三卷（朱奇穎

著，朱之俊序。《四庫全書提要》：此書大概依附朱子《本義》而稍參以己說。後有附錄一卷，則其子所刻墓誌、行狀也）。

◎四庫提要：此書大概依附朱子《本義》而稍參以己說。後有附錄一卷則其子所刻墓誌、行狀也。

◎朱奇穎，字兼兩，一字九愚。嘉定（今屬上海）人。順治辛卯拔貢生，官平遙縣知縣，後以觸忌罷歸。卒年七十六。

朱奇政 易解 佚

◎嘉慶《長沙縣志》卷十九《人物》：所著有《易解》、詩古文各一集。

◎同治《長沙縣志》卷三十五《藝文》：《易解》（朱奇政著。有傳）。

◎朱奇政，字平齋，榜名奇珍。湖南長沙人。康熙三十五年舉人。歷任同安、湖口知縣。

朱謙之 周易哲學 二卷 存

山東藏上海學術研究會叢書部 1926 年鉛印學術研究會叢書本（上卷）

山東藏上海啟智書局 1935 年鉛印本

山東藏臺北成文出版社 1976 年無求備齋易經集成影印本

臺灣文聽閣圖書有限公司 2009 年林慶彰主編民國時期經學叢書本

◎目錄：第一章：形而上學的方法。第二章：宇宙生命──真情之流。第三章：流行的進化。第四章：泛神的宗教。第五章：美及世界。第六章：名象論。

◎通信代序：

（上略）人自祖先以來，本有真情的，自知道懷疑以後，纔變壞了！拆散了！所以弟近來倒轉下來極力主張信仰，只有信仰使人生充滿了生意，互相連接著、鼓舞著，不識不知，完全聽憑真情之流，這是何等的汪洋甜密呀！而且由懷疑去求真理，真理倒被人的理知趕跑了，懷疑的背後，有個極大的黑幕就是「吃人的理知」；而無限絕對的真理，反只啟示於真情的信仰當中。沒有信仰，沒有宇宙，沒有人生，至人們親愛的、更親愛的，都要把他搗碎成為「虛無」，可憐憫的人們呀！懷疑的路已經走到盡頭處了！為什麼不反身認識你自己的神，為什麼不解放你自己於宇宙的大神當中呢？

要問弟近來思想的下落，只要穩當快活四字。從前的宇宙是要有廣袤的

物質充塞住，現在看起來，都是混一的「真情之流」，浩然淬然，一個個的表示都是活潑潑地，都是圓轉流通的，但不能執為物質，而認作有形有體，而一切有形有體的東西，都還沒於「真情之流」了。這時宇宙哪！萬物哪！都和我一體，我和天地間流，何等的穩當快活！不錯呀，動也快活，靜也快活，自家一笑一哭，都和流水一樣輕快，手之舞之、足之蹈之，把大地山河作織機，可謂痛快極了，自由極了。反之從前否定一切、打破一切，把自己閉在狹窄的圍牆裏，那也是自由嗎？痛快則痛快矣，只可惜痛而不快，可見以懷疑看世間，則充天塞地無非間斷；以信仰看世間，則照天徹地，無非「真情之流」，要間斷都間斷不了的啊！

我是對著自己的神懺悔過的，神告訴我，信得自己完全無缺，就眼見得宇宙完全無缺；信得自己是神，就上看下看內看外看，宇宙都是神了！這麼一來，遂使我閉住理知之眼，而打開真情之眼，我如今一變而為樂天主義者了！我很相信這個世界，便是最圓滿的世界，而工作於這世間的人們，都是神之驕子，由神的真情而流出的，所以我們都是同胞，平等平等，若於此有絲毫的懷疑的心，便叫做不仁。

當我默識遊神於宇宙當中時，就能看明宇宙是個頂活潑頂流通的「真情之流」，主宰這「真情之流」的便是「神」。神當真情洋溢時，就為宇宙的森羅萬象而現，所以宇宙就是神了！神就是宇宙了！因神的真情流露沒有窮期，所以宇宙的縣延，也不休歇，而人們要返於神的，也用不著什麼工夫，只須擴充自己的一點「情」，由信仰向上努力，自能漸漸地和神的真情合為一體，這是無須疑的，因此所以我們所能作的，就是絕對信仰的態度，唯有絕對信仰皈依於宇宙大神，才能擺脫物質的牽制，化理知的生活，復為真情的生活。

我更相信，人們自有生以來，「真情之流」是沒有間斷的，所以「人性」絕對是善，淵淵浩浩地都是要求快活，要求平衡，都能自找安心立命的路走的。但為什麼有惡呢？原來善才遲鈍些子，便覺妨礙生機，便叫做惡，其實惡是不可能的，惡只是小善，只須一任擴充便得，也不能不擴充的。由此可見世間根本沒有壞人，他們一時不自知罷了，才自知便接續了，便擴充了，所以《周易》說：「復以見天地之心。」神的真情怎忍得世間有個壞人？我們和神合德的，也不願世間有個壞人，這不願就是性善的證據了！所以在這個樂觀的基礎上，我敢毅然決然主張絕對自由的真情生活——沒有強力而又得

調和的社會，我的朋友們呀！我懇求你，不要懷疑，不要想打破一個東西，甚至一微塵都不須打破，這些形形色色，都要信他本來，讓你，真誠惻怛的一點「情」眷戀神罷！這麼一來，就能把宇宙的一切，都化於「真情之流」，都復歸於神的當中，而人們的不自由不幸福，自然而然的得個解脫，而實現真情生活在人間上了。

　　最近的證悟，大概如此。要問其詳，一言難盡。但要申明一句，我是一向快活自由的人，不受任何方面的拘束，這種思想與其說是研究周易哲學的結論，不如說由參澈自己的變化得來。活潑潑的真情之流啊！當下便是樂土，我們更何忍毀滅人生，去求那超於人間的希望的「涅槃」？所謂思想改變，便是如是（下略）。

　　朱謙之。

　　◎朱謙之（1899～1972），字情牽，筆名古愚、閩狂、左海恨人等。福建福州人。畢業於北京大學，先後執教廈門／暨南／中山／北京諸大學。1964年任中科院研究員。著有《周易哲學》《謙之文存》《扶桑國考證》《日本哲學史》《歷史哲學大綱》《中國音樂文學史》《日本古學及陽明學》《中國思想對於歐州文化之影響》《中國古代樂律對於希臘之影響》《哥倫布前一千年中國僧人發現美州考》等。

朱日濬　朱氏訓蒙易門　七卷　首一卷　存

　　湖北藏清黃大中（森焱）鈔本

　　◎卷目：卷首自序、門人景運享撰本傳。上經二卷、下經二卷、繫辭上傳一卷、繫辭下傳一卷、說卦序卦雜卦一卷（《文言》分釋於乾坤兩卦中）。

　　◎自序〔註94〕：《易》之作，吉凶與民同患，則言易而不言占，非聖人之意也。或謂易道精微，若止為卜筮而作，則卑視夫易，而豈足以語夫通神明之德、類萬物之情乎？殊不知形而上者之謂道，形而下者之謂器，在聖人已有成說。故家文公云：「易若只言道理，聖人當初何不直作一書如《大學》、《中庸》之類？何必用許多徒象，通其變以極其數如此也？」故其注易也，有象有占，以為此象占乃易之本旨，故名曰《本義》，以見程《傳》諸書皆非其本義耳。故程言理，邵言數，《本義》言象即理、言占即數也。象占設而理與數皆具，易之道乃備，後世又何須注易，而濬之《易門》又何為哉！亦祇以

────────────

〔註94〕又見於朱彝尊《經義考》卷六十七。

《本義》辭簡旨深，童蒙小子不能驟通其意，爰就《本義》略加訓詁，撰成口講，句分字晰，使因粗以求其精，故云「訓蒙」云耳。康熙癸亥仲春。

◎羅人琮《薦舉遺才疏》：所有品行卓特，學問淵博，文采優贍，如湖廣黃岡縣貢生朱日浚，湖廣孝感縣貢生、見任黃安縣訓導彭燄，浙江錢塘縣監生洪升等，據實開列。此數人者，華實並茂，文行兼長，皆足以黼黻皇猷，備皇上考試錄用者也。

◎朱彝尊《經義考》卷六十七：朱氏（日濬）《訓蒙易門》七卷，存。

◎光緒《黃州府志》卷之三十二《藝文志》：《訓蒙易門》七卷，黃岡朱日濬撰（《經義考》）。

◎周按：是書每卦先標卦畫、卦名，依卦辭、彖辭、象辭、六爻之辭、六爻象辭次序，引述朱子《本義》、胡廣《大全》、蔡清《蒙引》等諸家學說注釋，並申己意。

◎朱日濬，字靜源，號菊廬。湖北黃岡人。順治十一年（1654）歲貢生。好學博文，端方自守。為均州訓導，講說經義，後世以為典型。著有《訓蒙易門》七卷、《訓蒙書門》六卷、《訓蒙詩門》三十六卷、《訓蒙禮記門》十五卷、《五經門句解》百二十卷、《四書門句解》二十五卷、《黃州文獻錄》六卷。

朱容森 周易講解顯 佚

◎光緒《衡山縣志》卷四十《著述·國朝》：朱容森《周易講解顯》。

◎朱容森，湖南衡山人。著有《周易講解顯》。

朱如日 大易理數觀察 二卷 佚

◎自序〔註95〕：《大易理數觀察》一書何為而作也？夫易之有先天，譬之四序之元氣、五官之天君，主宰綱維，超乎聲臭。法象之表寓於卦畫圖位之中，使人探之而莫得其端、挹之而不盡其蘊。此先天對待之體，實後天流行之用所從出也。讀易者不深究夫無文之易，是猶溯河源者不探星海、尋地脈者不求崑崙，其不為邵子「觀象徒勞窺互體，玩辭純是逞空言」之所譏者，亦寡矣。昔人有言：邵至大也，周至精也，程至正也，朱子則極其大、致其精而會於正也。易學所宗，端在四子，能專言理則恐其遺象數，言象數而理在其中矣。其圖雖出於邵子，而自陳摶圖南以前授受淵源，加以二十年相從林下

〔註95〕錄自乾隆《蓮花廳志》卷八上《藝文志》。

之功，始能深探力索，扶奇摘奧。故朱子《本義》數宗於邵、理宗於程，詳著於《啟蒙》諸書，易學始為大備。後之談易者不下數十百家，大要於辭變象占反覆推求。若先天之易概置不講，彼其意以為邵子、朱子及有宋諸儒言之已詳，吾第掇拾其餘，則大意可舉，而非今日應酬之急務也。日聞斯語，心竊鄙之。試以身入其中，初若觀海望洋，莫別津涯。及沉潛細玩，多歷年所，偶有所得，則未敢出以告人。丁巳春，因事拂亂，家用空乏，只得偕兒姪三人，坐聚山觀中，咬菜羹而談詩書。因取先後天諸圖講明而切究之，以為宣之於口不若載之於筆。時玩日繹，日復一日，未莽月間，積案盈帙。或因其已發者而益發其所未發，亦即人之所解者而更解其所不解。同志有見之者，謬稱為往復深切、曲暢旁通。余輒皇然靡寧，未敢自當。乃平心揣度，體雖近於詞章，理則該乎造化。似有以得其宏通簡要之法，而適乎仁義中正之途者。爰彙而集之，俾窮居展玩，用以自怡，亦可忘憂，所謂人有少壯窮經至老而賴其用者，意在斯乎！若云有意勒成一書，弋取聞達，漫欲垂世而行遠焉，吾不敢謂然矣，吾不敢謂然矣！

◎乾隆《蓮花廳志》卷七《人物志》：尤研究易理，闡發精微，士林推重，終身貧困偃蹇，不自悔。講學之餘，獨好著述，撰有《大易理數觀察》等書。

◎光緒《江西通志》卷九十九《藝文略》一《國朝》：《大易理數觀察》二卷，朱如日撰（《四庫全書存目提要》）。

◎《皇朝通志》卷九十七：《大易理數觀察》二卷（朱如日撰）。

◎《皇朝文獻通考》卷二百十二、光緒《江西通志》卷九十九《藝文略》一：《大易理數觀察》二卷，朱如日撰。

◎四庫提要：是編成於乾隆丁巳，大抵掇拾圖書之陳言〔註96〕。

◎朱如日，字洞彝，號荷軒。江西蓮花廳礱西鄉十四都荷花村人。

朱尚葵 周易解句 佚

◎道光《續修桐城縣志》卷二十一《藝文志》：《周易解句》（朱尚葵撰）。

◎朱尚葵，安徽桐城人。

朱軾 段志熙校 易說 三卷 存

清刻朱文端公藏書十三種本

〔註96〕殿本「掇拾圖書之陳言」作「敷衍圖書之說」。

叢書集成三編本影印清刻朱文端公藏書十三種本

◎宋張載原撰。

◎朱軾（1665～1736），字若瞻，又字伯蘇，號可亭，諡文端。江西瑞州府高安縣艮下村（今高安市村前鎮艮下朱家村）人。歷仕康熙、雍正、乾隆三朝，官至太子太傅文華殿大學士，兼吏兵二部尚書，為乾隆帝師。束其勵行，通經史百家。卒後乾隆帝御賜「帝師元老」。又著有《儀禮節要》二十卷、《春秋鈔》十卷、《史傳三編》五十六卷，注有《孝經》十卷。

◎段志熙，字百維（惟），號沁南。河南濟源人。恩蔭生。初授光祿寺署正，遷大理寺丞，差揚州府抄關，升工部都水司員外郎，遷戶部山西司郎中，康熙五十一年外轉雲南沅州府知府，升浙江寧臺道補口，西通省驛監道，升雲南按察司，康熙五十二年特授浙江布政使司布政司。為官清廉謹慎，多有治績。卒崇祀鄉賢。

朱軾 周易傳義合訂 十二卷 存

四庫本

康熙乾隆刻、光緒重刻朱文端公藏書十三種本

首都圖書館藏乾隆二年（1737）內府刻本

復旦藏乾隆二年（1737）鄂彌達刻本

湖北藏咸豐十年（1860）刻本

山東藏 1983 年臺北商務印書館景印文淵閣四庫全書影印國立故宮博物院藏本

◎御製周易傳義合訂序〔註97〕：《易》之為書，以奇偶明陰陽之象，以陰陽闡健順之德，以卦爻該事物之變，以易簡盡天下之理，潔淨精微而廣大悉備，天德王道一以貫之，故曰《易》者五經之源也。顧自漢魏以來，考象變者泥於術數而不足以通幽明之故，談義理者淪於空寂而不足以研倫物之幾。至程子《易傳》朱子《本義》出，而義理象數始歸於一。於是四聖人作易垂教之旨煥然復明於萬世。我皇祖聖祖仁皇帝御纂《周易折中》探源河洛，直接心傳，而綜括儒先，首列程朱《傳》《義》，誠以《傳》《義》者，羲經之樞鑰而易道之通津也。故大學士高安朱文端，清修正學，品重當代，曩在講席，啟沃良多。平生所學，專於《儀禮》《小戴記》，而易《春秋》《周官》亦旁及焉。

〔註97〕又見於同治《高安縣志》卷之首。

所著《傳義合訂》一編，探二子所以云之意，發揮而引伸之，簡而當，博而不支，鉤深探賾而不鑿。蓋玩之熟故擇言也精，體之深故析理也密，可謂善言易矣。文端以兩粵督臣鄂彌達舊為曹屬，手授是書。鄂彌達梓而傳之，刻成進覽，披閱之下，當日勤勤懇懇、嘉惠來學之苦心怳乎若接，不禁愴然。爰援筆而為之序。乾隆二年閏九月十五日（謹案是序不載於御製文初集，而此集刊本實以冠首，今仍據以恭錄）。

◎何焯彥《易經遵孔八哲類稿》卷十二《集哲》：朱氏軾《周易傳義合訂》，凡《程傳》《本義》互有異同者，務折中以歸一當，使不涉於兩歧。惟兩義並行不悖者乃兼存其說，附以諸儒。或有實勝程朱者，亦舍程朱以從之，蓋不株守門戶也。

◎周中孚《鄭堂讀書記補逸》卷二：是編合《程傳》《本義》異同兩歧之說，折衷以歸一，而兼存其兩義之並行不悖者，又益以諸儒之論過於程朱者，各有己見附之。蓋絕不株守門戶者也。其書文端在日未及梓行，乾隆丁巳，其門人兩廣總督鄂彌達始為校刊進呈，御製序文褒美。前又有文端自撰凡例。其首卷則為圖義，蓋縷析朱子各圖之義而圖則不載云。

◎四庫提要：是編因程子《易傳》、朱子《易本義》互有異同，為參校以歸一是，不復兩可其說以滋岐貳，惟兩義各有發明可以並行不悖者仍俱錄焉，而附以諸儒之論。其諸儒之論有實勝《傳》《義》者則竟舍《傳》《義》以從之，軾所見亦各附於後。其《凡例》有曰：「遺象言理自王輔嗣始。然易者象也，有象斯有理，理從象生也。孔子《彖》《象》二傳何嘗非言象？雷、風、山、澤以及乾馬、坤牛、震龍、巽雞之類皆象也，即卦之剛柔、上下、應比、承乘亦何莫非象乎？舍是而言理，不知所謂理者安在矣？易道之取類大，精粗巨細無所不有，即納甲、飛伏等術數之學，不可謂非易之一端也。況中爻、互卦、倒巽、倒兌、厚離、厚坎之象，皆卦體之顯而易明者乎？」又稱：「卦有對易、反易。反易之義先儒言之已備，來知德謂之卦綜，謬矣！」又稱：「程子不取卦變，謂凡卦皆自乾、坤來，然合之《象傳》究未盡協。今一遵朱子一陰一陽自姤復之說。」又稱：「宋元以來易圖不下數千，於四聖人之精義全無干涉。今一概不錄，止縷析朱子各圖之義，而圖仍不載」云云，其全書宗旨具見於斯。較之分門別戶尊一先生之言而先儒古義無不曲肆掊擊者，其識量相去遠矣。其書，軾存之日未及刊行。乾隆丁巳兩廣總督鄂彌達始為校付剞劂恭呈御覽。蒙皇上篤念舊學親灑宸翰弁於編首，稱其「簡而當，博而不

支，鉤深探賾而不鑿。蓋玩之熟故擇言也精，體之深故析理也密。」天藻表揚昭垂日月，非惟是書仰托以不朽，即天下萬世伏繹聖謨，亦均能得讀易之津梁窺畫卦之閫奧，曉然知所向方也，又豈獨軾一人之幸哉！

◎《皇朝通志》卷九十七：《周易傳義合訂》十二卷（朱軾撰）。

◎《皇朝文獻通考》卷二百十二：《周易傳義合訂》十二卷，朱軾撰。

◎光緒《江西通志》卷九十九《藝文略》一《國朝》：《周易傳義合訂》十二卷，朱軾撰（《四庫全書存目提要》）。

◎朱瀚輯、朱岭補訂《朱文端公年譜》乾隆二年：案公著《周易傳義合訂》十二卷，是年鄂公爾泰校刊進呈御覽賜序（謹案：《四庫全書》收入經部易類，有提要一篇。又同邑吳淨友學濂為刻公文集四卷。雷翠庭鋐為之序，略云：公學術事功，久孚中外。生平自視甚歉然，其所纂輯諸書皆本前賢以裨世教，其自著《易》《春秋》，公既沒而後傳於世，奏疏經廷議施行外，未嘗有稿。他序論書記著作多不存錄，溧陽吳君受之公子，乃得若干卷云云）。

◎皮錫瑞《師伏堂駢文》第一種卷二、《師伏堂駢文》第二種卷二《徵刻朱文端公藏書十三種啟》：公以八卦之分肇自犧畫，十翼之作昉於龍蹲，而輔嗣清言徒供塵尾之執，圖南異學忽有龜書之授，羣言淆亂，折諸聖人，三爻夢吞，表其獨見，殫極理數，引申朱程，不載河洛之圖，尤徵別裁之旨，作《周易傳義合訂》十二卷。

朱軾 周易詳解 佚

◎趙國璋、潘樹廣主編《文獻學大辭典》著錄。

朱軾 周易註解 佚

◎朱方增《從政觀法錄》卷十七：著有《周易註解》《周禮註解》《儀禮節署》及《歷代名臣／名儒／循吏傳》諸書。

朱泗 易經續註 周易說意 佚

◎道光《徽州府志》卷十一之四《人物志・文苑》：所著有《四書宗正錄》《學庸續註》《易經續註》《周易說意》《廣春秋左傳評選》《秦漢衡書》《戰國策論鋒》《唐宋八家評選》《淡雲閣古藝》等編（道光《續歙縣志》）。

◎民國《歙縣志・儒林》卷七《人物志・文苑》：著有《淡雲閣四書宗正錄》《學庸續註》《易經續註》《周易說意》《廣春秋左傳評選》《秦漢衡書》《戰

國策論鋒》《唐宋八家評選》《淡雲閣古藝》等編。

◎民國《歙縣志》卷十五《藝文志·書目》:《存易編》、《易經續注》《四書宗正錄》《淡雲閣古藝三種》（俱朱泗）。

◎朱泗，字素臣，安徽歙縣堨田人。歲貢生。朱子嫡後。學粹行端，士林旌式。

朱文炑 大易粹言 佚

◎同治《瀏陽縣志》卷十八《人物》:其學以誠為本，以敬為宗，以精義集義為程途，以明體達用為究竟。後益殫心於《易象》、《春秋》，謂《易象》者內聖之學也，《春秋》者外王之書也，學不明《易象》，無以窺道之全體；不通《春秋》，無以極道之大用。由是博考精思，能於諸儒傳記註中上探聖人作經本旨。又凡天文曆算律呂方輿以及諸子百家靡不究其底蘊而區其得失異同……著有《大易粹言》《春秋本義》《中庸箋註》《五子見心錄》《聖學罪譯》。大章請遺稿於其母，僅存《易圖正旨》一卷、《五子見心錄》二卷、《從學劄記》一卷，長沙丁取忠為刊行。

◎劉人熙集《劉人熙集·蔚盧劉子文集》卷二《朱脊甫先生傳》:生乾隆季年，民物康庶，天子稽古右文，搜羅巖穴，冢書蠹簡畢出，學者以訓詁考據相高，詆程朱為孤陋，晚進之士負高才而植朋高譽者，不謀而同辭。先生早棄科舉，博極羣書，而必原本六經，折衷濂洛，精思力踐，辨陸王似是之非，持論精審。先生著述有《大易粹言》《春秋本義》《三傳備說》《中庸箋》《玩罪述內外篇》，皆亡失。卒之日，胡君請其遺稿於母，僅存《易圖正旨》一卷、《五子見心錄》二卷、《從學劄記》一卷、序說書記若干篇。善化蕭仲虎先生顯寅，先生友也，序其遺書，授其高第弟子長沙丁秩臣取忠先生。再至湖北，丁君送至舟中，問故受《樂律中聲》之說者，梓其書行世。光緒初，鄉人之官於朝者，上其學行祀鄉賢祠。

◎周按:宋方聞一亦著有《大易粹言》七十三卷存世。

◎朱文炑，字脊甫，自號伊蔚子。湖南瀏陽人。著有《易圖正旨》一卷、《大易粹言》《春秋本義》、《中庸箋註》、《五子見心錄》二卷、《從學劄記》一卷、《脊甫文存》一卷。

朱文炑 易圖正旨 一卷 存

光緒十五年（1889）瀏陽譚繼洵甘肅藩署刻朱慎甫先生遺集本

◎一名《易經正旨》。

◎自序〔註98〕：上天幽默，運至道於無言。人以後起參之，蔽於氣、拘於質、滯於意，罔焉不能知，知焉不能盡，於是天不能不憫之也，乃為生聖人而示之以圖書。聖人不能不承天意也，乃發至道而寫之以卦象。烏乎哉！百家之言論非不繁興也，而道之無聲者乃以言論而愈失；百家之意見非不雜起也，而道之無臭者乃以意見而愈迷；百家之奇元奧衍非不日出而日新也，而道之沖漠無朕者乃以奇元奧衍而愈膠。惟茲九圖，不假言論，無俟意見，平庸而實奇元，簡澹而實奧衍，其文自然，其趣活潑，其味沖永，其音寂寥，遠焉莫能際其至，幽焉莫能盡其藏，微焉莫能罄其思，渾焉莫能致其議，前無始，後無終，外無外，內無內，莫不範圍乎其中而不過、消息乎其中而不違。烏乎！道操其全，後聖述焉而不盡；理居其極，百氏爭焉而不搖。是非天降聖作，烏能至是乎？而說者或以圖書顯於宋，後天出自道，余疑之。夫圖書顯晦，先儒論之已詳，況《繫傳》有天一之文，康成又有法龜文之象，非明明大證乎！若以先儒相傳之說為不足信，則古今來固無可信者矣，是豈知圖書底蘊者哉！且夫圖書之蘊非同淺鮮，須有心得方可言論，不然膠於墨中失於象外。如或以術數衍之而同於方技，以死法說之而病於癡獃，更或紛紛改造而蹈於偽妄，道之不明，又誰之咎！予為此懼，於是仰思古聖之正旨，推本文公之素衷，刪除邪說，一顯道真。而凡先儒之得者錄焉，失者棄焉，其有不及則用己意以補焉。薈萃衍繹，總期出於潔淨精微之旨而止。知我罪我，其又奚辭！雖然，言之所及者有盡，象之所包者無窮，以言盡象象固不盡，是在學者由象以得象、由象以盡意，使胸中自有一活潑圖象者存而無藉於是編，則庶乎其可耳。嘉慶甲戌正月。

◎曾國藩《曾文正公文集》卷一《朱慎甫遺書序》：瀏陽朱君文炘所為書曰《易圖正旨》者一卷、曰《五子見心錄》者二卷、曰《從學雜記》一卷、《文集》一卷。嘉道之際，學者承乾隆季年之流風，襲為一種破碎之學，辨物析名、梳文櫛字，刺經典一二字解說，或至數千萬言繁稱雜引，遊衍而不得所歸。張己伐物，專抵古人之際，或取孔孟書中心性仁義之文，一切變更故訓而別創一義。羣流和附，堅不可易。有宋諸儒周程張朱之書為世大詬，間有涉於其說者，則舉世相與笑譏唾辱，以為彼博聞之不能，亦逃之性理空虛之域，以自蓋其鄙陋不肖者而已矣。朱君自弱冠志學，則已棄舉子業，而惟有

〔註98〕又見於《湖南文徵》卷七十七。

宋五子之求，斷絕眾源，歸命於一，自六經之奧、百氏雜家有用之言，無不究索其終，折衷於五子……君之於學，其可謂篤志而不牽於眾好者矣。惜其多有放佚，如《大易粹言》《春秋本義》《三傳備說》諸篇，今都不可見。其僅存者，又或闕殘，難令完整。其《易圖正旨》推闡九圖之義，與德清胡渭、寶應王懋竑氏之論不合。山居僻左，不及盡睹當世通人成說，小有歧異，未為纇也。予既受讀終篇，因頗為論定，以詒鄉人知觀感焉。

◎同治《瀏陽縣志》卷十八《人物》：年十六，於儒書無所不讀，尤篤志性命之學，以宋五子為依歸。嘗曰：「讀書所以明道也，未有不同四子五經而能明道者，亦未有不明濂洛關閩之道而能通四子五經者。」其學以誠為本，以敬為宗，以精義集義為程途，以明體達用為究竟。後益殫心於《易象》、《春秋》，謂《易象》者內聖之學也，《春秋》者外王之書也。學不明《易象》，無以窺道之全體；不通《春秋》，無以極道之大用。由是博考精思，能於諸儒傳記註中上探聖人作經本旨。又凡天文曆算律呂方輿以及諸子百家，靡不究其底蘊而區其得失同異……所著有《大易粹言》《春秋本義》《中庸箋註》《五子見心錄》《聖學罪譯》共如干卷。大章請遺稿於其母，僅存《易圖正旨》一卷、《五子見心錄》二卷、《從學劄記》一卷，長沙丁取忠為刊行。

◎同治《瀏陽縣志》卷二十一《藝文》一：《易圖正旨》一卷，朱文烋著。

朱錫旂 芸生堂易經備旨 七卷 存

康熙九年（1670）刻本（四卷）

◎朱錫旂，字元又。朱子十七世孫。

朱顯恪 周易講義 佚

◎光緒《湘潭縣志》卷十《藝文》：《周易講義》（朱顯恪撰。顯恪有傳）。

◎光緒《湘潭縣志》卷八《列傳》百二十六：《周易講義》（朱顯恪撰。顯恪有傳）。

◎朱顯恪，字勝川。湖南湘潭人。雍正舉人。候補儀徵知縣。講學必本於孝，而喜談易。

朱襄 易韋 二卷 佚

◎毛奇齡《西河文集》序卷二十九《朱氏易韋序》：舉世皆言易而易亡，然惟易可以舉世言之。倘舍《易》而言《詩》，則邶鄘唐檜至今尚莫解其名；

舍而言《禮》，則祇「為人後」一節而定陶濮國積為千六百年必不可釋之冤獄，況其他乎？弟易雖廣大，任人可言，而易之為易卒亦未有言及者。予嘗謂言易有三：一則易辭有著落，一則與《左氏》史占相合，一則包犧氏、文王、孔子同一易而無兩易。而世之言易者皆不然，名為言易而實自言其易；不惟自言易，而且自為作易。《易林》之自為爻辭，司馬《潛虛》、阮氏《洞極》之自為卦畫，楊子《太圜》，衛元嵩《元包》，蔡沈《洪範皇極》之自為策數、為蓍數、為揲扐之數，可謂易乎？如是而欲易之不亡，何待已？朱子贊皇作《易韋》，不必言易也，亦自言其易已耳，而易可以見，亦未嘗于易外自為易也；亦就易言易已耳，而其自為易亦可以見。贊皇嘗與予講伶州鳩七律之學，汎濫不竭，其好學善辨，有非尋常涯涘可窺見者。今此言易，其洸洋猶是也，而口可得道、指可得畫，舉易之廣大而悉歸之書不盡言、言不盡意之中。生平搜秘藏，每恨史蘇《靈臺》、無名氏《翠羽玉闕》諸書之不著于世，以為易學雖煩，亦饒缺落，何可當世有此書而不急覯之？！

◎四庫提要：是書成於康熙庚辰，卷首為《易圖說》，凡十二圖，其以九數為河圖宗劉牧之說，而以洛書為八卦又與牧異。其《尚占》一圖獨有圖而無說，殆傳寫佚之歟？次為《讀易字義》凡十四篇，其說無一不與前人相反，蓋不究聖人立教之本而惟黑白奇偶之是求，其勢必至於此，不足異也。其《讀易字義序》稱，命之曰《易韋》，而撮取《大傳》中之字推明其義，凡十四則，冠於《易韋》之前。然則《易韋》別有全書，此特其卷首《圖說》及《字義》耳。

◎乾隆《長洲縣志》卷二十七《流寓》、民國《吳縣志》卷第七十六下《列傳・流寓》二：尤精易理，著《易韋》十二卷、《集唐詩》三十首。

◎朱彝尊《經義考》卷六十八：朱氏（襄）《易韋》十二卷，存。

◎朱彝尊《曝書亭集》卷第三十三《寄禮部韓尚書書》：無錫朱襄贊皇，曩在都下見其集唐三十律，歎為工絕。今歲入霍山，纂《易韋》一編見示，其立說皆本漢以前書，不墮陳圖南、邵堯夫窠臼。聞先生近注易，贊皇適入都，謹令其叩講席，歸沐之暇，試進而討論，其言頗娓娓可聽也。

◎光緒《無錫金匱縣志》卷二十二《藝文》：嘗與邑中呂莊頤、鮑景先輩為詩會曰《續碧山吟》。又著有《易韋》，蕭山毛奇齡序之，秀水朱彝尊稱其立說皆本漢以前，不墮陳圖南、邵堯夫窠臼。

◎光緒《無錫金匱縣志》卷三十九《著述》：《易韋》一卷（朱襄）。

◎民國《吳縣志》卷第五十八下《藝文考》七：朱襄《易韋》十二卷、《考工記後定》一卷、《漫與初集二集》、《集唐詩》一卷（無錫人）。

◎費錫璜《與朱贊皇論古經書》〔註99〕：足下《易韋》玄義奧旨有前人未到者，今人費生外亦少能知足下者。錫璜受經學於先子，嘗謂：「古經自變正書而一壞，自用新傳竄易經文而更壞。汝兄弟為學宜自古經始。」錫璜少愛詞章，崇心此中三十餘年，未遑究古經也。然時取先子所論古經讀之，後乃涉獵注疏。近復讀徐氏所刻諸經解，昨過足下相訂正，則僕言亦不大乖剌。

◎楊鍾羲《雪橋詩話續集》卷第三：嘗著《易韋》，朱竹垞謂其不墮陳、邵科臼。

◎《皇朝通志》卷九十七：《易韋》二卷（朱襄撰）。

◎《皇朝文獻通考》卷二百十二：《易韋》二卷，朱襄撰。襄，無錫人。臣等謹按：《易韋》別有全書，此特其卷首圖說及字義二卷。觀其自序曰「命之曰《易韋》而撮取《大傳》中之字，推明其義，冠於《易韋》之前」可見。

◎乾隆《杭州府志》卷一百五《人物》十二《寓賢》：康熙辛巳來遊西湖，寓居東園精舍。與吳焯交二十年。所撰《易韋》十二卷歷十九寒暑始脫稾，毛奇齡為之序，朱彝尊列之《經義考》（《薰習錄》）。

◎朱襄，字贊皇，號嘯園。江蘇無錫人。諸生。遊京師，館於諸王。歸寓長邑之清真觀巷，貧困以死。又著有《一亭雲集》。

朱星 周易解放 二卷 存

山東藏 1949 年中國文學院鉛印古籍解放叢書本

臺灣文聽閣圖書有限公司 2009 年林慶彰主編民國時期經學叢書本

◎一名《周易經文考釋》。

◎四章：自序，緒論，經文考釋上，經文考釋下。

◎朱星（1911～1982），字星元。江蘇宜興人。歷任河北師範學院副院長、中國大百科全書出版社編審、天津師範學院副院長，中國語言學會 / 音韻學研究會理事等。又著有《古代漢語概論》、《語言學概論》、《新訓詁學》、《金瓶梅考證》、《漢語難句簡釋》等。

〔註99〕摘自民國《新繁縣志‧新繁文徵》卷七。

朱勳 讀易集說 不分卷 存

國圖、北大、上海、南京、湖北、山東、遼寧藏嘉慶二十二年（1817）資善堂刻本

鳳凰出版社 2015 年盧佩民主編泰州文獻第四輯（泰州文存）本

◎路德《檉華館全集‧駢文‧謝某中丞惠讀易集說啟》（代）：蒙賜新栞《讀易集說》十二冊，虔心拜捧，載切葵傾，凡目披觀，大開茅塞。竊惟聖人說卦，君子玩辭，情變動以不居，理範圍而不過。漢三家之後，迭出卮言；宗五子以還，聿昭奧義。惟伊川之《易傳》，本周子之《易通》，橫渠亦服其深明，紫陽嘗稱其平淡。後此諸儒繼起，宗旨逾明。雖不掩其瑜瑕，亦可收其葑菲。惟是山阪海澨，既罕覯夫全書；握槧懷鉛，孰折衷於眾說？窮經有志，向若徒驚。惟我夫子，吉叶允升，亨占交泰。豫順以動，敷解澤於羣生；謙尊而光，揚異風於下吏。謨陳鳳辰，承恩榮晝接之三；志在《犧經》，好學進夜思之四。理務班條之暇，靜對青鐙；凝香森戟之閒，親研碧露。列方圖圖以玩索，總內外象以參稽，用能默握言樞，神通道籥。專宗十卷以定其歸，旁采諸家以暢其旨。解經雪亮，開卷星羅。用發羣蒙，裒成一集。天下之理得矣，大人之事備焉。某才滯蹄筌，學慚腹笥。讀《馮元傳》羨異夢於蓮華；依畢郢原，莫乞靈於菁草。幸受韋編之誨，俾為弦佩之資。咀三昧而逾馨，捧一勺而增重。易者象也，能悅諸心；學以聚之，如示諸掌。從此勉圖晉進，恪守師傳。希蘧瑗之知非，效侯芭之問字。今日青氈攤卷，快看卅六之春；異時絳帳陳經，敢避再三之瀆。謹陳螳悃，用謝鴻慈。

◎馬國翰《玉函山房藏書簿錄》：《讀易集說》十二卷（西安刊本），國朝右副都御使巡撫陝西靖江朱勳撰。以《程傳》為主，兼採宋儒之說，取材於《粹言》者居多。

◎尚秉和《尚氏易學存稿校理‧易說評議》：所著有《周易集說》《四書通》等書。今觀其集說，純取宋人，以《程傳》、《本義》、邵子《觀物外篇》、周子《通書》、張載《橫渠易說》為主，不惟不及漢人，即王弼、孔穎達之說亦概不取。餘則兼采東萊呂氏之《讀易紀聞》、誠齋楊氏之《易傳》、白雲郭氏之《傳家易說》、朱震之《漢上易集傳》及《叢說》、廣平游氏之《易說》及《中庸解》、兼山郭氏之《易說》《易傳》、童溪王氏之《學易記》、龜山楊氏之《易說》、蒙齋李氏之《學易記》、南軒張氏之《學易記》、渾源雷氏之《學易記》、司馬溫公之《學易記》，又有誠齋楊氏之《學易記》、耿氏之《學易記》。

凡周、邵、張、程、朱子之說皆高一格，知以此五家為宗主；其餘諸說皆低一格，似附於後以備參攷者。除說卦外，無及於卦象者，專取空虛之說。朱漢上重易象者也，凡以象解易之處，概不採錄。蓋宗主性理，忽視象數。既與春秋士大夫及兩漢儒者易說有違，而所舉之書名，如學易記有八九人，皆同用此名，而目錄家皆不載，不無可疑。總其全書，皆以宋儒為宗，宋以前不取，以後亦不取，若易道至宋而止者。書內從無案語，篇首亦無序例。姑測其意如此，不足重也。

　　◎周按：是書集宋儒易說，而尤以程頤為多。首列卦象，次列卦辭，不雜己見。

　　◎朱勳（？～1829），字晉齋（階），號虛舟。江蘇靖江人。乾隆監生，捐納按察使經歷，歷任按察使、布政使，嘉慶十八年（1813）年任陝西巡撫，道光元年（1821）署理陝甘總督。著有《讀易集說》、《四書通》、《性理約》。

朱亦棟　易經劄記　三卷　存

　　山東藏光緒四年（1878）杭州竹簡齋刻十三經劄記本

　　山東藏臺北成文出版社 1976 年無求備齋易經集成影印光緒四年（1878）刻十三經劄記本

　　◎許正綏《校官詩錄》：獻公經師人師，望若山斗。師錢嘉定，友邵二雲。

　　◎朱亦棟，原名芹，字獻公，號碧山。浙江上虞人。乾隆三十三年（1768）舉人。官平陽教諭。著有《松雲樓稿》、《群書劄記》、《十三經劄記》等書。

朱彝尊　周易考　七十卷　存

　　山東藏臺北成文出版社 1976 年無求備齋易經集成影印 1926 年中華書局鉛印本

　　◎朱彝尊（1629～1709），字錫鬯，號竹垞，又號醧舫，晚號小長蘆釣魚師，別號金風亭長。浙江秀水（今嘉興市）人。康熙十八年（1679）舉博學鴻詞科，除翰林院檢討。二十二年，入直南書房。博通經史，精於金石。著有《經義考》三百卷、《曝書亭集》八十卷、《日下舊聞》四十二卷，選《明詩綜》一百卷、《詞綜》三十六卷。

朱用行　大易參訂折中講義補象　十卷　存

　　上海、江西藏乾隆二十七年（1762）澹寧居刻本

四庫存目叢書影印乾隆二十七年（1762）澹寧居刻本

◎一名《大易合參講義》。

◎目錄：《本義》四卷：卷之一（上經）、卷之二（下經）、卷之三（上繫、下繫）、卷之四（說卦、序卦、雜卦）。今分為十卷：卷之一（凡例、原序、筮儀、義例、圖、圖說、卦歌）。卷之二（自乾至比凡八卦）。卷之三（自小畜至蠱凡十卦）。卷之四（自臨至離凡十二卦）。卷之五（自咸至姤凡十四卦）。卷之六（自萃至兌凡十四卦）。卷之七（自渙至末凡六卦）。卷之八（上繫十二章。共一冊）。卷之九（下繫十二章）。卷之十（說卦、序卦、雜卦。共一冊）。

◎凡例：

一、朱子《本義》合邵程二夫子而成之者也，易之本義惟朱子得其真。歷來講章俱以朱子《本義》為主，茲集亦然。故本義之後曰正義，正義之後曰析義，蓋以本義為正而析講之也。一語少岐，非斟酌於《折中》不敢妄也，故顏之曰《參訂折中講義補象》云。

一、《周易折中》又合程朱諸儒而成之者也，亦以朱子《本義》為主，而有取於《程傳》者亦多，皆統觀前後而折之至當者，然未嘗顯背《本義》，書於後而以案字別之。是集亦間附他說於正義之外，然非《折中》之所深取亦不錄也。

一、易之有《折中》，羲、文、周、孔之心傳揭日月為昭，從來講章皆同爝火，後之人又何從置喙哉！但簡裹繁重，初學難於繙閱，故又參諸坊本，串說散說，以就簡要，庶一覽而大義瞭然。

一、邵子主數、程子主理，皆有所偏。惟朱子則以象而兼理數。夫易者象也，象者像也，雷風山澤乾馬坤牛莫不有理數存焉。此孔子所以有《說卦》廣象。自焦贛、京房以來，穿鑿太甚，故守理之儒卻象數為不足道，不知聖人一言一字皆非強設。故朱子謂《易》之為書實根象數，非他書專言理者可比。但朱子雖取象猶似於《說卦》廣象未備，瞿塘來知德有見於此，而又失之太重。茲集不欲蹈焦、房之誚，而又不欲失易之本義，故略補知德之說於析義後，庶於文、周、孔子之旨有合而於《本義》亦無違也。

一、《易》卜筮之書也。卜筮之道變化無窮，觀揲蓍之七八九六無定，皆自然而不可測者。云自某卦來則有定，而非變矣。不知易之所謂往來，如訟之剛自外來、泰之小往大來，皆以卦綜言。孔子《雜卦》一篇，正謂此也。予初疑卦變之說，讀《折中》，有深契焉。今亦祖其意而附於正義之外，尊功令

也；析義中間參他義，廣見聞也。庶幾並存而不悖。

一、《本義》之有圖注，與易相發明者也。茲既備錄於前，而又於經文甚切者小圖於本文之側，使讀者取便焉。

一、《折中》之有義例，皆詳本經之義，茲不能備錄。擇其緊要者約載數條，俾業是經者少知其槩云。

一、是書之成有年，不過便於行篋，以供被服之私。自慚弇鄙，不敢出而問世。廼因同學諸子悅其簡捷，較訂不遺餘力，各捐己貲，強予授梓。故是刻皆緣諸子而于字文燦、李子聲永、周子準天、李子良玉首事之功尤多，而使予蹈狂妄僭踰之咎，亦數子之由也。倘蒙大人先生郢政賜教，是則予之所深幸焉。敬齋主人漫識。

◎裴曰修序〔註100〕：余自束髮受書攻舉子業，五經雖卒讀，故不甚了了也。稍長，涉獵於子史，泛濫於詞賦，其去經義也日以遠。儕人廣座中有談及經解注疏者曰某家某家，余輒面發赤無以應。至於《易》之為書，言象言數言理，余尤懵焉。居恆兀兀，每以是為內愧，資性之愚下固不可得而強也。同邑朱子用行，字翼承，廼時時言易。余憶歲在丁未，與翼兄應童子試，補博士弟子員，名次相亞。厥授屢試，常肩隨其間。而翼兄久困場屋，今且老矣，僅貢入成均，需次一司訓。而舊時同學少年及後生晚進，多取高科、掇膴仕。顧翼兄不以是為快挹，是其中必有所得，非一切榮利所得而動，是真能讀易者。言象言數言理，余不得而測識之矣，余茲者筦筦廬次邑之諸君子為言。翼兄有《講義》之刻，且徵余序。余固不知易，余固知翼兄者，於其請，書此復之，遂以為題詞。同學弟裴曰修頓首題。

◎序：今夫《易》之為書也，不易也，變易也。不易者，對待之體也；變易者，流行之用也。惟其變易也，故解不可執；惟其不易也，故解不可岐。是在參訂夫眾論，折中於一是，非好學深思、闡微顯幽者，孰能置喙哉？夫自孔子而後，商瞿子木受之，遞傳至漢，言易者不一家，自田何而焦贛而費直，說凡幾變。至施、孟、梁、京、鄭、王輩，更為旁見側出，分門裂戶，靡有歸宗。宋興，理學蔚起，伊川先生作《易傳》、晦菴先生作《本義》，而易之旨歸乃定。但程氏專主義理而略象數，朱氏則本象數而略義理，故易之本義惟朱子得之，而自來說易者俱以朱子為宗主。然易理精微，後來發明《本義》者，每依傍彷彿之說，故言愈繁而意反晦。予雖以易得雋，其中多有疑義。及

〔註100〕又見於《裴文達公文集》卷三。

讀中秘書，得聖祖仁皇帝所纂《周易折中》，讀之乃豁然頓悟，意欲將從前之所疑者剖輯成編，而志焉未逮。甲子典試江南，揭曉後以外艱旋里，應聘豫章書院教。適吾友朱子翼承諱用行者訓其壻周，籲我於進賢門外，距書院不遠，品詩論文，數過其處。見案頭有《參訂折中講義》草，撿批讀之，大快吾意，因屬之速成以公世。朱子翼承者，吾畏友也。生平神奇恬雅，學養深邃，與余共把臂者多歷年所。其先累代服儒，家世治《詩》。惟尊人仲升公老年伯先生見兄可以語上，獨以易授，欲其探月窟而躡天根、勒韋編而奉菁蔡，待子之心已自不然矣。吾友幼承庭訓即能下帷，集《大全》《蒙引》《存疑》《說約》以及諸家講義，採而輯之，揔目御纂《折中》為斷。明窗淨几之間，其會心得意，不知幾番憤樂或集也。積累成篇，今為授梓，是吾志也。因復詳參解義而樂為序焉。是書也，理則從顯，義則從正，要而不煩，該而不略，其參眾解而衷一是者，不誠有合變易中不易之旨歟？蓬瑗之學，與時俱進，有如此耶？且夫解宗《本義》，崇祖訓也；學易卒業，成父命也；理究龜龍，達先天也；編垂梨棗，惠後學也。一舉而眾美俱備，仁敬孝慈之心可恍然見之。吾兄有治經之功，其不負明經之選矣。噫！幾年燈火，曾得對夜雨以聽詩；一席皋皮，更欲共瓣香而學易。故人其許我乎？余今見故人矣。乾隆二十七年蒲月既望，原任都察院左副都御使年家同學眷會弟葉一棟題於未了軒。

◎自序：天地孕數百載之精華而聖人出，聖人闡億萬言之微旨而道統昭，聖人者，代天宣化、繼往開來以揭斯道之光於日月者也。國家自朱子以來，聖聖相承已五百年於今矣，應堯舜禹湯既興之昌運，接羲、文、周、孔未墜之真傳，神明天縱，不廢懿修。探天根月窟之微，發濂洛關閩之真，自《詩》《書》《三傳》《三禮》以及子史，凡有關於典要者無不裁自宸衷，一代文運之隆上掩古昔，所以加惠來學者亦無疆惟休。而《周易折中》尤其所先者也。士生其際，抑何幸哉！予家世業毛經，至先君子兼通易，嘗語行曰：「易有《本義》，深得四聖人之旨，卻為後來說經者糾紛駁雜而意反晦。余欲斟酌至當，去繁就簡，弗及也。汝能成吾志，吾可無憾。」行受命即日究心焉，然猶未知有《折中》也。雍正丁未，受知於安溪李夫子，始得購而讀焉。自是聚精會神，多歷年所，乃得闚其門戶，覺向之迷而莫適者，如車之有指南。蓋御纂《周易》以《本義》為主，其與《程傳》不合者稍為折中異同，歷代諸儒其說足以佐傳義所未及者，亦參合研何，並為折中。又或有前人所未言，聖人復

以己意參錯其間，是以一己之耳目，合漢唐以下諸賢為聰明；又以諸賢之心思，會尼山以上列聖為神知。集百代之大成，開萬年之秘鑰。謂非天地有意於斯道不可。第其書繁重，其旨精微，非人所易有，亦非人所易讀，故即先年所定之草，反覆參訂，十易四五，俾聖人憂世覺民之盛心大白於天下。但集不欲繁，不免掛漏之愆耳。然則象變之補何為乎？亦先君子恐人不信《繫辭》，而以《說卦》《序卦》《雜卦》為剩語，故附於言外，未敢顯然與《折中》相背也。蓋嘗自為思之，幸生聖人之朝，大道昌明，內之不能窮理盡性以探河洛之原，外之不能鼓吹休明以發卦爻之蘊，而欲竊鈞豁之一得，以爭鳴於世，適以滋予之咎也夫，適以滋予之咎也夫！乾隆二十七年歲次壬午閏五月上浣日，新建朱用行翼承氏題於澹寧居。

◎跋：壽世之書堪供俎豆，行世之書膾炙人口，二者恆不可得兼者也，惟吾師朱敬齋夫子《大義講義》一編則兼而有之。其成也非一日，其輯也不一家。易追隨函丈既已有年，同學諸友久欲登諸梨棗。先生曰：「此吾家塾讀本，執以問世，恐令大方齒冷。」壬午，于君文燦、李君良玉聲永等私以其書質之先達諸公，咸曰方今聖天子崇尚經學，《續修文獻通考》有本朝經籍考一條，遍欲天下其亟刊之以備採擇。爰鳩工命梓，不數月而成。其遵功令，則以朱子《本義》為宗，獨出心裁。間取《來註》而融洽之。先生之志與學固不以是書顯，然即此一編已足見其生平。至於顯微闡幽，發前人之所未發，不但可以行世，而且可以壽世者，諸先達言之詳矣，予小子又何敢贅一辭焉！受業門人周易謹識。

◎四庫提要：是書大旨以朱子為主，首列《本義》，而以正義、析義次之。正義以闡朱子之旨，析義則兼采他說，又以象數不可竟廢，間采瞿塘來知德之說補於析義之後。大抵循文附衍，未能深造自得也。

◎同治《新建縣志》卷之四十五《人紀》：（李諧）性嗜學，師事朱用行。用行著有《周易合參講義》，欲付梓，苦乏資，諧典產代刊之。

◎同治《新建縣志》卷之四十七《人紀志》：尤精研《周易》，著有《大易合參講義》十卷，裘文達日修序而梓之，嘉慶十六年採入《大清一統志》。

◎光緒《江西通志》卷九十九《藝文略》一《國朝》：《大易合參講義》十卷，朱用行撰（《四庫全書存目提要》）。

◎朱用行，字翼承。江西新建人。乾隆己卯歲貢生。

朱元 段聯九 周易遵經了義 十四卷 首一卷 存

上海、江西省博物館藏嘉慶元年（1796）三槐堂刻本

◎朱元，字次亨，號葵生。江西樂平人。著有《周易遵經象解》十四卷首一卷末一卷、《周易遵經了義》十四卷首一卷。

朱元 周易遵經象解 十四卷 首一卷 末一卷 存

山東藏嘉慶元年（1796）刻本

◎光緒《江西通志》卷九十九《藝文略》一《國朝》：《周易象解》，朱元撰（《樂平縣志》）。

朱約 易經引事 二卷 存

國圖藏康熙五十八年（1719）刻本

◎嘉慶《重修揚州府志》卷四十八《人物志》三：著有《易經引事》《環溪詩集》。

◎阮元《淮海英靈集》：著有《易經引事》《存省筆記》《讀史緒鈔》《問姓名錄》《環溪詩集》若干卷。

◎朱約，字博原、守亭，晚號艮齋。江蘇寶應人。朱克簡子、朱澤澐父。康熙十一年副貢。教習期滿，歷知福建福安縣、江西南豐縣，又補山東費縣。尋升直隸晉州知州，以病告歸，年七十六卒於家。

朱雲龍 河圖道原 九章 存

山東藏乾隆六十年（1795）二南軒刻本

◎與《率性修道論》不分卷、《洪範五行論》一卷、《宜鑒無變論》一卷合刻。

◎卷首有御製文《雲上於天解》、曹廷奎序並詩、呂昌際答書、陳熙詩、楊錦章頌言、自序並詩。

◎目錄：道原開宗明義第一章、河洛象卦諸圖說第二章、天開地闢中天論第三章（一元消長圖）、上古天真論第四章、天元地紀肇基化元第五章、五運之所始第六章（道之所生圖）、六氣動靜生化第七章（司天司地司氣交圖）、河洛理數象卦策數其氣三第八章、性理至賾通會乎陰陽第九章。

◎朱雲龍，字錦鎬，號復齋。安徽桐城人。著有《河圖道源》、《率性修道論》八卷。

朱瓚 周易輯要 五卷 佚

◎四庫提要：是書成於乾隆庚申，不言河洛亦不取朱子變卦之說，頗能
芟除枝蔓。惟逐句詮釋辭義，雖潔淨而未精微。

◎光緒《重修安徽通志》卷二百二十九《人物志 · 文苑》：著有《周易輯
要》五卷，不言河洛，不取卦變之說，惟逐句詮釋字義，最為潔淨。

◎民國《全椒縣志》卷十《人物志》一：精於易，不言河洛，不取卦變之
說，惟逐句詮釋字義，為儒者尊嚮，名曰《周易輯要》行世。

◎民國《全椒縣志》卷十五《藝文志》：《周易輯要》五卷（朱瓚著）。

◎朱瓚，字稿霑。安徽全椒人。歲貢生。刻苦為學，博涉經史。乾隆間
舉賢良方正不應。

朱澤澐 易旨 四卷 存

國圖藏道光四年（1824）刻本

上海藏道光八年（1828）刻本

◎尹會一《健餘先生文集》卷三《朱止泉先生年譜序》：寶應朱止泉先生，
宗朱子之學者也。余官維揚時，以薄書匆匆，未遑加禮。今茲視學三吳，喬生
萬承手先生文集八卷視余。余反覆批玩，於朱子之學先後淺深、曲折次第無
不融洽貫通，其足為紫陽嫡嗣。為之撫卷太息，想見其為人，而先生下世已
久，深悔從前之未及就正也。先生閉戶潛修，不顯於時，而一生學業之始終
未能盡悉。爰命喬生轉屬先生猶子堅乘纂輯年譜，閱兩月成編。繙閱一過，
始知其先事該博，繼入聖道，驗諸身心，證諸友朋，銖積寸累，遞進益深，至
於老而不懈，其諸豪傑之士無待而興者歟？至其推崇朱子、指斥近似，最為
有功。既辨陸王於前，而於同時錫山、關中兩講壇往復辨難，具有深心。後之
學者，由先生之書以溯朱子，則斯譜之作其曷可少也哉？！

◎彭紹升《二林居集》卷十九《儒行述》：早歲勤學，得《程氏分年日程》，
即依次讀之，閱數年而略徧。更博覽天文輿地諸書，窮竟原委，久之始有志
于聖人之道。讀《朱子語錄》，反覆不猒，數有心得。嘗言世之名朱學者，其
居敬也，徒矜持于言貌，而所為不覩不聞者，離矣；其窮理也，徒泛濫于名
物，而所為無方無體者，昧矣。于是有舍德性而言問學，以為朱學固如是者。
不知從來道問學莫如朱子，尊德性亦莫如朱子。觀朱子中和之說，其于《中
庸》之旨深乎？故居敬窮理只是一事，窮理即窮其所存之心，存即存其所窮

之理，初非有二。

◎劉師培《朱澤沄傳》：淮南之濱有朱澤沄，於是有寶應學派。

◎朱澤沄（1666～1732），字湘淘，號止泉，學者稱止泉先生。江蘇寶應人。諸生。學識淵博，與王懋竑同治朱子之學。不謀仕進，以授徒、著述為事。著有《朱子聖學考略》十卷提要一卷附正訛一卷附錄一卷宗朱要法一卷校勘紀一卷、《朱子語錄精要》一卷、《朱子文集選目錄》九卷、《朱子語類選目錄》九卷、《陽明輯朱子晚年定論辨》一卷、《吏治集覽》、《師表集覽》、《先儒辟佛考》、《易旨》、《合意編》五卷、《王學辨》、《朱止泉文集》八卷、《止泉外集》五卷、《朱止泉文稿》不分卷、《遊蒙山記》一卷等。輯有《朱子分類文選》九卷。

朱澤沄 周易學旨餘義 一卷 存

國圖、湖北藏道光四年（1824）刻本

上海、南京藏道光八年（1828）刻本

朱朝瑛 讀易略記 三卷 存

國圖藏稿本（一卷）

清鈔七經略記本

◎卷目：卷一先天八卦圖說，後天八卦圖說，揲蓍卦數圖說。卷二上經。卷三下經、繫辭傳、說卦傳、序卦傳、雜卦傳。

◎讀易略記序：吾讀易二十餘年，而後知伏羲、文王、周公、孔子數聖人者之作易也，皆相遇於天也。瞥然而得之若不思而得也，映然而出之若不慮而出也。無門無蹊不相襲迹，有端有委不相悖義，如先天後天之同符也、順數逆數之共貫也。此其變而未嘗變也。推之以至于《序卦》之次屯蒙、《雜卦》之次比師，一若整一若亂，而莫不有大義存焉。乾之健為馬而又為龍也、坤之為牛而又為牝馬也，此其變而未嘗變也。推之以至于鼎之為定、頤之為頤、小過之為飛鳥、噬嗑之為頤中有物，一若莊一若戲，而莫不有微義存焉。此豈非天懷所發，純任自然，觸緒橫生，無往非道者乎？後之學者，極思以研之而不得其所不思，殫慮以精之而不得其所不慮，則支離膠固而不可以語易也。然未嘗極思殫慮而務其所不思所不慮者，則疏忽虛无之教，非聖人之為教也，又何足以語易！自古迄今，註易者無慮數百家，要唯程朱二子為得其正。《程傳》之所未詳者《本義》詳之，《程傳》之所未安者《本義》安之，

庶幾極思而得所不思、殫慮而得所不慮者矣。抑猶有未詳者，詳於所變而不詳於所未嘗變也；猶有未安者，安于所變而不安於所未嘗變也。後之人依違雜起、是非互見，要未有能詳之安之者。余自壯年始知讀易，泛濫于義理象數、天地人鬼之變者有年，若河漢而未有極也。自世變以來，險阻艱難已備嘗之，嗜好意見已盡燭之，閒居無事，數與先輩張元岵論難經旨，頗有所獲。乃日夜取數聖人所為卦者爻者彖者象者繫者釋者，極思以研之，殫慮以精之，又參酌于古今人之註易者而進退之，若將與數聖人者酬答于一堂之上，而如見其人如聞其謦欬。雖不敢自謂已得，惟求合于其變而未嘗變者，時或有得焉。夫變者象也，未嘗變者太極也，時惟適變，道必會通。不察其適變，則微彰剛柔有拘墟之患矣；不觀其會通，則屈伸往來有臨岐之泣矣。故履之六三于象不咥于爻則咥，同人六二于象則亨于爻則吝，如此之類亦夥矣。其所以異者皆在乎卦爻分合之間，知其所以異則知其所以同也。至于一爻之辭，而此以為善彼以為否如小畜六四之于九三、此以為否彼以為善如隨六二之于九五，若此之類亦又夥矣。此其得失存乎參錯之中、媺惡存于芒芴之際，固非爻象之不可典常而直為此憧憧也。求諸物而格之，反諸身而體之，究其大要，不越乎知幾、精義二者而已。知至至之，知終終之，而微彰剛柔屈伸往來之故殊塗而同歸，天下復何思何慮哉？余從千載之下，欲以愚人之心而妄揣夫聖人之心，求其會通以倖遇乎其天，其亦不自量而貽咲于大方也。抑《詩》有云「如彼飛蟲，時亦弋獲」，既有所見，不忍棄置，襞錄之以質諸世之君子。若《程傳》《本義》所已詳已安者，弗贅也。至經傳之分合，無關大義，又不必辨已。或曰：「子學易于石齋先生，而解易不宗《象正》者，何也？」夫《象正》則先生之自為易也，孔子之所不盡言、言之不盡意者也，余惟循循焉因孔子以求文王、周公，因文王、周公以求伏羲，雖先生復起，亦必以余為知言。戊戌七月下辛日記。

◎黃宗羲《南雷文定》卷七《朱康流先生墓誌銘》（丁巳）〔註101〕：漳海之學如武庫，無所不備，而尤邃於易曆、三乘易卦，為二十六萬二千百四十四，以授時配之，交會閏積贏縮，無不脗合。《詩》與《春秋》遞為爻象，屯蒙而下兩濟而上，二千一百二十五年之治亂，燎若觀火。其時及門者遍天下，隨其質之所近，止啼落草。至於易百曆，諸子無復著坐之處，相與探天根月窟者，則康流先生一人而已。康成善筭，馬融許以登樓；季通精數，文公謂之

〔註101〕朱彝尊《經義考》卷六十四亦著錄此序。

老友。古人授受之嚴，大抵不能泛及也。先生博精六藝，各有論著。其言象
數，不主邵子之說，別為先天後天八卦圖。以為諸儒之言易者，詳於所變而
不詳於所未嘗變，變者象也，未嘗變者太極也。時惟適變，道必會通。不察其
適變則微彰剛柔有拘墟之患，不觀其會通則屈伸往來有臨岐之泣。求諸物而
格之，反諸身而體之，究其大要，不越乎知幾、精義二者而已。其言《小序》，
觀亡詩六篇僅存首句，則首句作於未亡之前，其下作於既亡之後明矣。子由
獨取初辭，頗為得之。又謂鄭詩不特詞不淫，聲亦不淫也。詞正則聲正，詞淫
則聲淫，非相離之物。又謂作《詩》有賦比興，用《詩》亦有賦比興。《射義》
天子以《騶虞》為節，樂官備也；諸侯以《貍首》為節；樂會時也。其指事也
切，其取義也直，如作《詩》者之賦體是也。大夫以《采蘋》為節，樂循法
也；士以《采蘩》為節，樂不失職也。以婦女之事喻士大夫，非比乎？以蘋蘩
蘊藻之菜、筐筥錡釜之器感大夫士明信之，將非興乎？辨《古文尚書》之非
偽，謂伏生之書如《堯典》《皋謨》《洪範》《無逸》何嘗不文從字順；至於《甘
誓》《湯誓》《牧誓》《文侯之命》詞旨清夷，風格溫雅，雜之二十五篇之中，
無以辨其為今文為古文也。謂《春秋》闕文錯簡，不特郭公夏五，觀於日食之
先時後時可知矣。論樂者謂調以此始者必以此終，首尾何聲即屬何調，先生
言誠如是則宮調之中商多於宮可得仍為宮，商調之中宮多於商可得仍為商
乎？蓋調也者韻也，古人雅淡，不為繁聲慢調，太抵一句之終，曳其音以永
之而已。先生之折衷諸家如此。要不盡同於漳海，漳海嘗謂先生曰：「康流沉
靜淵鬱，所目經史，洞見一方。苟覃精三數年，雖羲、文閫奧，舍皆取其宮
中，何必竇人之室乎？」自漳海懸記先生之覃精者近三十年，又何以測其所至
乎？先生諱朝瑛，字美之，姓朱氏，康流其別號也，晚又號罍菴。海寧之花園
里人……先生屈其經世之業，以支吾八口，泊然不見喜慍之色。酬對甚簡。探
索於經術之內者，惟張子待軒。所著《罍菴雜述》《金陵遊草》行世，《五經略
記》、《文集》皆藏於家……余丙午歲十一月同氷修訪先生於家，劇談徹夜，綿
聯不休，盡發所記五經讀之，出入諸家，如觀王曾之圖。計平生大觀在金陵，
嘗入何玄子署中，討論五經，至此而二耳。踰年先生以各經《署記》首卷見
寄。茌再數年，欲以一得之愚取證，而先生不可作矣。千年之役，固所願也。
銘曰：六經之道，昭如日星。科舉之學，力能亡經。某題某說，主媚有司。變
風變雅，學《詩》不知。喪弔哭祭，學《禮》所諱。崩薨卒葬，《春秋》不載。
演為說辨，蒙存淺達。棄置神理，助語激聒。所以儒者，別開天地。漢註唐疏，

宋語明義。百年漳海，破荒而出。象數理學，會歸於一。罍菴老人，入室弟
子。削筆洗硯，俗儒心死。漳海之學，不得其傳。菿涇之原，留此一線。

◎提要（著錄為無卷數）：其易學出於黃道周。此書亦間引道周之語，然
持論與道周又異。其言象數不主邵子之說，又別為先天後天之圖，取一索再
索之序為先天，取對卦、化氣為後天，殊為創見。鈔本不分卷數，朱彝尊
《經義考》作一卷，然細字至二百五十一頁，必非一卷，疑彝尊所見或不完
之本耶？

◎《欽定續文獻通考》卷一百四十五：黃宗羲曰：朝瑛《罍記》不主邵
子之說，別為先天後天八卦等圖。以為諸儒之言易者，詳於所變而不詳於所
未嘗變，變者象也，未嘗變者太極也。時惟適變，道必會通。不察其適變，則
微彰剛柔拘於墟；不觀其會通，則屈伸往來臨於岐。求諸物而格之，反諸身
而體之，不越乎知幾、精義二者而已。

◎朱朝瑛（1605〜1670），字美之，號康流〔註 102〕，又號罍庵。浙江海
寧袁花人。崇禎十三年（1640）進士，官旌德縣知縣，後升儀制司主事。以弟
之子翰思為後。曾受業於黃道周，深得其傳。明亡後隱居林泉，廣學六藝，鑽
研各家學說，致力經學、天文、勾股。又著有《讀易略記》三卷、《讀詩略記》、
《讀尚書略記》、《讀周禮略記》、《讀儀禮略記》、《讀禮記略記》《讀春秋略記》、
《罍庵雜述》諸書。

朱兆熊　冬夜講易錄　一卷　未見

◎孫殿起《販書偶記》卷一：《周易後傳》八卷、《冬夜講易錄》一卷、
《易互卦圖》一卷，鹽官朱兆熊撰。無刻書年月，約嘉慶間刊。

◎朱兆熊，字公望，號茲泉。浙江杭州人，又題海昌（今海寧）人。乾隆
甲寅舉人，官至龍遊訓導。為學長於《易》《春秋》。著有《周易後傳》八卷、
《易互卦圖》一卷、《冬夜講易錄》一卷、《春秋新義》十二卷表一卷《星新
經》一卷、《春秋歲星超辰表》一卷、《春秋日食星度表》一卷、《春秋日表》
一卷、《恒星形名指南》、《禮注》、《家訓》、《茲泉詩古文集》等。

朱兆熊　易互卦圖　一卷　存

北大、山東藏嘉慶刻周易後傳本

〔註 102〕清鈔《七經略記》本《周易略記》題云：「朱朝瑛字康流略記」，與此不同。

朱兆熊　周易後傳　八卷　存

山東、湖北藏乾隆十三年刻本

北大藏嘉慶刻本（增易互卦圖一卷）

◎自序略謂：象同漢儒者不十之一，象必索諸理，非荀、虞之象也；理同宋儒者不十之一，理必合諸象，非程、朱之理也。合象數義理二者於一爐，以救漢宋二家偏勝之失。

朱振采　易圖問答　佚

◎朱振采（1780～1842），原名采，字冕玉，榜名鑾，又名朱纓，號鐵梅。江西高安人。朱銘子。嘉慶十八年舉人。性伉直，人目為江右奇士，黃爵滋稱江西詩俠，以博聞多識為阮元所賞識。藏書及金石文字逾三萬卷。著有《服氏左傳解義疏證》、《經典質疑》四卷、《江城舊事》八卷、《九芝仙館文鈔》八卷《詩鈔》四卷、《易圖問答》、《詩徵》、《禮記故》、《儀禮校正》、《說文舉正》、《文駢珠》、《周官辨非》、《駁四書釋地》、《駁鄉黨圖考》、《駁爾雅纂遺》、《天官術詳注》、《豫章經籍志》、《燕遊小記》四卷、《江西詩話》一百卷、《漢詩衷說》、《陶詩箋》四卷等書，多未刊行。

朱之俊　周易纂　六卷　存

國圖、中科院藏順治硯廬刻本

四庫存目叢書影印順治硯廬刻本

◎一名《大易纂注》。

◎目錄：一卷上下經篇義、錯綜說、象說、數說、變說、占說、乾坤屯蒙需訟師。二卷比小畜履泰否同人大有謙豫隨蠱臨觀噬嗑賁剝復無妄大畜頤大過坎離。三卷咸恒遁大壯晉明夷家人睽蹇解損益夬姤萃升困。四卷井革鼎震艮漸歸妹豐旅巽兌渙節中孚小過既濟未濟。五卷繫辭上傳繫辭下傳。六卷繫辭下傳、說卦傳、序卦傳、雜卦傳、雜論。

◎易經纂註敘：敘曰：《易經》六十四卦，分為上下二卷。上卷卅卦，終之以大過，繼之以坎離；下卷卅四卦，終之以小過，繼之以既濟未濟。夬、姤、離、二濟皆水火也，何以繼於小過大過之後？若曰人不可以有過，過則入於水火，吾見其蹈水火而死者矣，故曰作易者其有憂患乎？易之興也，其於中古乎？其當文王與紂之時乎？吾何以知之？其於憂患知之。伏羲則河圖洛書而畫卦，於時僅象而已，未有爻辭，未有象占變也。文王羑里演之，此

一憂患也。文王有彖辭，未有爻辭，周公居東作爻辭，此又一憂患也。周公有爻辭，未有《彖／爻傳》，孔子遭匡人厄陳蔡，作十翼贊之，此又一憂患也。故曰作易者其有憂患乎？不獨一人之憂患也，聖人憂之，又與天下人同憂之，故曰「聖人洗心退藏於密，吉凶與民同患」，又曰「顯諸仁，藏諸用，鼓萬物，而不與聖人同憂」。天地無心而成化，故不與聖人同憂。聖人有以而無為，故能與民同患。若是者何也？民日遊於吉凶悔吝之中而不知趨之避之，聖人憂焉。惟以其昧昧焉而罔覺也，故作為易書，如此則吉如彼則凶、順之則吉逆之則凶、惠迪則吉從逆則凶，又曰修之則吉悖之則凶。若是者何也？凡以退藏於密、吉凶與民同患而已。凡民不能退藏，而聖人則能憂患。吉凶兩物，而悔吝各居其中間，吝自吉而向凶，悔自凶而趨吉。與其吝也，寧悔。故聖人行乎吉凶悔吝之外而與民同患。凡民日遊乎吉凶悔吝之中，不能與聖人同密，此聖與凡之分也。若是，吾人讀易當如何？孔子嘗言之矣：加我數年，五十以學易，可以無大過矣。其稱顏子好學，惟曰不遷不貳，蘧伯玉使人於孔子，孔子與之坐而問焉，曰：「夫子欲寡其過而未能也」，孔子嘉之。觀於《論語》，易之道思過半矣。今聽子來，欲余敘朱子易。余低迴久之，其何以敘之？亦惟曰夫子欲寡其過而未能，吾〔註103〕……。

◎胡世安《序易纂》：言天莫辨乎易。《易》，策書也，而道器互有藏用：形上遇之，器為道；形下遇之，道亦器也。子華氏謂河圖之二與四抱九而上躋，六與八蹈一而下沈，五居其中，據三持七。錯綜之旨，象告之，然孰言象者？天肇示之；繼天而以畫言，則宓聖；繼羲而以詞言，則文、周、孔。要期盡立象之意而止。錯綜之義或具諸圖位，或繫諸爻象，咸引而未發。後此學易諸儒，言人人殊，望洋四聖，洞涉各異，源流遂分。大要窮理者遺象數，倚數者略理詮，得其一端，罔非易也，而幾不可以若是幾。猶夫穴地得空、穿牖入照，天罔不屆，而曰天止是，豈不誣哉！吾師滄起氏沉潛易學，洞晰畫前，道器以融，筌蹄不滯，庶幾目遇無不可圖書，即無不可易。今涉著述之藩，所云至美至精至神靡弗備，獨不欲自標壇坫、身質翹長，乃裒輯眾論而折衷一是，務俾四聖心源揭行日月、諸儒筆舌捷答枹鼓，可不謂皜天昭昭而得其浩浩也哉！其有取於來瞿唐錯綜之說者，以其克正卦變之譌，通象數理於一致，千古以來特拈二字以括易義，見誠卓。第悉伏羲圓圖屬錯、文王序卦屬綜，余尚不能無疑焉。竊意伏羲卦位正具錯義，故曰八卦相錯；文王卦位兼具綜

〔註103〕《存目》下原缺。

義，故曰八卦相盪，恐非乾坤坎離大過頤小過中孚云也。載按伏羲橫圖始乾終坤，綜乾順坤逆，至復姤中交錯圓圖對待錯流行綜，方圓四正交錯四隅攝錯，縱下綜，橫上綜，此皆天地自然之數，不假安排。僅謂圓圖為錯乎？文王序卦，參伍以變，此三圖伍此圖中極儀象八卦六十四卦五事錯綜其初，畫奇偶之數而匪有加於伏羲也。原夫先天定象即具天下之至變，惟文王能通之以成天下至文，極數定象，極深研幾，非至精至變至神，未易與也。僅曰序卦為綜，且以反對當之乎？余之所以不能無疑者，此也。盥誦《易纂》，厥義大備。上之得道而忘器，下之亦援器以證道。吾師羽翼大易，功奚啻伯仲漢晉以來諸儒哉？余仍呶呶錯綜之說以質難，亦何辭於管窺？！蜀仙井門人胡世安謹序并書。

◎序：易有三，曰象、曰理、曰數。數不離理，理不離象，分之則三，合之則一也。四大聖人寄精神於三者之中，遂使千萬世以下之人，各及其精神之所至，而用之不竭焉。此易之所以為妙也。四聖既往，門戶遂分。卜子夏唱演名理，漢晉諸儒遞相效倣。唐孔穎達奉太宗詔定《易正義》，獨宗王弼。至宋伊川、考亭而益著。然弼掃象談理，敢於作俑。范寧比之桀紂，非矕言也。數學始於希夷終於康節。謂邵子聰明別有領悟則可，若紐卦以為圖、創先天後天之說，考之伏羲、文王、周、孔，殊無此論。即漢馬融、鄭玄之徒亦無此論也。紫陽氏雖為註釋，他日荅王子合書云：「康節言伏羲卦位近於穿鑿附會，且當闕之」，則二圖未可為確據也。至於象教，田何、孟喜以及國端六家之外，無聞焉。然皆窺其一隙而未覩其大全。朱子集諸儒大成，尚有於理象會不得之說，無可奈何，強作卦變。仙井李舜臣謂舍本卦而論他卦，皆所不取。文山進講，賁上卦「剛上文柔」一段亦不以卦變為言，其見卓矣。勝國來梁山高隱窮年，刻意揣摩，悟得錯綜二字，發明象義，大快人心。朱子卦變益覺其謬。自謂契二千年不傳之秘旨，焦弱侯誚其妄自負許，井蛙之見。及觀弱侯所譔《易筌》，說象說變大半本瞿塘氏，明斥暗取，忌才習氣，獨不畏識者勘破耶！夫易者象也，理得象而活，數得象而神。若易象不明，并其所為理與數著而皆非矣。是故古之至人，會其全體〔註104〕，駕其說於吾道之上，不知「無思」、「無為」、「寂然不動，感而遂通」數語已括盡三大藏之奧旨。近人謂《華嚴》八十一卷不出艮之一卦，良非虛語。柳宗元有云：「大《易》一書盡在佛經」，羅泌譏其憒憒，謂其倒言之也。夫冒天下之道者易也，二氏九流，

〔註104〕《存目》原缺第五頁。

不能出道外，即不能出易外。吾願世之學者，併精神於一路，以窮大易之無
窮，功亡本現，行盡源成，行且與三古聖人同會一堂之上，則余考同辨異，惟
筌蹄是設者，其猶在蓬蒿之間也哉！時順治丙申陬月，汾人朱之俊漫書於峪
園頤光堂。

　　◎朱彝尊《經義考》卷六十三：《易纂》六卷，自為之序。

　　◎四庫提要：是編用注疏本，匯先儒舊說，融以己意，兼主義理、象數，
亦采《來注》錯綜之例。詞旨頗為淺顯，而隨文敷衍者多。

　　◎朱之俊，字擢秀，號滄起。山西汾陽人。天啟二年（1622）進士，選庶
常，歷國子司業、翰林院侍講，坐事罷。順治初起祕書院侍講，典順治二年順
天鄉試，後以終養歸。又著有《五經纂注》、《硯廬全集》、《四書主意會宗》十
五卷、《排青樓詩》、《琅嬛選奇》、《峪園近草》、《朱太史吳越遊草》等。

朱之緒　易翼　一卷　佚

　　◎道光《徽州府志》卷十五《藝文志・休寧》：朱之緒《易翼》一卷。

　　◎道光《徽州府志》卷十一之四《人物志・文苑》：著有《易翼》一編（《休
寧縣志》）。

　　◎道光《休寧縣志》卷十二《人物志・文苑》：所著有《易翼》一編（《康
熙志・學林》）。

　　◎朱之緒，字爾餘。安徽休寧鶴山里人。少穎異，九齡授易義即通曉。
補邑庠，有聲，業師汪鶴嶼、金履素咸器之。

朱宗洛　易經觀玩篇　十二卷　卷首一卷　存

　　上海藏清鈔本

　　四庫存目叢書影印清鈔本配乾隆刻本

　　◎一名《周易觀玩篇》。

　　◎目錄：卷首總論、凡例。卷一上經（附序卦圖）乾坤屯蒙需訟師比小畜
履。卷二泰否同人大有謙豫隨蠱臨（附先後甲庚圖）。卷三觀噬嗑賁剝復無妄
大畜頤大過坎（附乾坤坎離圖）離。卷四下經（附序卦圖）咸恒遯大壯晉明夷
家人睽蹇解損益。卷五夬姤萃升困井革鼎震艮漸。卷六歸妹豐旅巽兌渙節中
孚小過既濟未濟。卷七文言傳、象傳。卷八繫辭上傳。卷九繫辭下傳（附九卦
圖）。卷十說卦傳。卷十一（刻本）序卦傳圖說（有序）。卷十二（刻本）雜卦傳
圖說。

◎序卦傳圖說目錄：序卦傳經文大義、序卦諸說考畧、序卦上下篇橫圖、序卦圓圖、序卦上下篇義、先天乾坤坎離生萬物男女圖、先天震兌艮巽男女交圖、先後天卦合變圖說、乾坤坎離震兌六卦為主圖、序卦作三十六卦義、附震兌艮巽祇一男女說、上下篇分主需晉說、天地絪縕化醇圖、男女媾精化生圖、陰陽配合圖、震兌甲庚圖、保震制兌圖、序卦總旨、附先後天說、易取漸不取歸妹說、隨蠱漸歸妹不同說、五卦備元亨利貞同異、附蠱巽先甲後甲先庚後庚說、辨甲庚先後三日說、序卦次第明義。

◎雜卦傳圖說目錄：雜卦傳經文大義、雜卦諸說考畧、雜卦橫圖、雜卦圓圖、先後天卦位合圖二、四純卦交合圖、四雜卦交合圖、四純卦交四雜卦圖、四雜卦交四純卦圖、純雜卦交錯總圖、雜卦大過以下不反對圖、雜卦名義、雜卦同序卦分上下義、雜卦疑即歸藏易說、雜卦次第明義。

◎凡例：

一、《易》經二篇傳十篇，古不相混。費直、王弼以傳附經，程子從之。呂祖謙謂宜復其舊，家晦菴作《本義》，因呂氏本復古也。然易之始惟伏羲卦象而已，文周爻辭釋伏羲卦爻而明吉凶；孔子《彖傳》《爻傳》又釋文周卦爻辭而推本於伏羲卦爻之象，四聖相繼而闡明之，意與辭實聯禪承接。洛是篇取觀象玩辭觀變玩占之義，姑從費本以傳釋經，欲便於觀玩云爾。

一、孔子《彖傳》利用也字：潛龍勿用，陽在下也；履霜堅冰至，陰始凝也。三百八十四爻，傳皆本爻辭為訓釋體，後人添「象曰」二字，非也。洛是篇畫卦象，以爻辭、《爻傳》左右分列本爻之旁，去「象曰」字以便觀玩，而辭與傳亦不相混。

一、天行健、地勢坤類，是為六十四卦《象傳》，費本亦附入經中。觀此與文周卦爻辭另為一義，卦爻辭無天地水火雷風山澤之名，此蓋孔子本義皇卦象，特示人以擬象學易之法，與《卦／爻傳》意不相聯，故另錄置《繫辭》前。

一、乾坤《文言》以乾坤為諸卦之本，特為闡發精義。古本在《繫辭傳》後《說卦傳》前，與乾坤卦爻不相屬。而《繫辭》《說卦》間以《文言》，亦隔絕不類。費本附乾坤卦中，又與《爻傳》不為清出。今以陽在下陰始凝附卦爻畫，與諸卦同；而以《文言》另錄，即附於六十四卦《象傳》共為一冊，庶與《爻傳》不混，而亦不雜於《繫辭》《說卦》以致不類也。

一、河洛圖即附天一章，畫卦圖即附太極章，羲文先後天卦圖即附定位

出震章，以便觀覽。大橫方圓圖以幅隘未及。

一、程子以《序卦傳》句入諸卦以明相承之序，然《序傳》止聯合諸卦以明易蘊，無不可通耳，非序卦之精。今為《序卦上下篇圖說》，可冠上下經。然古人序文皆在後，故仍列於後。至《雜卦傳》，洛竊有得焉。孔子曰：「某殷人也，于宋得乾坤」，疑即商之《歸藏易》附於宋，如《詩・商頌》之例。故特與《序卦》為圖說二卷，以質諸讀易者；而《序卦》又撮其要於上下篇首。

一、洛少時即樂觀《皇極經世》《啟蒙》及《像象管見》《像象述》諸書。迨學為經義，廼伏讀欽定《折衷》所取諸家之說，因悟讀書之法，宜斷斷無他、休休有容，持平心觀之。故以己所見，參之諸說，如心天心雷、大明終始取諸《像象述》、北一返南九取諸《像象管見》、坤六龍戰之陰為吝嗇為富等義取諸黃氏《質疑》。蓋孔子作傳，占筮象數性命不專主一義，故隨經釋之，亦不專主一說云。

一、《易斷》推康節邵氏為專家之學，以河洛先後天圖授受獨得其真也。河洛先後天圖秦漢以來儒者失之，外方得之為修煉爐火之術，至宋復歸之儒，前賢已嘗論之。即如魏伯陽《參同契》非吾儒之學，然家晦菴亦嘗隱名而為之注，果非無取也？如日月為易與納甲十二辟卦歸於坤元育種，至坎離戊巳、三五至精之義，實不可廢。洛《雜卦圖說》最晚成，嘗忘寢食、殫心力，而於《參同契》得所助焉。始坤坎坤離至乾離乾坎，悟其為《歸藏易》。而要終於君子道長小人道憂，皆易之精理，因《參同契》悟入，而非《參同契》之術也。夫君子不以人廢言，讀書惟觀其理之是否耳。自宋以來大《易》經解無慮數百家，其傳者各有所見，是篇祇即心之所得為經之直解，無人我見，惟理是從。誠以性命之源、鬼神之奧，精蘊何窮，闡發無盡，要以默為觀玩，如飲河之期於滿腹云爾。

◎序卦傳圖說序：《易・序卦／雜卦》，歷漢唐宋元明說經家，未有深明本旨者。申子王氏於《序卦》曰：「莫曉其間次第如何安排」，環溪李氏曰：「必有至理，未能究其所以然」，季重熊氏於《雜卦》亦曰：「是必有說，易師失其傳矣。」我朝《折衷》一書，命大臣纂定，發揮精蘊，於《序／雜卦》曰：「文王立法至精，必有深意」，因本程、胡之說為《明義》，附卷末，亦欲開示儒生，庶幾闡明益精也。洛治易上下經、《文言傳》、《繫辭》、《說卦》，粗有成說，讀於《序／雜卦》，反覆前人諸解，未愜於心。間有臆測，覺非確見，輒

復置之。庚辰春春官試竣，辛巳寓淮陰，客邸閒靜，思讀書未透，諸說障之耳。聖凡雖判，心理自同。乃置此心於未有諸說以前，祗將《序／雜卦》畫圖觀玩，旬餘方悟《序卦》明絪縕姤精，自陽之陰；《雜卦》明坤坎返乾離，自陰之陽。乾坤以坎離之精，生震兌艮巽，為剛柔男女之變化。而其變化，全在震陽起而上止為艮，乃與乾同德；兌陰見而下伏為巽，乃與坤同德。故震翻艮、兌翻巽，合為漸之女歸吉，義同泰而成既濟；不則為歸妹之徵，凶無攸利，義同否而成未濟。《雜》之所以三十九，多歸妹、未濟、夬三卦之不反對者，正以明歸妹則未濟，柔當以剛決耳。實則《序／雜》皆三十六，由男女剛柔合之漸而終于既濟也。是說也，證之邵子、文王序卦之反對，本之後天圖艮與震反、巽與兌反、六卦成八卦之說，若合符契。且《序卦》分上下各十八，陰陽爻數互異適均，先儒固有說。《雜卦》亦分上下各十八，陰陽爻數亦互異適均，知當自解分。而仲虎胡氏之泥于六十四卦而自咸分者，非其旨矣。又於《雜卦》疑為《歸藏》商易。孔子於宋得乾坤之義，繫《周易》末，如得《商頌》繫周詩末，似有可據者。參伍以觀，研味深旨，覺性命精微之理、涉世養生之道，一切參同奇遁，餘蘊悉包，洵乎御纂《折衷》謂立法至精，有深意也。顧自孔子贊易，迄今二千數百年，莫明本旨。譬之皇古寶器，埋蝕塵土，得爬梳剔抉、洗剖蒙翳，還現本質，似非偶然。因不忍散軼，作為圖說。幸際聖世經學昌明，倘有可採，得附經解末，雖管窺蠡測，未罄元奧，而《序／雜卦》本旨，粗有所定，於易不為小補，敢以質之世之深於易者。乾隆乙酉，錫山朱宗洛自序。

　　◎四庫提要（題《易經觀玩篇》無卷數）：是編凡例謂用費直本，然其書每卦畫六爻於前，而分書初九、九二等字於爻畫之中，右列爻辭，左列《小象》，而後列卦辭及《象傳》。至《文言》、《大象》則另錄置《繫辭》前，則是宗洛自定本，非費直本矣。宗洛酷信圖書，故其解經多引《參同契》為說。其《序卦圖說》亦主五行納甲，其《雜卦圖說》以為即古《歸藏易》，孔子附之《易》末，如錄詩之有《商頌》，亦無所據也。

　　◎光緒《無錫金匱縣志》卷二十《宦望》：耿介坦白，研精易學，卒於官。篋中惟所著《周易觀玩篇》及手抄書數十卷。

　　◎光緒《無錫金匱縣志》卷三十九《著述》：《易經觀玩編》二卷（朱宗洛）。

　　◎《皇朝文獻通考》卷二百十二題《易經觀玩篇》無卷數：宗洛酷信圖書，故多引《參同契》以解經。是書謂用費直本，實則自定本也。

◎朱宗洛，字紹川。江蘇錫山（今無錫）人。乾隆二十五年（1760）進士，官天鎮縣知縣。又著有《古文一隅》三卷。

諸錦 周易觀象補義略 不分卷 存

復旦藏稿本

◎卷末題：子婿范成編次。

◎戴光曾跋：父執諸草廬先生，品德兼重，經術湛深，允為儒林冠冕。嘉慶二十四年彙題俞允，崇祀鄉賢。後生小子，雖未及親炙光儀，然每侍先府君傳述緒論，真第一流人也。先生著述甚富，惜少傳人，盡皆散佚。數年前曾見遺照清露點朝衣圖，題者皆一時名宿，今不知歸於何所。生平所著《毛詩說》《饗禮補亡》《夏小正注》《絳跗閣集》皆刊刻行世，又手輯《國朝風雅》浙中諸家之詩凡十餘冊。其他說經之書甚夥，或未經編定，遂少流傳。此《周易觀象補義》四冊，予見之吳門舊藏書家，係先生集諸家之說加以按語，自易字至於傳異，皆手書論定，彙為全書。內惟上經至下經姤卦則他手鈔錄而先生校之，真世間未有之本。主人視之不甚重，因購得之，以示蕘圃黃君，蕘圃歡羨，以為禾中先輩之書應歸於禾，此天假之緣，非吳人之無眼力也，因並記之。嘉慶二十五年四月廿日，同里後學戴光曾謹識。

◎《清史列傳》：詩法山谷、後山，為王昶所稱頌。輯浙中耆舊詩為《國朝風雅》十二冊，自著有《絳跗閣集》十一卷，及《毛詩說》二卷、《通論》一卷、《補饗禮》一卷、《夏小正詁》一卷，並傳於世。

◎諸錦（1686～1769），字襄七，號草廬。雍正二年（1724）進士。選金華府教授。乾隆元年（1736）舉博學鴻詞，召試一等三名，授編修，官至左春坊左贊善。顧嗣立、張大受為之延譽，名遂起。生平浸淫典籍，寢食均廢，甘守寂寞。治經長於箋疏考證。

祝大士 易奧 佚

◎民國《太湖縣志》卷二十二《人物志》四：所著《易奧》一書，惜不傳。

◎祝大士，字明幟。安徽太湖人。庠生。晚年有《覺善箴》行世。三舉鄉賓不赴。卒年八十二。

祝鳳嗜輯 周易傳義音訓 八卷 首末二卷 存

首都圖書館藏光緒十五年（1889）戶部江南書局刻本

◎宋呂祖謙原撰。

◎篇首題：光緒己丑十月戶部公刊於江南書局。

◎校刻周易傳義音訓凡例：

一、經文《程傳》從《正義》本，呂氏《古易音訓》從《釋文》本，朱子多從古易，則亦從《釋文》本。然元董氏真卿稱泰象傳「无往不復」《本義》作「无平不陂」、《雜卦傳》「豐多故也」《本義》无也字；李氏心傳稱《繫辭》「為易者其知盜乎」諸本多云「作易」，今從《釋文》及朱本；「以全身也」諸本作「存身」，朱子從《釋文》之類。今以宋吳氏革所刻《本義》考之，則皆不其然。蓋《本義》經文在當時即有改同《程傳》者，吳氏所據已是改後之本。「獨何以守位曰仁」作「曰人」，以《本義》明言今本作仁，呂氏從古，為當時所未改，故吳本尚存其舊耳。又吳本比卦、中孚卦「有它」不作「有他」、《序卦》「必反於家」不作「其家」、「決必有遇」无所字、《雜卦》「遘，遇也」不作「姤」，皆視行本不同。蓋行本又由後人所改，今皆以久沿難革，但附著其異於此。

一、經讀《傳》《義》時有不同。如乾卦元亨利貞，《程傳》分四德，《本義》則元亨為一句、利貞為一句。坎卦「樽酒簋貳用缶」，《程傳》每二字為句，《本義》則每三字為句之類。此斷句之異。如乾卦「時舍也」，《程傳》讀舍為去聲，謂與井卦讀上聲不同；而《本義》釋云：「未為時用」，則乾卦亦自讀上聲。小過卦「終不可長也」，《程傳》讀長為上聲，謂與夬卦讀平聲不同；而朱子與類以《程傳》讀上聲為非，則小過卦亦自讀平聲之類。此音文之異。今按易義當以朱子為定，故凡經中點句圈音，悉依朱子《本義》，至《程傳》中乃各隨其文義云。

一、《程傳》分卷據董氏《會通》所列，原依王氏弼本，上下經作六卷。後人或并或分，皆非舊第。今加入《本義》音訓，仍作六卷，以存《程傳》義舊。《繫辭》以下程子無說經全書，明刻《傳》《義》本或遂闕如。楊氏一鶚重刻本就呂氏《精義》所輯，雜取程朱語錄、文集以為後傳，亦嫌汎濫。近人張氏道緒刻本補以《來註》，更覺不倫。今就董氏《會通》所編入《集解》者列以為傳，而照《精義》分作二卷，通上下經共為八卷。庶視諸刻較為審當。其易序、上下篇義相承以為程子所作，《會通》及明刻本與《易傳序》同列卷首，今仍其舊。至傳中異文，《會通》及明刻本皆細書備列，今以其文異皆不甚相遠，因不復出云。

一、朱子《本義》原本《彖》《象》《文言》皆不附經而自分五卷，《繫辭》以下亦分五卷，故上經標題下註云：經二卷傳十卷。其篇第，《文言》又居《繫辭》之後。然嘗見重刻宋本卷末題嘉熙元年四月十二日國子司業臣陳塤敬書進呈工部侍郎魏了翁監刊，其書乃與今現行《本義》不殊。蓋《本義》在宋時監本即已改從《程傳》之式，其吳氏所刻《本義》原本轉係私家本耳。第既以《彖》《象》《文言》附經，而并去其五傳之標題，學者讀首篇註傳十卷句本，然不省所指，且有誤以《大象》為周公所作者，皆由於此。今故据吳本補入《彖》上下傳、《象》上下傳、《文言傳》各標題及從王肅本字，庶使學者尋省易了。又《彖》上傳註「上者經之上篇」六字各本所脫，《雜卦傳》註「感速常久」各本訛作「咸速恆久」，亦依吳本補正。其《繫辭》《說卦》此第幾章各本提行作右第幾章，亦依吳本改正。又依吳本易圖下補題「朱熹集錄」字、易贊下補題「朱熹系述」字、贊末補一之字、河洛等圖各補右字，以還舊觀，且可見王氏懋竑疑九圖為非朱子作者，特未詳考耳。其姤象傳註「猶已遠之」吳本猶作「由」、《雜卦傳》註「自大過以下」吳本作「自遯以下」、贊中「孔聖傳之」吳本「傳」作「贊」，今以義得兩通，且或傳本不同，但仍其舊。又《序卦》註「右上篇右下篇」傳六字吳本所無論，《本義》體例亦不應有。今以董氏《會通》收此入《集解》，姑仍其舊。又原本前列九圖後附五贊、筮儀，《會通》及明刻本皆移在卷首，今亦仍其舊。其大畜象傳「剛上而尚賢，能止健」註：「以卦體、卦變、卦德釋卦辭」，「卦德」二字各本多脫，《講義》本則有之。今按此二字不可缺，亦据以補入云。又《繫辭上傳》天一至地十下註云：「此簡本在第十一章」，各本多脫「一」字。今照《會通》本增，以此簡舊在「子曰：夫易何為者也」上，於《本義》實為十一章之首也。

一、呂氏《音訓》附董氏《會通》而存，其標題獨「《繫辭上傳》第五」以就繫字作音而存，餘皆為所刊落。今刻引附經下，故亦且仍其舊。至《象上傳》標題下註，董氏移其半入爻辭下。「比，吉也」、「同人曰」之類，董氏即蒙經文不復出之類，今悉據宋咸熙單刻《音訓》本改正其中訛字，如需卦「沙鄭本作沚」句，宋改沚為泚，考鄭註引見《詩・鳧鷖》，疏云「沙接水」，則不作沚明甚，但當作泚，為沙之或體，如疇鄭年鴌之比耳。歸妹卦「須，子夏、孟、京作嬬，媵之妾也」句，宋改嬬為媭，考嬬訓壹、訓可愛、訓嬫，無媵妾之訓，今云媵妾，則不作嬬明甚，但當作媭，為嬬之變體，如儒作傐、孺作孂之比耳。今俱照宋本刻。餘凡謬誤之顯然者，亦俱照改。又有宋本未及正者，

坤卦「巛今字也」,「今」當作「古」,據《玉篇》巛字下註改正。噬嗑卦「《字林》云含食所遺也」,「云含」當作「作𠁭」,從盧刻《釋文》所據宋本改正。井卦「甕《說文》作甕」,甕當作䍐,據本書改正。既濟「繻《說文》作絭,編也。《廣雅》:絭,塞也」,數絭字《釋文》本訛作絮,此獨作絭,不誤。惟京作絭一曰敝絭,二絭字當以《釋文》本作絮為是。蓋京所作字不必同《說文》,敝絮乃絭之別一義,《說文》亦本作絮,今以《釋文》本參正。《繫辭》「藏諸用」、「知以藏往」兩處,晁氏曰:「案篆無臧字,臧乃藏之訛。」今以《說文》有臧無藏改正。「神武不殺」條下鄭、虞云:「不意殺也」,「意」乃「衰」之訛,今據虞註改正。至困卦「藟一名巨荒」,或謂荒宜從《詩・釋文》作「芤」,或謂彼「芤」字當依此作荒;井卦「甃為瓦裏,下達上也」,毛居正謂裏當作裏,或又謂毛說無據之類,今但仍其舊云。

一、《易學啟蒙》照《朱子遺書》本刻,其序稱雲臺真逸者,先是一年,朱子崇道秩滿,復丐祠得華州雲臺之命,故有是稱也。其中有衍脫數處,《原卦畫》篇「伏羲八十四卦圓圖失列卦名,莫不由乎此」矣句下脫註「震始交陰」以下四十字,「王者其盡於是矣」句「王者」下脫「之法」二字。《明蓍策》篇「少陰以下卦扐」失列一二三等字,註中引蔡元定語「陰陽用老而不用少,故六十四變所用者十八變」原本陽上脫一陰字,又於十六變上衍「十二變」三字,便不可解,今皆據善本校改。其《本圖書》篇所云「一奇一偶以兩。其五行而已」,本或無一奇一偶四字,論文義亦不應有,今姑仍其舊,而辨正于此云。

◎周易傳義音訓目錄:

卷之首:程子易傳序、程子易序、程子上下篇義、朱子易九圖、朱子易五贊、朱子筮儀。卷之一:上經(彖上傳象上傳文言傳):乾坤屯蒙需訟師比小畜履。卷之二:上經(彖上傳象上傳):泰否同人大有謙豫隨蠱臨觀。卷之三:上經(彖上傳象上傳):噬嗑賁剝復无妄大畜頤大過坎離。卷之四:下經(彖下傳象下傳):咸恆遯大壯晉明夷家人睽蹇解損益。卷之五:下經(彖下傳象下傳):夬姤萃升困井革鼎震艮漸歸妹。卷之六:下經(彖下傳象下傳)豐旅巽兌渙節中孚小過既濟未濟。卷之七:繫辭上傳、繫辭下傳。卷之八說卦傳序卦傳雜卦傳。卷之末:朱子易學啟蒙。

◎跋:昔朱子嘗自謂所作《本義》簡略,以義理《程傳》既備故也。其孫鑑跋《呂氏音訓》云:「先公著述經傳皆如《音訓》,而於易獨否者,以有東萊

先生此書也。」是此三書固相為表裏矣。元鄱陽董氏《周易會通》合三書為一書，足為讀易善本。獨惜其分《大象傳》列《彖傳》前，又以《小象傳》總附《彖傳》後，為前无所因耳。明代修《大全》書，不載《音訓》，獨有《傳》《義》，後又刊落《程傳》而獨存《本義》，又復去其五贊，是并《本義》亦非完書矣。夫略去《音訓》猶謂異文、異義非學者所就也，至《程傳》亦刊落，則凡經中文義朱子以《程傳》既詳而不復及者，學者每苦索解末由。然使猶存五贊於後，則《原象》篇稱「程演周經，言盡理得」、《警學》篇稱「在昔程氏，繼周邵孔」云云，學者讀此猶當知《傳》《義》之不相離，而求《程傳》以習之。今乃并此刊落，而獨就《本義》中明言「《程傳》備矣」者，略節數語以綴於其下，則朱子欲人參考《程傳》之意遂无由可見，而所歎為義理精、字數足、奧指宏綱、星陳極拱者，學者或至忽焉而不習，豈不惜哉？雖其訓釋字義間有未安之處，而經《本義》改定，要之所改定者宜斷從，《本義》所未備者則補以《程傳》，因其可相輔而行者也。至呂氏《音訓》多援古義，不盡合於程朱之解。然朱子親為校刻，又於《本義》不別為音而即以呂音為其音，其孫因以附刊於後，蓋以明《本義》之作，於凡諸家異同之說，皆嘗備考而詳擇之，而因使學者得考見其去取之迹。自音訓之不附，世乃有以疎漏疑宋學，而轉而求之雜博者矣，是則其所關固亦非淺鮮也。鳳喈刻《書傳音釋》既畢，伊君遇羹樂堯謂盍刻《程朱傳義合附音訓》并附《易學啟蒙》於其後，因念昔受教於先兄岐山先生，經書皆所指授，於易尤多啟發。且以先兄宿志，常在廣刻善本行世。思勉承其遺意，遂屬伊君重加審定，以為家塾讀本，而使學者得觀宋儒易學之大全，於世或不無小補云。咸豐六年七月既望，浦城祝鳳喈識。

◎祝鳳喈（？～1864），字桐君，福建浦城人。祝鳳鳴弟。官同知。精琴理，兼善修新。又著有《與古齋琴譜》四卷、《與古齋琴譜補義》一卷，又校訂評注《春草堂琴譜》。

祝塽 易說 一卷 存

光緒十八年（1892）刻體微齋遺編本

◎一名《爽亭齋易說》。

◎祝塽（1827～1876），本名隆賢，字幼荻，又字定庵，號爽亭、印塽。祖藉湖北武昌，生於陝西磚坪廳城。又著有《體微齋遺編》《體微齋日記》《體

微齋語錄》《海月樓詩文雜鈔》。

祝文彬 易經纂要 佚

◎同治《饒州府志》卷二十六《藝文志》：《易經纂要》《左傳分國》《學庸集解》（祝文彬）。

◎民國《德興縣志》卷之八《人物志》：尤邃於經學，著有《易經纂要》《左傳分國》《學庸集解》《性理敬身錄》《漫存藁》。

◎光緒《江西通志》卷九十九《藝文略》一《國朝》：《易經纂要》，祝文彬撰（《德興縣志》。字忞野。又有《左傳分國》《學庸集解》《性理敬身錄》《漫存稿》）。

◎祝文彬，字仍野，號忞庵〔註105〕。江西德興二十都人。康熙甲戌進士，官陝西中部縣及署鄜州知州、宜君知縣。

莊存與 八卦觀象解 一卷 存

道光十八年（1838）莊綬甲寶研堂刻味經齋遺書本

續四庫影印上海藏道光味經齋遺書本

◎括兩篇。

◎薛子衡跋：《易》曰「庖羲氏之王天下也，仰觀象于天，俯觀法于地，於是始作八卦」，又曰「天垂象，聖人則之」，又曰「在天成象，在地成形」，又曰「縣象著明，莫大乎日月」，然則攷二儀之運行，奠二十八宿之次舍，與夫日月盈縮、五緯見伏，固聖人設卦觀象、奉若天道之要旨也。竊嘗求之于漢，中壘《鴻範》惟究五行，君明《易傳》僅詳占候，惟鄭氏爻辰差有條紀，衷諸理道，而缺佚殆甚，但零文碎義，約略存言。外此揚氏《大元》創立州部，《乾鑿》《坤靈》《是類》《稽覽》，或述卦氣或推律秝，皆非易旨，又皆殘闕晦雜，莫可是正。然則聖人觀象繫辭、奉天敬民之意殆不可見乎？吾郡莊方耕先生，邃精天官律秝家言，而一以六經為本。其言易之書不一種，而《觀象解》二卷則以垂象之義言易者也。其書首以八卦準四時分至，以二十八宿十二次準六十四卦，而斗建雲漢日月五緯緯焉。次以北斗帝居奠乾維，則四正四維之統宗也。以房心權衡咸池虛危奠震離兌坎則四宮四正也，以斗魁、太階、漢津、攝提奠乾坤艮巽，則四紀四維也。北斗自乾攜巽，自西北徑東

南，天門地戶也。雲漢自艮達坤，以陰升以陽降，山河之首尾也。尾紀牽牛，日月之所終始也。故封域之分星、日月之贏縮、歲星熒惑填星太白辰星之見伏又次之。此言象之大旨而易應焉。其首乾、次坎、次艮、次震、次巽、次离、次坤兌，出震齊巽，見离役坤、悅兌、戰乾、勞坎、成艮之序也。需、大畜、大壯、小畜、大有、泰、夬、訟統乎乾，蒙、解、渙、未濟、師、困、遯、蹇統乎坎，小過、漸、旅、謙、咸、無妄、屯、頤統乎艮，益、噬嗑、復、隨、大過、升、鼎統乎震，恆、蠱、井、姤、革、明夷統乎巽，家人豐、賁、既濟、同人、萃統乎离，晉、觀、豫、剝、比、否統乎坤，臨、暌、中孚、歸妹、損、節、履統乎兌，出震齊巽見离役坤悅兌戰乾勞坎成艮之序也。不首震而首乾，尊乾而主斗也，斗帝居也。乾艮巽坤貞四孟貞朔候也，坎震离兌貞四仲貞中氣也。震兌以北卦三十六，震兌以南卦二十八，應乎地也。乾坎艮統卦各八，震兌統卦各七，巽离坤統卦各六，應乎地也。上坎以當天極，下震兌以交地平，中衡上地平下極，常衡常倚，左流海、右積高，地勢然也。此言易之大旨而象應焉。至其明君臣之道、篤父子之恩、敦宗族親疏之詣、正妃匹嫡庶之嫌，內而旬采所以享王，外而蠻夷所以賓服，以及用人設教、理財治獄、行師命將，皆言之不足而長言之，詳言之不足而反覆言之，若不自知其言之重、辭之危者。而要其歸，則於聖人先天勿違、後天奉若之心，莫不由然其有合也、鼇然其有當也、釋釋然其深切而著明也。《書》曰「日月歲時無易，乂用明；日月歲時既易，乂用昏不明」，易曰「懼以終始，其要无咎」，天人之際道固若此。然則聖人設卦觀象之意，不可得而見者，庶幾可於是書見之乎？先生之言曰：「聖人見道然後知王治之象，賢者見經然後知人道之務。」知人道之務則知王治之象矣，若先生者，其真知人道之務矣。先生經說多已刊布，是書則今歲吾師申耆先生始刊行之，余又得先生之孫經僥先生寫本校正焉。道光十八年歲次戊戌八月，同邑後學薛子衡謹跋。

◎宋景昌跋：乾為天門，巽為地戶，乾至隨、履至大過六十四悔卦，一順一逆皆始乾終兌以交於巽，此重卦之序也。坎正北也而讓於訟，艮東北維也而讓於遯、蹇，震正東也而讓于无妄、屯、頤，巽東南維也而讓于大過、升、鼎，以至離為革據、坤為萃居，六位皆不正矣。故震巽各進三，艮頤各進二，坎坤各進一而後四正四維不愆于位焉。此奠卦之義也。日躔有盈縮：春及秋日多而度少，損至大過，列卦三十；秋及春日少而度多，隨至節，列卦三十有四。應乎天矣。中衡交地平於卯酉，中國之地，南距地少，北距地多。震

兌以南，卦二十八；震兌以北，卦三十六。應乎地矣。日右行于天，杓左旋于地，冬至日在牽牛，杓則指坎，故占在危初，順是以下皆如是。其不始冬至而始立冬何也？八風之序也。不周風居西北，主殺生，乾之位也。東壁居不周風東主辟生氣而東之。至于營室主營，胎陽氣而產之東。至于危言陽氣之危垝，其于十二字為亥。亥者，該也。言陽氣藏于下，故該也。夫既該陽氣而胎產之，則不可以為始乎？終則有始，天行也。《周官》封域各有分星，禪竈梓慎，其言如響。乃太史《天官》言而不詳，蘭臺《地里》詳而寡要，其《天文》一志又錯出漢時方州，非好學深思而心知其意，仰觀俯察之旨不其晦乎？唐僧一行是究是圖，發其歸趣，聖人復起，不能易焉。爰取其推闡之精，去其改移之跡，期有當于古而已矣。衛地漢隸沇州，是易娵訾為壽星；巴蜀漢曰益州，是分鶉首為實沈；魏之西境，漢隸冀州，故曰易巨沈為大梁；全趙之地，漢入并州，故曰易大梁為娵訾；韓鄭之地，漢時分隸豫州、三河，故曰壽星易而其野入于心及味也。為之條分縷晰焉。漢之分星猶有說焉，以處此又，何疑于古乎？陰陽遲疾始于乾象，歲差始于大明，前此未之有也，曷為及之？曰漢初所傳黃帝、顓頊、夏、商、周、魯六術，以推《春秋》，多所抵牾，定為偽托。而三代之盛，不聞星辰失次，至周衰乃頻見之。則三古推步法數本密，迨疇人散失而後浸亡耳。賅而存焉，益以見易道之無窮也。方耕先生遺書大半多已刊行，是書則吾師申耆先生今歲校刊也。剞劂既就，以景昌習于天官家言，命疏其所以，故述其略例如右。道光戊戌季秋月朔，江陰後學朱景昌謹跋。

◎臧庸《拜經堂文集》卷五《禮部侍講少宗伯莊公小傳》（摘錄）：謂學以養其良心，益其神智，須旁廣而中深，始能囊括羣言，發其精蘊。又云讀書之法，指之必有其處，持之必有其故，力爭乎毫釐之差，深明乎疑似之介。嘗自署齋聯云：「玩經文，存大體，禮義悅心；若己問，作耳聞，聖賢在坐。」其平生得力語也。所著有《八卦觀象篇》《彖象論》《象傳論》《繫辭傳論》《序卦傳論》《卦氣解》《尚書既見》《毛詩說》《春秋正辭》《周官記》《律譜》《六樂解》《九律解》《生應生變解》《成律合聲論》《審一定和解》《天位人聲地律論》《合樂解》《定黃鐘之聲及其徑論》《律書解》《琴律解》《瑟音論》《算法約言》等書藏於家。易主朱子本，《詩》宗《小序》、《毛傳》，《尚書》則兼治古今文，《春秋》宗《公》《穀》義例，《三禮》采鄭注而參酌諸家。病中猶時時背誦經書不置。乾隆五十三年卒，年七十歲。贊曰：庸堂少從公之從子葆琛

進士問學，嘗一見公，自慚譾陋，未敢有所質也。後讀公《尚書既見》，歎其精通浩博，深于大義，章句小儒未由問津矣。

◎莊存與（1719～1788），字方耕。江蘇陽湖（今武進）人。乾隆十年榜眼，授編修，屢遷內閣學士，擢禮部侍郎。著有《彖傳論》一卷、《象傳論》一卷、《繫辭傳論》一卷，附《序卦傳論》、《八卦觀象解》二卷，《卦氣解》一卷、《尚書既見》二卷、《書說》一卷、《毛詩說》二卷補一卷附一卷、《周官記》五卷、《周官說》五卷、《春秋正辭》十二卷、《春秋舉例》一卷、《春秋要旨》一卷、《四書說》一卷。

莊存與 卦氣解 一卷 存

道光十八年（1838）莊綬甲寶研堂刻味經齋遺書本

嘉慶刻浮谿精舍叢書本

光緒刻木犀軒叢書本

山東藏光緒十四年（1888）南菁書院刻本皇清經解續編本（光緒刻、光緒石印）

山東藏 1970 年臺北成文出版社無求備齋易經集成影印光緒十四年（1888）刻皇清經解續編本

山東藏臺灣新文豐出版公司 1983 年大易類聚初集影印皇清經解續編本

續四庫影印上海藏道光莊綬甲刻味經齋遺書本

◎光緒《武陽志餘》卷六之三《名宦》：《彖傳論》一卷、《彖象論》一卷、《繫辭傳論》二卷附《序卦傳論》、《八卦觀象解》二卷、《卦氣解》一卷（並存）。國朝莊宗伯存與方耕撰。阮文達《味經齋遺書總序》謂易則貫串羣經，雖旁涉天官分野氣候，而非如漢宋諸儒之專術數、比附史事也。董士錫序謂宗伯易說以孟氏六日七分為經，而以司馬遷、班固《天官／地理／律曆》各書志為緯，其為文辯而精、醇而肆，旨遠而義近，舉大而不遺小，能言諸儒所不能言。洵經學之巨匯也。按《彖傳論》舊志祇一卷，《遺書》分上下篇，《彖傳論》下附《彖象傳》一篇，《卦氣解》下附《周書時訓解》一篇。

莊存與 繫辭傳論 二卷 存

常州藏道光八年（1828）刻味經齋遺書本

山東藏臺北成文出版社 1976 年無求備齋易經集成影印味經齋遺書本

莊存與 彖傳論 二卷 存

道光八年（1828）莊綬甲寶研堂刻味經齋遺書本

續四庫影印上海藏道光八年（1828）莊綬甲刻味經齋遺書本

◎《武進李先生年譜》卷三道光十八年戊戌：鄉先哲莊宗伯存與，諸經皆有譔述，多未刊行。孫卿珊受甲先以《尚書既見》《周官記》二書示先生，一一為訂正，定其體例。既序而行之矣，與卿珊書曰：「《周官記》之書，非《尚書既見》比，宜詳核《周禮》，參互融會，為之注釋，使至精之思、至實之理一一發露，庶幾懸諸日月不刊之書。」然卿珊急於刻之，未暇事此也。繼示以《四書說》《樂說》，先生復書曰：「樂律向曾學之，所說與宋明人多差異，而理解精微，遠過昔人。無奈不聰於耳，又不諳於簫管，故未能究極妙處。嘗欲覓一善吹笛者，與之細辨笛色工尺，則此處亦無不可了。而竟不得暇，此後當留心為此，稍解七律，然後合之於書，庶幾不至茫然。」再後卿珊子子定潤示以《彖傳論》《彖象論》《繫辭傳論》《八卦觀象解》《卦氣論》諸種並《算法約言》，先生常自攜尋繹，歎其精微廣大，心胸常若不能容受。又曰：「此身通六藝七十子之徒也。」遂次第付刊《算法約言》未成之書，付冕之徐竟其緒，並前卿珊所刻《尚書既見》《尚書說》《毛詩說》《周官記》《春秋正辭》七種合並行世。而不為序，曰：「吾於莊宗伯，不能測其涯也。」傳宗伯之學者，從子珍藝先生述祖、外孫劉申受逢祿。申受書皆行世，珍藝書多至百卷，其子文灝不能盡刊，多刻序例，使學者可尋繹。先生並命子定刻卿珊遺書，使莊氏之學天下得覩其大全云。

莊存與 彖象論 一卷 存

道光八年（1828）莊綬甲寶研堂刻味經齋遺書本

續四庫影印上海藏道光八年（1828）莊綬甲刻味經齋遺書本

莊存與 繫辭傳論 二卷 存

道光八年（1828）莊綬甲寶研堂刻味經齋遺書本

續四庫影印上海藏道光八年（1828）莊綬甲刻味經齋遺書本

◎董士錫《齊物論齋文集》卷一：本朝經學盛于宋元明，非曰其多，曰其精也。乾隆間為之者，《易》則惠棟、張惠言，《書》則孫星衍，《詩》則戴震，《禮》則江永、金榜，《表秋》則孔廣森，小學則戴震、段玉裁、王念孫，皆粲然成書，箸于一代。而其時莊先生存與，曰侍郎官于朝，未嘗曰經學自

鳴盛，成書又不刊板行世，世是目無聞焉。嘉慶間，其彌甥劉逢祿作《公羊釋例》，精密無耦，目為其源自先生。道光八年，其孫綏甲刻所箸易說若干卷成，目示余。再三讀之，蓋先生深于《周禮》、深于《春秋》、深于天官曆律五行之學。夫深于《周禮》則綜覈名物不猒其詳，深于《春秋》則比辜屬辭不猒其密，深于天官曆律五行之學則徵引斷制不猒其博，故其為說目孟氏六日七分為經，而目司馬遷、班固《天官》《地理》《曆律》各書志為緯，其為文辯而精、醇而肆，怡遠而義近，舉大而不遺小，能言諸儒所不能言。不知者目為乾隆閒經學之別流，而知者目為乾隆閒經學之巨匯也。方乾隆時，學者莫不由《說文》《爾雅》而入，醰深于漢經師之言而無溷目游雜；其門人為之莫不目門戶自守，深疾宋目後之空言，固其執精，抑亦術峻，而又烏知世固有不為空言而實學恣肆如是者哉。昔許慎、何休箸書，鄭康成駁辯之，而《鄭志》又有與諸弟子互相問畣之語，亦或病其術之太峻而虞其說之太拘歟？余為張先生惠言弟子，學易謹守師法。如莊先生書昔所未見，循誦既畢，竊歎天壤閒學問之大有非可目一端竟者。因即所見目拊識于此。

莊名夏　易經精說　佚

◎道光《晉江縣志》卷七十《典籍志》：莊名夏《周易象解》《易經精說》。

◎莊名夏，榜姓王。福建晉江人。乾隆十八年（1753）舉人。以子寅清貴，封奉直大夫、工部虞衡司主事。

莊名夏　周易象解　佚

◎道光《晉江縣志》卷七十《典籍志》：莊名夏《周易象解》《易經精說》。

莊耆年　漢易演義　三卷　佚

◎民國《重修莒志》卷五十三《文獻志》：莊耆年《漢易演義》三卷。

◎民國《重修莒志》卷六十四《文獻志》：讀書外無他嗜，著述頗富，身後盡散佚。

◎莊耆年，字介卿。山東莒州人。嘉慶己卯舉人，江蘇試用知縣莊鴻渠仲子。屢試不售，援例就京秩，官刑部員外郎。

莊士儀　易經要旨　佚

◎光緒《嘉定縣志》卷二十四《藝文志》一：《易經要旨》（莊士儀著）。

◎莊士儀，嘉定（今屬上海）人。著有《易經要旨》。

莊有可 卦序別臆 一卷 佚

◎光緒《武進陽湖縣志》卷二十八《藝文》：莊有可《周易原本訂正》二卷、《周易集說》七卷、《易義條析》一卷、《卦序別臆》一卷、《刪輯周易玩辭》二卷、《異文》一卷、《文字異同考》一卷（並存）。

◎莊有可（？～1821），又名獻可，字大久。江蘇常州人。勤學力行，老而彌篤。博通經傳，精研義理，尤精《春秋》。著有《春秋注解》十六卷、《春秋字數義》一百零四卷、《春秋地名考》二卷、《春秋人名考》二卷、《春秋定本》一卷、《春秋經文譌異辨正》一卷、《春秋小學》七卷、《春秋異文小學》一卷、《春秋字義本》四卷、《周易集說》、《毛詩說》、《周官集說》、《周官指掌》、《禮記集說》、《慕良雜纂》《怡適偶成》一卷、《雜編》一卷、《雜著》。

莊有可 刪輯元清江張理張仲純氏易說 一卷 佚

◎莊俞《岱玖公年譜》嘉慶十八年癸酉七十歲：遺書凡原稿有序跋而載明年月日者，已分注於各年之下，其無序跋致成稿時期無可考者，尚有三十餘種。茲彙列於左：《周易篆文》四卷、《周易大傳十翼原本》一卷、《周易文字異同考》一卷、《周易異文》一卷、《卦序別臆》一卷、《刪輯元清江張理張仲純氏易說》一卷。

莊有可 刪輯周易玩辭 二卷 佚

◎光緒《武進陽湖縣志》卷二十八《藝文》著錄。

◎自序略曰〔註 106〕：余閱南宋江陵項平甫《周易玩辭》，辭義詳審，多所發明。因鈔輯其有當於心者，得四之一，而其於易義不必盡然者，猶居半焉。案平甫自序有云：「讀程子《易傳》三十年，遂為此書。其文無與《易傳》合者，合則無用述矣。」然本末條貫，無一不本於《易傳》。可見古人篤信守道，乃能自成其說，而終不沒其所自來。

莊有可 易義條析 一卷 佚

◎光緒《武進陽湖縣志》卷二十八《藝文》著錄。

◎光緒《武陽志餘》卷七《經籍》：《易義條析》一卷、《卦序別臆》一卷，

〔註106〕錄自光緒《武陽志餘》卷七《經籍》。

莊有可撰。自序略曰：三聖人之書，未離象數。然必善于觀玩，乃能通其意于不盡言之中。蓋彖爻之辭，或尚疑其蘊而未闡。若《大傳》之句櫛字釋，不容泯耳。後之學者，不于《大傳》求詞達，而好于他書別求異說，支離破碎，說愈多而愈無當。惟夫得所折衷而幸求其是，雖創為新說而不悖三聖之義，亦不盡從先儒之言。《條析》成，與《卦序》《別臆》合訂，並附輯元張仲純說易之卦畫蓍策數條。

　　◎莊俞《岱玖公年譜》嘉慶十年乙丑六十二歲條：《易義條析》一卷成。二月乙卯朔方越十三日丁卯作序。

　　◎莊俞《岱玖公年譜》道光二年壬午七十九歲條：《易義條析序》曰：「夫學者載籍極博而不能理於義，則雖善其詞章、工其緣飾，滋之郖也。」又曰：「通其義者，或分或合，庶幾旦暮遇之，否則膠擾糾紛，支離破碎，說愈多而愈無苟。」

莊有可　周易大傳十翼原本　一卷　佚

　　◎莊俞《岱玖公年譜》嘉慶十八年癸酉七十歲著錄。

莊有可　周易集說　七卷　未見

　　◎光緒《武進陽湖縣志》卷二十八《藝文》著錄。

　　◎自序略曰〔註107〕：有可既得《古周易》，為之訂正，復絕其句讀、釋其意義，凡先儒之說，是者固無以易，不專一家。而苟有未盡然者，不以先儒所言而遂曲從之。故于其中時出鄙見，統以集說概之。非敢掠美，亦非敢混同。

　　◎莊俞《岱玖公年譜》乾隆五十三年戊申四十五歲條：是年始從事於《禮記集說》，訂正《周易原本》一卷成……《周易集說》七卷成，嘉平下弦越日辛亥作序。

莊有可　周易文字異同考　一卷　佚

　　◎莊俞《岱玖公年譜》道光二年壬午七十九歲條：公之為學，思慮至周，考核至精，不持一見，不泥一說，竊自附於直道之民，故《周易文字異同考序》曰：大義以自古迄今人人共曉者為宗，正不必嗜奇矜博，或轉於經義動

〔註107〕錄自光緒《武陽志餘》卷七《經籍》。

多窒礙。至漢以後諸儒，有主某當讀為某，與宋儒以後擅將經文移置者，概不詳言，則經之原文終在故耳。

莊有可 周易異文 一卷 佚

◎莊俞《岱玖公年譜》嘉慶十八年癸酉七十歲著錄。

莊有可 周易原本訂正 二卷 佚

◎光緒《武進陽湖縣志》卷二十八《藝文》著錄。

◎自序略曰〔註108〕：余閱吳仁傑《古周易》而後得真本。夫聖人立言，各有本末，非可以意為也。而諸儒逐訓詁之末，止知便於句讀，以意改纂，而聖人之旨為諸儒所亂。余既因仁傑書為之訂正並序其首。《經籍錄》：斗南《古易原本》，經傳各自為卷，象爻卷分上下，每卦先列卦名，下書卦畫；而象上無卦名，爻上無初九等字；又以《小象傳》為《繫辭》，而改今本《繫辭》為《說卦上》，本以就《隋書・經籍志》「《說卦》三篇」之數，其說于古無徵，是書篤信之，未見其是也。

莊有可 周易篆文 四卷 佚

◎莊俞《岱玖公年譜》嘉慶十八年癸酉七十歲著錄。

莊忠棫 易緯八種補注 佚

◎劉聲木《桐城文學撰述考》卷三「莊棫撰述」：《周易通義》十六卷（即《大圜通義》）、《易緯通義》八卷、《周易荀氏九家義》九卷、《易緯八種補注》十□卷、《東莊筆談》八卷。

◎莊忠棫（1830～1878），一名莊棫，字希祖，號中白，又號蒿庵。江蘇丹陽（今鎮江市）人。先世為鹽商，少時以輸餉得部主事，後家道中落，客遊京師，不遇。曾國藩延致書局，校書江寧、淮南。與戴望、譚獻、劉壽曾、袁昶等人為道義交，學益進。同邑柳興恩稱其竭力著書，窮而不愁，更出虞卿之上。深於荀、董，旁及百家，靡所不覽。於詩長於樂府，論著文之體制則與張皋聞為近。又通曉星度、陰陽之占候。詞與譚獻齊名。治易通張惠言、焦循之學。好讀緯，以為微言大義，非緯不能通經。又治《公羊春秋》，服膺《繁露》一書。著有《蒿庵遺稿》十二卷、《蒿庵詞》（又名《中白詞》）四卷、《周

〔註108〕錄自光緒《武陽志餘》卷七《經籍》。

易通義》十六卷、《易荀氏九家義》、《易緯通義》十卷、《東莊讀詩記》一卷、《金源氏族志》、《金匱釋例》、《靜觀堂文》十八卷等。

莊忠棫 易緯通義 八卷 存

國圖藏稿本

國圖藏同治七年（1868）戴氏長留閣鈔本（莊忠棫校跋）

浙大藏清鈔本（孫詒讓批）

續四庫影印國圖藏稿本

◎目錄：述卦候弟一、述卦候弟二、述貞辰弟三、述中孚傳弟四、述卦驗弟五、述暑景弟六、述異聞弟七、述圖書弟八。

◎敘：範圍天地萬道而不過，曲成萬物而不遺，通乎晝夜之道而知易之道天道也。然則治易者可不求之于天與？漢時諸儒皆習緯說，言陰陽災異。迨至東漢，又推易曆，改用《四分》以易《三統》。鄭康成氏，漢之大儒，博通古文，後為之注。下至于隋，王劭、袁充猶習圖緯，然依託古文，爭言符命，有識之士棄緯弗言，師說之晦由茲始也。宋時矜言河洛，緯侯擯棄，于是存于世者僅《永樂大典》所編而已。其間曆元卦軌之數、六日七分之候、寒溫風雨之應、八卦暑氣之原，人莫之講，言天道者不為龍圖即為皇極。吁，可嘅也！古今曆術，舊有六家。而《易緯》所言天元、甲寅，上同殷曆，坤乾之道，具在于斯。曆元既明，推步可得。分部立紀，合于一元。近考策餘，定為章閏。故元法與日法，古今或異，而六家牽閏則同日躔之行以別節氣，冬夏互異，寒暑攸殊，草木昆蟲，氣為之應。甚矣，曆于天道不可一日廢也。今第緯書所論，其恉有三：一則六日七分，一則貞辰卦軌，一則八卦暑氣。要其所言皆為曆學，旁通發揮則視乎人。譬之于器，曆猶規矩，舍曆言緯，何所適從？以言天道，莫近乎是。至于師儒授受，各有異辭，羲孔之文，流為術藝，圖讖符命，邪說朋興，則學者之過也。故芟其蕪陋，擷其菁華，綜而論之，成書六卷，後附《異聞》一篇、《圖書》一篇，一則見後世學術之殊，一則懼後人傳聞之誤。信以傳信，疑以傳疑，其所論說，在于不簡，可詳究焉。昔劉歆作《三統曆》以考春秋，班固善之，載于《漢志》，茲六日八十分之七正與歆通，而曆元節紀，《四分》所本。其中歧異，蒙不能言，是在疇人重為釐定。若夫分至啟閉、日月五行、運留順逆，見于天文，證諸人事，極深研幾之學，非蒙所知。然以蒙是書為嚆矢焉，則無不可也。咸豐十有一年龍集辛酉日在

房昏中室星，丹徒莊忠棫謀于泰洲之繁瀑坿舍。

◎卷末識語：右自中孚傳後全用鄭注，有所得輒附于後，各加按字。其在注之前別出己意者，亦加案字。丹徒莊忠棫謹識。

◎摘錄卷八首：宋人以九宮為洛書，固不足據。易緯之言卦候、言貞辰，有徵矣。獨圖書之說證為無稽，隋王劭取之以媚隋文帝，誠學者之大詬病也。今第次《乾鑿度》《通卦驗》《稽覽圖》《乾元序制記》《筮類謀》諸說于卷末，庶後之覽者知不可與卦氣、貞辰同日語也。其言象緯乃天文家言，非易本恉也。

◎光緒十二年譚獻《蒿庵遺集序》：若夫其志，則學《蕃露》之學以通《春秋》，權於《春秋》之變以明《易》，夫豈空言而已！

◎袁昶撰《哀辭》〔註109〕：並吾世而居游之士，其通古學，能為漢晉之辭，而境又最窮者，莫如德清戴子高望、丹徒莊中白棫……君於經多讀《易》《春秋》，能通其象數科指；於子深於荀董，旁及百家，靡不研覽；於詩長於樂府。論著文之體製，則於皋聞張氏為近，而又耳熟於江左先輩遺聞瑣事為多。又嘗略曉星度會易之占候。居淮江閒久，習於河漕鹽三政興廢利弊之故，言之娓娓可聽。其自著書則有《易緯八種補注》十餘卷、《大圜通義》八卷、《周易荀氏九家義》上下卷、《樂府五言詩》若干卷、賦頌詩餘雜文若干卷，其於它經尚有論箸，則予尚未之見。予僅著錄其所知者，以備刊遺書者采訪焉。

◎譚獻《蒿庵遺集》題辭：瘁其裛，澤其顏，非君平之肆，無仲舒之園。文而又儒，匪經匪玄，淵淵其淵，曰昌其言。獨往兮獨來，後有兮萬年。

◎《續碑傳集》卷八十一：遺書皆手定，有《周易通義》十六卷、《易緯通義》十卷、《東莊讀詩記》一卷、《靜觀堂文》十八卷（獻重次為七卷）、《蒿庵遺稿》九卷。

◎民國《江都縣續志》卷二十七：著有《周易通義》十六卷、《易緯通義》十卷、《東莊讀詩記》一卷、《靜觀堂文》十八卷、《蒿庵遺集》九卷，仁和譚廷獻撰《亡友傳》述其學行甚詳。

莊忠棫 周易繁露 五卷 存

國圖藏稿本

〔註109〕節錄自《蒿庵遺集》卷首。

續四庫影印國圖藏稿本

◎目錄：卷一精氣弟一、射隼弟二、鞠英弟三。卷二負且乘弟四、珠華弟五。卷三地道弟六、鴻寶弟七。卷四設險上弟八、設險中弟九、設險下之上弟十、設險下之下弟十一。卷五乘墉上弟十二。

◎《販書偶記》卷一：殘本《周易繁露》五卷，丹徒莊忠棫撰，底稿本，《乘墉上》第十二僅有半頁，以下闕佚。

莊忠棫 周易通義 十六卷 存

國圖、復旦、上海、南京、浙江、山東、湖北、中科院藏光緒六年（1880）儀徵劉壽曾冶城山館刻本

續四庫影印光緒六年（1880）冶城山館刻本

◎周易通義目錄：卷一精氣弟一、遠近弟二、負且乘弟三。卷二珠華弟四、地道弟五。卷三鴻寶弟六、文王箕子弟七。卷四剝復弟八、升降上弟九、升降下弟十、往來弟十一、貞悔弟十二、尊卑弟十三。卷五享帝弟十四、改命弟十五、建侯弟十六、后妃弟十七、昏媾弟十八。卷六養正弟十九、行權弟二十、擊蒙弟二十一、龜卜弟二十二、日弟二十三、晦朔弟二十四、天文弟二十五、人文弟二十六。卷七禮弟二十七、樂弟二十八。卷八書契弟二十九、日中為市弟三十、耒耜弟三十一、溝洫弟三十二、葬弟三十三、井弟三十四、舟楫弟三十五。卷九雷弟三十六、水弟三十七、火弟三十八、風弟三十九、既濟弟四十、未濟弟四十一。卷十禦寇弟四十二、設險上弟四十三、設險中弟四十四、設險下弟四十五、設險下之下弟四十六。卷十一乘墉上弟四十七、乘墉下弟四十八、曲成弟四十九、弧矢弟五十。卷十二水旱弟五十一、備水旱弟五十二、疫弟五十三、備疫弟五十四。卷十三虛一不用弟五十五、甲庚弟五十六、朋弟五十七、前言往行弟五十八、三皇弟五十九、範圍一弟六十、範圍二弟六十一、範圍三弟六十二。卷十四五行弟六十三、七十二候弟六十四、牛馬弟六十五、鳥獸弟六十六、鱗介弟六十七、草木弟六十八。卷十五近取諸身弟六十九、動靜弟七十、視聽弟七十一、變化弟七十二、先後弟七十三、存性弟七十四。卷十六顏氏之子弟七十五、三九弟七十六、河洛弟七十七、人鬼弟七十八、易簡弟七十九、效天法地弟八十、貞下起元弟八十一。

◎譚獻序：《周易通義》八十一篇，莊忠棫撰。忠棫字中白，江南丹徒豪，流寓泰州。性玄穆，好深湛之思。少治易，通張惠言、焦循之學。又好讀緯，

以為微言大義非緯不能通。經世業鹽筴，方九歲即入貲，以部郎候選，鹾綱改，家中落。及忠械稍長，好讀書，益盡廢生產，貧甚，走京師，困不得上官。應京兆試數被斥，偶以文學見知。喬侍郎薦改府同知，非所樂也，兵閒欲有所自試，卒無成。亂定校書淮南，往來揚州、建康，傳食大府，學目大就。著書數十萬言，嘗寓書譚獻曰：「僕所著不下十種，皆可散棄。惟《大圜通義》為生平心力所注，以待後世子雲也。」獻時未見其書也。忠械久客益困，又善病，故交當路無能振拂之者。獻以縣令需次安慶，則念獻尤篤。光緒三年七月，溯江來訪，始出《通義》之書。獻雅故也，又海內辱齊名之稱，亦不能不河漢其言，久之而始得其意之所託，為定今名曰《周易通義》。俄而別去，是年獻官歙，猶數數得忠械書，談藝如夙昔。四年四月，忠械以連蹇死，赴至歙，獻為位哭，亟求其遺書。《易緯通義》人閒有傳之者矣；樂府最奇，藁本先在獻所，待寫定雜詩文可十餘卷，其子守之乃以《周易通義》約劉壽曾共校讀之，雕木昌傳。獻聞之，傳曰：作易者其有憂患乎？太史公言古聖賢人不得已而作，文王之易居一焉。《通義》之書當今世而出，其次篇曰《負且乘》，終篇則曰《貞下起元》，是何為也哉？非夫憂患之餘，曷為而有此言與！固非經生博士之家法也。獻與忠械定交京師廣慧寺中，年皆二十餘耳，夜闌秉燭，相與論易。忠械有《易圖》三篇，上篇《雷風水火相薄相射》悉本于《大傳》；中篇首《巽》，以明隨巽同宮之旨，探陰陽之原本，與世儒絕異；下篇則首《同人》，目為文治天下，純太平之世，故目成既濟定終焉。當是時，志氣盛壯，以為兵甲方亂，幹運在人事，易道大矣，見乎著龜，惟目成功盛憼，庶幾一遇。茲之八十一篇，同不同未可知也，兩人者共晨夕將二歲，已而奔走北南，出死入生，獻在閩中寄忠械詩曰：九死風塵吾尚在，一家妻子爾能閒。竊不料東南廓清，與忠械一見於揚州，再見於安慶也；更不料忠械年未五十，夭等冀生，而獻有後死之責也。戶部主事桐廬袁昶撰忠械哀辭，寢門之慟與獻略同。獻欲為傳狀目告方來，兩年而不成，蓋隱痛深矣。今書梗概於易義目錄之後，示海內故人後來學子焉。譚獻識。

◎譚獻《復堂日記》：赴江寧。舟中閱莊中白遺書《大圜通義》，亦曰《周易通義》，稿本十六卷，八十一篇。《大傳》曰：「作易者其有憂患乎？」中白之書作於憂患，有為而言，非經生家法也。後死之責，謀傳其書，以告心知其意者。

◎跋：光緒乙亥秋，丹徒莊中白著《大圜通義》成，明年，壽曾見中白於

江寧，為言著書大旨，且曰：「同治癸亥之秋從事此書，中閒時有作輟，蓋歲星一周天八十一篇之文乃備。」是年壽曾再見中白於揚州，乃授而讀之。別後中白寓書壽曾曰：「忠栻治經，於聲音訓詁無所通曉，生平服膺愛慕者在董子《公羊春秋》之學，以為孔門微言寄焉。忠栻此書，合易《春秋》為一，放《繁露》而作也。精氣為物，遊魂為變，人道之大耑爰託始於此，而終於易不言禹。悲哉，悲哉！事未可一二為外人言也。非通經而能最言之得失者，不能序其書，以屬子矣。」壽曾讓不敢承，報書期以他日。又二年，中白殁於泰州。又二年，仁和譚獻仲脩求中白遺著，得此書，謂壽曾曰：「《大圜》之名夸矣。此雖櫽括《春秋》義，然是說易之書」，為改題曰《周易通義》。既是正文字，謀鋟版傳之。屬壽曾董校理之役。仲脩又曰：「中白屬子序其書，子已諾矣，不可孤亡友之請。」又一年，剞劂事竟，壽曾乃書其後曰：漢儒言易師法亡於晉之王、韓，其鈲析蒙翳且二千年。國朝東吳惠氏稽撰《古義》，導源疏流，遺緒乃絕而復續。惠氏所采西漢師說，惟孟長卿、京君明二家，自餘皆東漢之學。其以虞仲翔次孟氏者，據仲翔別傳稱五世傳孟氏易，則仲翔亦西漢之學也。孟氏受易家陰陽，其說易本於氣，而後以人事明之；京氏用納甲、世應諸法，推驗災異。仲翔之述孟氏也，以陰陽消息、六爻發揮旁通上下，歸於乾元用九而天下治，是皆於董子陰陽五行之說宜若有傅近者。仲脩之言曰：「中白於易通張皋文、焦里堂之學。」張氏守虞仲翔家法者，孟、京之傳也；焦氏以數說易，盡棄漢魏師法，自矜通悟。中白曷敢焉。豈非其早年之學？與此八十一篇中義之所出用虞氏者為多，以孟、京說不備也，託始於精氣遊魂，繁稱於人事，扶孟、京之微也。以《貞下起元》為末篇，虞氏乾元用九義也。謂易不言禹，以易為箕子所述，糾趙賓之說為荄滋尊孟氏也。孟、京、虞氏之言陰陽，視董子之言陰陽，深淺純駁之故，非壽曾所能知也。中白之說，其能合易《春秋》為一以否，壽曾亦不能知也，特其稱義也古、其立體也大、其言縱橫浩博，轉而不窮，時或采異說以自廣，仲脩謂非經生博士之業，然哉，然哉！然中白著書之旨則在由孟、京、虞氏易以通董子《公羊春秋》。爰綜論其大凡如此，中白所云通經能最得失，則仍讓不敢承也。以待後世子雲其人者。光緒庚辰秋八月丁酉，朔儀徵劉壽曾識於冶城山館。

　　◎潘雨廷《讀易提要》卷九（摘錄）：自謂平生心力所注者唯此書，本名《大圜通義》，其友譚獻嫌其誇，改題《周易通義》。莊氏著此書，自下元癸亥七月，至上元乙亥六月，歷十二年而成，以應歲星之一周。按乙亥即光緒元

年（1875）。全書共八十一篇，義皆會通全《易》，而合以《春秋》經世之道；
旨見於始終二篇，曰《精氣》第一，曰《貞下起元》第八十一。

莊忠棫 周易荀氏九家義 九卷 存

國圖藏清儀惠軒藍格鈔本（朱墨筆眉批，朱筆批校圈點，有題識）

◎蔣超伯序略謂：自宋以來，以河圖、象數淆易者有之，以三墳、麻衣
紊易者有之，世幾不知易之為易，何論京、費？今莊君致力於是，直為東萊
費氏綿一線之傳，長翁之緒，從茲其又昌矣，豈不可寶也哉。

◎民國《續丹徒縣志》卷十八《藝文》：莊棫《周易通義》十六卷（刻本）、
《易荀氏九家義》九卷（《縣志・摭餘》）、《易緯通義》十六卷、《東莊讀詩記》
一卷（並譚獻《莊先生棫傳》）。

莊忠棫 周易荀氏例 二卷 存

國圖藏清儀惠軒藍格鈔本

◎有朱墨筆眉批，朱筆批校圈點，有題識。

肬圖 理象解原 四卷 存

國圖、北大、上海、山東藏乾隆十二年（1747）紫竹齋刻本

乾隆六年（1741）家刻本（紫竹齋藏板）

◎肬圖，字溥仁，號紫竹。簡儀親王德沛從弟。博學有文采。著有《理象
解原》四卷、《書經直解》、《詩解正宗》及《一學三貫清文鑒》等。

子牛氏 周易直解 不分卷 存

上師大藏清鈔本

鄒昌誥 易象蒐參 二卷 佚

◎或著錄作鄒昌浩。

◎同治《新化縣志》卷第三十三《藝文志》一：《易象蒐參》二卷（邑人
鄒昌誥撰）。

◎鄒昌誥，字康言，號邵窩。湖南新化人。

鄒登峷 周易大義 佚

◎計東《改亭文集》卷三《周易大義序》：天既責人以義矣，而復制人以

命，且命與義不能相通也；既因人以數矣，而復約人以理，理與數又不能相應也。夫人之于天，猶子之于父母，惟所令之，不敢或違。以莊周之放言自恣，而曰不擇地而安之，孝之至也，知其不可奈何而安之，若命德之至也。以橫渠張子見道之精純，而其喻事天也曰無所逃而待烹。申生之恭也，勇於從。而順令者伯奇也，則視天太忍而天不若是其忍也，吉凶得喪、消長存亡，隨人所遭逢而即與以處之之義。理數無終剝而不復，命無終困而不亨，天不能諄諄然日告誡于人，而託之于易。若曰從我言則吉，悖我言則凶。若慈父母代其子之謀，周詳而剴摯。而彼為申生、伯奇之喻者，誠未知易也。然予未見生而富貴且安意肆志之人而能知易之道者。孔子曰：「作易者其有憂患乎？」又曰：「明乎憂患與故，無有師保，如臨父母」，言人必歷試憂患而又深知其故，然後能敬愛乎易。天若曰愛之能勿勞也，張子曰：「貧賤憂戚，庸玉汝于成也。」夫作易之人必憂患，則註易之人可知矣。彼鄭玄、王弼、王肅之流，非能註易者也。《程傳》出而易之道乃著，則程子涪州時作也。《程傳》之後，訓詁千百家，能推廣《程傳》之義，使大鬯于天下後世，則汾亭鄒氏之易注也。然使汾亭成進士後仕宦早達，安意肆志，馴至大官，則不暇註易矣。我知天以易授汾亭也，然予與汾亭別十年，今遂能讀汾亭之易註，而確然知其不可易，則予之所歷亦可知矣。屬余以序，予又何敢辭！

◎光緒《武進陽湖縣志》卷二十八《藝文》：國朝鄒登嵋《易經大義》，佚。

◎光緒《直隸絳州志》卷之十二《孝義》：愛山水深厚，將卜居焉，故別號汾亭，居此數年，從學者眾。

◎光緒《武陽志餘》卷七《經籍》：《易經大義》（無卷數），國朝進士鄒登嵋眉雪撰，薛耳序略：「眉雪讀易有年，著精義，其指宏而不廓、邃而不晦，堅栗典雅而不樸，洵得濂洛之正傳。」案嵋雪順治十二年進士，以奏銷落職。是書久佚，《經籍錄》據鄒氏譜錄入。

◎鄒登嵋，字眉（嵋）雪。江蘇武進人。鄒學夔孫。順治十二年（1655）進士。又著有《四書質古》。

鄒漢潢 卦氣序解 佚

◎同治《新化縣志》卷第三十三《藝文志》一：《卦氣序解》一卷（邑人鄒漢潢撰）。

◎周按：是書以陰陽家言闡明古說。

◎鄒漢潢，字仲辰。湖南新化人。又著有《明季湖湘亂離志》六卷、《醫書經論通解》二十卷、《痢論》一卷、《干支論》一卷、《山經類譜》一卷《蟲譜》一卷、《八識規矩解》二卷、《丹論》一卷、《蘿谷詩鈔》二卷、《炎癸詞》一卷。

鄒宏　易經解義　佚

◎光緒《江西通志》卷九十九《藝文略》一《國朝》：《易經解義》，鄒宏撰（《廬陵縣志》）。

◎民國《吉安縣志》卷三十三《人物志》、民國《廬陵縣志》卷十七《耆獻志》：著有《詩稿》《易經解義》《聽松閣文集》。

◎鄒宏，字能宏，號未庵。江西廬陵（吉安）龍溪人。順治戊戌進士。任江南上海縣。

鄒麗中　周易總論　佚

◎道光《鉅野縣志》卷十五《藝文志》一：鄒麗中《四書講義》《周易總論》。

◎孫葆田《山東通志》卷百二十七《藝文志》第十：是書見《縣志》。

◎鄒麗中，字曒東。山東鉅野人。雍正癸卯進士。由庶吉士改發河南知鄭州、信陽諸州，多善政，後官彰德通判。

鄒烈　周易纂　不分卷　存

南京藏清鈔本（清丁丙跋）

鄒聖脈　經國堂易經備旨　七卷　存

嘉慶三年（1798）刻本

◎鄒聖脈，字宜彥，號梧岡。福建長汀連城縣四堡霧閣人。不縈富貴，取樂山水。又著有《增訂明李廷機撰課兒鑑晷妥注善本》五卷、與董成注明程登吉撰《幼學求源》三十三卷、《幼學故事瓊林》四卷首一卷，輯《書畫同珍二刻》不分卷。

鄒聖脈　寄傲山房塾課纂輯御案易經備旨　七卷　圖一卷　存

國圖藏嘉慶三年（1798）經國堂刻本

山東藏光緒六年（1880）掃葉山房刻本

光緒刻、光緒石印、樂善堂銅版印五經備旨本（附周易精義）

光緒十三年（1887）鄒廷猷編刻五經備旨本

北大藏光緒三十年（1904）上海文盛書局石印本（附周易精義）

◎子鄒廷猷可庭氏編次。

◎御按周易序：易學之廣大悉備，秦漢而後無復得其精微矣。至有宋以來，周、邵、程、張闡發其奧，唯朱子兼象數天理，違眾而定之。五百餘年，無復同異。宋元明至於我朝，因先儒已開之微旨，或有義論，已見漸至啟後人之疑。朕自弱齡留心經義五十餘年，未嘗稍輟。但知諸書、《大全》之駁雜，奈非專經之純熟，深知大學士李光地素學有本，易理精詳，特命修《周易折中》，上律河洛之本末，下及眾儒之攷定，與通經之不可易者，折中而取之。越二寒暑，甲夜披覽，片字一畫，斟酌無怠。康熙五十四年春告成，而傳之天下後世。能以正學為事者，自有所見歟！康熙五十四年春三月十八日書。

◎周易備旨序：甚矣梧岡太翁之好學也！翁為人規行矩步，睦親敬友，餘無他嗜好，獨於六經癖焉性焉。童而習之，白首不倦。而於《易經》尤細心研究，晚年先成《易經備旨》一書，以為海內見賞。今翁之中子可庶復遵補御纂《周易》案為圭臬。會萃各家之說，如溫公之《潛虛》、邵子之《皇極經世》、周子之《通書》、程子之《易傳》、朱子之《啟蒙》，悉為之探討其精微，以互相發明。故凡先天後天、乾南坤北、兌西震東之旨，無不詳說而推闡之，使閱者如燭照數計焉，可謂漆室一燈矣。昔伊川講易專於義理，考亭稱其平淡委曲更無餘蘊。茲書其近之歟？！豐讀之，喜其有功於先儒而能嘉惠於後學也，因勸之付梓人以公諸世。皆嘉慶戊午歲桂月中浣，姻家晚生馬呂豐拜撰。

◎周按：是書為雙節本。上節選錄御案，下節引錄《周易》原文及諸家註釋。

鄒聖脈 世德堂新訂周易備旨注解 四卷 圖一卷 存

山東藏清青藜閣刻本

鄒聖脈 素位堂周易備旨詳解 四卷 存

國圖藏乾隆四十八年（1783）永安堂刻本

山東藏清青藜閣刻本

◎明黃淳耀原撰。

◎一名《素位堂新訂周易備旨詳解》。

鄒聖脈 易經補注附考備旨 六卷 存

光緒二十七年（1901）善成堂刻本

◎一名《易經備旨》。

鄒聖脈 易經備旨 七卷 存

山東藏嘉慶刻本（鄒廷獻編）

鄒聖脈 御案易經備旨 六卷 存

山東藏嘉慶三年（1798）馬呂豐刻本

鄒聖脈 周易備旨一見能解 四卷 存

雍正桂林堂刻本

◎兩節版。書衣題：嶺梅鄒梧崗先生輯。桂林堂梓行。

◎敘：余之於易，童而習之者也。彼時初授句讀，其中精義，茫然莫解。及弱冠之年，與余兄肄業於乘風書屋，誦讀之餘，相與研磨經旨。余兄專治《毛詩》，余則服膺《周易》，每見近世講義鱗列，畧去象占，渾淪立說；又或執理而失之固、拘數而失之荒，遂使古聖人稽實待虛、存體應用之意泯焉不傳，易理之晦所由來也。余兄每廢書而三嘆曰：「經旨之不明，皆由於解之弗得其詳也。」吾因是言而思夫易之廣矣大矣，誠何敢以管窺天、以蠡測海，第經之要旨，不博取之則崎而而不全，不約取之則泛而無歸，不兼綜而共貫之則又扞格難洽也。遂於近世所纂者，重加詳訂，取其大旨，分其段落，梳其義理，釋其字句，集諸書以為一書，名曰《周易備旨詳解》。布之四方，使讀者捐棄故技，更受要道，快然於心目之間而無餘憾，是余之始願也。其敢曰我能解經乎哉！世之宗工鉅匠，不以余為謬妄而鑒諒苦衷焉，是則余之厚幸也夫！峕雍正十三年歲次乙卯仲夏月，後學鄒梧崗題於梅園書屋。

鄒師謙 古本易鏡 存

臺灣文聽閣圖書有限公司 2010 年影印版

◎鄒師謙，字挹崧，號一松。浙江海昌（今海寧）人。廩生。舉孝廉方正。性樸訥，喜吟詠，尤邃於易。又著有《春江雜感》一卷、《改良簡言》一卷、《浙西海塘工程芻議》。

鄒師謙 易學源流 二卷 存

上海、山東藏光緒二十五年（1899）石印本

臺灣文聽閣圖書有限公司 2010 年起林慶彰主編晚清四部叢刊影印本

◎自序：河圖洛書，易之源也，而支分派別，萬壑爭流。獨江漢朝宗於海，洋洋大觀，既驚且喜，然非刳舟剡楫、溯洄從之，安知其源長而流極也！講學至於漢代，支派繁矣，惟卦變、互卦正而不偏，其卦氣、納甲已駁而不純，至爻辰、旁通率皆放流而無歸宿也。迨宋諸君子出，尋流溯源，一歸於正，以復前聖象數宗旨。自明迄今，更創錯綜、反易，旗幟一新。而嗜奇好怪者又復推衍漢說，支離蕪蔓甚至。妄增弒逆則荒謬不經，專尚牽連則昏蒙不解，非摘其疵、抉其弊不知伊于何底，則易之正義益晦而不明矣。夫易書深奧，初學每不知塗徑，故雖明隱顯微，猶恐畏難不進，況加以謬悠之說？毀筏沈舟，終莫能濟，非讀易者之憂乎？歷考諸說，纂取孔子易傳而變其旨者居多，因條舉而詳審之，亦欲辨是與非，闡明象旨，不至航斷港絕流而貽誤耳。其間經世歲閏圖說雖皆卦氣流派，似非易中應有之義，然原其道，信而有徵，撮其要錄之，易道於是大備，而要其會歸之有極。象原於理，理寓於象，故矯情說之則鮮當，順理衍之則無不通也。

鄒師謙 周易象義辨例 二十卷 卷首一卷 存

上海、山東藏光緒二十五年（1899）石印本

臺中縣文聽閣圖書有限公司 2010 年晚清四部叢刊第三編影印光緒二十五年（1899）石印本

◎目錄：一卷乾。二卷坤。三卷屯蒙需訟。四卷師比小畜履。五卷泰否同人大有。六卷謙豫隨蠱。七卷臨觀噬嗑賁。八卷剝復无妄大畜。九卷頤大過坎離。十卷咸恒遯大壯晉明夷。十一卷家人睽蹇解。十二卷損益夬姤。十三卷萃升困井。十四卷革鼎震艮。十五卷漸歸妹豐旅。十六卷巽兌渙節。十七卷中孚小過既濟未濟。十八卷繫辭上傳。十九卷繫辭下傳。二十卷說卦序卦雜卦。

◎凡例（摘錄）：

一、易以象為宗，有象而後有辭，象不明則辭无據，何由詮其理耶？況夫象之所該者廣而辭則不免囿於言焉。爰據《說卦》諸象并荀九家三十一象（朱子收入《本義》），兼取爻變、互卦、旁參、半象、納甲以成之。閒有未備，或取自先正，或創由心得，一衷諸理而非私臆也。

一、義皆卦爻《繫辭》應有之義，因者十之七八，創者僅一二也。所因或仍原文，或稍改節並著姓名，有簡而略，有冗而支，有重複而錯雜，但師其意而文理全異者則不著耳。非敢掠美，以歸簡易。即所創，均由潛心默悟而不涉於支離。

一、諸解分歧，各逞臆見，非辨別以定指南，恐後學不知歸宿也。故特辨明以衷一是。

一、凡纂輯者引用先賢先儒之書，或稱字，或稱號，或稱官爵，讀者不能記憶，必繙考而後知之。今從《周易折中》之例，先賢稱某子，先儒概稱某氏與名，以便記憶。

一、書中无無概用无、畜蓄概用畜、說悅概用說、見現概用見，從經文也。餘皆分別用之。

一、先儒所著象義有三種：丁氏（易東）稱《周易象義》、唐氏（鶴徵）稱《象義》、周氏（滿）稱《易象義》，奈僻處鄉隅，未能借資印證為憾。異日海內君子有惠我以匡不逮，幸甚。其他言象之書可以引證旁通者，並望借觀。

◎序：易之教絜靜精微，其義靡所不包，而大旨歸於易簡。自漢儒詁易者好為支離曼衍之說，於是孟氏傳卦氣、京氏言納甲、荀氏主升降、虞氏說旁通、鄭氏占爻辰，其見於李氏《集解》者不下數十家，大率得象而遺義，附會牽合，不軌於正，其於絜靜精微之數失之遠矣。王氏輔嗣矯之，棄象言義，則又遁入元虛，非聖經宗恉。自《程傳》《朱義》出，排黜異說，發明聖經。我朝《周易折中》原本程朱，集其大成，先聖絜靜精微之教燦然復明於世。乃近時惠、張諸家輒欲黜宋宗漢，摭拾舊說，穿鑿新義。阮氏學海堂《經解》專采其說，學者趨之，斯風復煽。先伯父給諫公曾起而闢之，所輯《經苑》一書，於易義恪遵程朱，一切支離曼衍之說概屏弗錄。今海昌鄒挹崧明經，殫心易學，窮十餘年之力，輯成《象義辨例》《易學源流》若干卷，其大恉與《經苑》相表裏，既不屑舍義而言象，亦不至離象而言義。其於漢說獨取爻變、互卦，餘則悉以程朱為宗，而補所未備，可謂抉漢宋之疑矣。余少時曾侍先大夫甘泉公司鐸海昌，與其鄉之士君子遊，類皆崇尚樸學，不務新奇。鄒君此

書，知其淵源有自矣。嗟乎！今世士大夫急於功利，抗論時務，藝學之堂林立，海內人方趨之若鶩，而鄒君獨能閉戶著書，羽翼聖經，真今世之隱君子也。非深於易者，其能研心若是乎？！光緒二十四年後三月朔日，頭品頂戴軍機大臣工部尚書錢應溥謹序。

◎易學源流象義辨例合序：六經經秦火，《易》以卜筮獨存。存之者以卜筮，傳之者非以卜筮也。孔子假年學易，可無大過。朱子釋之，謂明乎吉凶消長之理、進退存亡之道，可以無大過。烏乎！此豈今世士大夫矜趨避之工、尚變詐之巧者哉？蓋實見夫省身克己之方，有得於觀象玩占者不少也。自商瞿子木受易於孔子，兩漢之言易者，類有師承，卒多附會。其後至於穿鑿支離而不可究詰。王輔嗣矯之，而又近於老、莊之談元，朱子《本義》出而易教昌。我朝《折中》本之，庶乎其不背孔門心法乎？海昌故多經學士，如周氏春、錢氏馥，皆湛深經術。當代名儒言易者，如張氏次仲、查氏慎行，皆有著述見稱於時。余以客秋奉檄攝篆是邦，政事之暇，不敢輟學。方兢兢以寡過自勵，適鄒挹崧明經以所著《易學源流》《象義辨例》若干卷見示。余受而觀之，喜其擇精語詳，因象思義，因義徵象，於漢獨取爻變、互卦之說，於宋專宗《程傳》《朱義》之言，竭十餘載研說之功，始稱卒業，其學可謂專矣。竊惟易道至大，鉅細精麤，無所不包。而聖人名之以經，必非讖緯術數之語所能廁乎其間。希夷之圖、康節之書，一切卦氣、旁通、納甲、爻辰、錯綜、反易之說，與反合迂怪誕妄之士，竄迹其中，而河洛圖書之理幾僅為方術之書，於聖賢寡過反身之學去之遠矣，豈鄒君所以傳此書，與吾所厚望於鄒君著書之深心哉！光緒二十五年春仲，古閩林孝恂拜序。

◎序：易象難究，易解易歧，故探索方通奧窔，不可支難以叛宗；極研方徹幾微，不可穿鑿以傷本。況夫卦爻包舉，如昆侖之奠地維；象解靈通，如山嶽之興雲物。或以崎嶇榛莽，角之不轉，失絜靜精微之旨耶？予喜讀易與游山，歷考山脈，發自昆侖，祇因游山乏資，習靜讀易，自辛巳至辛卯凡十年，參觀諸解，如山之各具形勝，有峭拔而高者，朱《義》也；有延袤而長者，程《傳》也；有迴環而起伏者，張氏《說統》也；有杳渺而幽深者，邵氏《經世》也。返諸《周易》，覺無象不奇、無變不正，一切理數，咸從發脈。故其功業際天蟠地，雖秦火不能燔。嗣又臚陳易類以當臥遊之具，遠紹旁搜，覺更有進。縱覽《周易折中》，簡登眾說，如五嶽之鎮中，華嶠不驚其巍巍大觀乎！時有錢氏澄之則如峨嵋積雪、李氏（光地）則如太行長風、朱氏（軾）

則如天台曉日、任氏（啟運）則如雁宕秋波，其亦運際昌明，而氣象崢嶸乎哉！漢學颷起，專宗李氏（鼎祚）《集解》，惠（棟）則摭拾《漢書》以矜異，張（惠言）則假託虞氏以蔽人。誤入荒莽，愈轉愈深，陳氏（世鎔）思廓而清之，猶用虞氏補象，兩家相易，況又徵引繁、證解少，安在其能廓如耶？然則收效廓清，非掃除障塞，終不見山之真面。因檢靜居所得，并輯先儒要旨，條分象義辨例，自丁亥至乙未凡九年，彙成二十卷。其卦前所列之圖祇用爻變互卦應有之象，惟乾坤合體兼用正對，餘則正反對咸屛，俾陰陽無所淆亂。易具天地人物之象，自該天地人物之理，綜為卦爻，散為術數，不啻昆侖發脈、羣山分支，互起而互伏也。今隨刊既施，易之精神畢露，正以還自然之理象，而不至歧趨耳。光緒二十一年陽月朔日，海昌後學鄒師謙書於讀易廬。

◎摹印小序略謂：文章載籍，隨氣運為盛衰，而知音之遇，無論遠近親疏，往往恨相見晚也。自惠張以來，異學蠭起，易道榛蕪，因輯《易學源流》兩卷、《周易象義辨例》二十卷，辨是與非，不分漢宋塗轍，補象析義，所以闡明聖經，以解後人之惑者也。乙未之冬，錢塘朱侍郎序之。戊戌之春，嘉興錢尚書序之。今州尊林侯賜序而倡印之。古人云「貴相知心」，然卷帙繁多，尤賴博雅好義君子，釀資以成之焉。

◎摹印芳名：世兄徐鶴清少府、世兄張少泉明經、世兄張少波上舍、世兄張英甫廣文、世兄王汝楨上舍、表棣嚴采侯茂才。

◎覆校：世兄張祖琛佩卿、世兄章為炘禹門、問業戴景逵宏卿。

◎跋：我家自懋彪公後，書籍散失，二百有餘年矣，存者百僅一二。謙喜讀易，積軸不多，有愛我而贈者，褚君獻唐，創始而多奇；汪君汝濟由沈生濬轉致，張君渠清、於君崇光、金君彤康且相繼而遺也。訪奇秘而囑代購，有姚君纘崇、范君正漢正和昆季，幸得焚香展讀，啟我性靈，廣推象例，諸君之力居多。今夏編易成書，有張君祖琛、章君為炘、戴生景逵、許生光裕光珩，共襄膳正，次第藏事，與有勞焉。爰誌編終，以明始終不忘云。

鄒士操 周易一說 五卷 佚

◎光緒《高州府志》卷三十八《人物》十二、民國《石城縣志》卷七《人物志》下：所著有《周易一說》五卷、《翼經覽要》四卷、《古文法欒》六卷、《南江問答》一卷藏於家。

◎光緒《高州府志》卷五十二《紀述》五《藝文》：《周易一說》五卷，國

朝石城鄒士操撰。

◎民國《石城縣志》卷八《藝文志》：《周易一說》五卷（清鄒士操撰）。

◎鄒士操，廣東石城苞竹人。廩貢生。年三十八卒，及門貢生歐陽絢等數十人咸服心喪。又著有《南江問答》（或著錄作《江南問答》）一卷、《講學篇》一卷、《性命天道篇》二卷、《氣運篇》四卷、《大小德篇》五卷。

鄒壽祺 易經說 一卷 存

北京大學、上海藏光緒二十七年（1901）鄒壽祺刻朋壽室經說本

國圖、西南大學藏宣統元年（1909）補刻朋壽室經說本

山東藏臺北成文出版社 1976 年無求備齋易經集成影印宣統二年（1910）刻朋壽室經說本

◎鄒壽祺（1864～1940），一名鄒安，原名維祺，字介眉，號景叔、適廬、廣倉、雙玉主人。浙江海昌（今海寧）人。嘗入詁經精舍學，師從俞樾。善治《公羊》，精金石文字。室名朋壽堂、雙玉璽齋。曾與王國維任教上海倉聖明智大學。著有《論文要言》一卷、《雙玉璽齋金石圖錄》、《周金文存》、《藝術類徵》、《草隸存》、《夢坡室獲古叢編》、《朋壽室經說》六卷附《策問》一卷等論著行世。

鄒嶧賢 易學得閑 一卷 附錄 一卷 存

山東藏車田敬齋書室 1920 年刻本

◎鄒嶧賢，字景輿，號淑軒、敬齋。江西樂安人。道光壬辰（1832）舉人。官新城教諭。又著有《尚書會說參案》十六卷、《坡硯山房詩文稿》十二卷、《坡硯山房燼餘集》。

鄒元芝 易見 佚

◎《湖北文徵》第五卷：元芝字立人，一字殿生。景陵人。明末諸生。著有《易學古經正義》《易見》等書多種。學者稱三澁先生。

◎鄒元芝，字立人，一字殿生，學者稱三澁先生。湖北竟陵人。明末諸生。著有《易學古經正義》《易見》等書多種。

鄒元芝 易學古經正義 十二卷 佚

◎四庫提要：自費直合十翼於上下經，唐用王弼《易注》作《正義》，易

遂用王弼之本。宋晁說之、呂祖謙諸家始倡為復古之說，互有考訂，而亦互有異同。至朱子之《本義》，始定從呂本分為經二篇、傳十篇，至今與王本並行。元芝是書，欲駕出朱子之上，謂孔子十翼與經並尊，不得抑之稱傳，遂臆為分別。如乾卦以乾元亨利貞五字為本經之彖，割「天行健」三字為本經之象，而綴以六爻。他皆仿此。其十翼則仿制藝之體，經文反低二格，而彖辭、小象之辭各冠以「彖曰」、「象曰」字，跳行頂格書之。其《大象》「天行健」、「地勢坤」諸句，因刪之不能成文，遂既以為本經之文，又復見於《象辭》之內。一文兩屬，莫定所歸。皆有意立異，而詭稱復古，不知所據何古本也。其說經大旨，則以羲文之《易》為卜筮之書、孔子之《易》為盡性至命之書，故所注皆舍象數而言義理。蓋借尊孔子之名以劫伏眾論，實則茫無確證，徒見其割裂聖經而已。

◎《湖北文徵》第五卷鄒元芝《與冒巢民書》（摘錄）：

不肖弟芝，漢東鄙儒，楚澤遺氓。自少讀書，竊有志聖賢之學，希古人三立之志。不意遭逢多故，遂隕然就棄，廢去舉子業，甘同草木腐久矣。獨竊念天地之大，四海之廣人士之眾，其間偉人奇士不無間出，雖有志從事者不乏，而卓然天挺傑立者，實難言之。壯歲，偶因敝友南中相招，邂逅之間，恰得遇巢翁道長，至性奇懷，際地薄天，博學通才，迥往絕今，私竊自慰，以為獲所未見，歎斯世斯道負荷之有人也，方以為仰止歸宿，遽接教言，共不及一二食頃，乃行止有不能自如者。遂匆匆舍去，甫交臂而失所素願，真生平大缺陷事。及歸，以為此生無緣于天下士，槁死荒山而已。賴少時讀古人書，於遺經中頗有窺于聖道之緒餘，尋繹所謂不傳之秘，以竟其素志，又將忽忽數十年。偶于庚戌之秋，適見友人注經，頗失尼山本指，于《易》《禮》《春秋》三經為甚，而《詩》《書》次之。間以所得於聖學者訂正而發揮之，久且盈帙，遂銓次脫藁，不覺犁然成書，藏之家塾，用以自怡，傳之孫子。又念五經之學，原尼聖所以經綸萬世者，先儒有省得氣力為漢唐分疏之言，豈聖人將以經百世萬世者，數十世遂不能行乎？王仲淹欲續五經於漢晉，則誠僭矣。以五經之學發之於漢唐，豈聖人將禁百世以下之人於學經乎？遂思以五經之學，發之於漢唐宋明之中，有《易學古今象數通》《禮學古今作述通》《書學古今》《通鑑紀言紀事》《讀詩學》《歷代詩誦》《春秋皇極經世編年補》，皆各具條例，類編目次，已有該括，而但未整理脫藁。有友人同志同好者亦間出以商正，不敢謂必傳之業，藏之山中，以俟後世子雲而已。其中如天官／星曆

／律呂及皇極經世／萬物聲音／數術圖考，皆古今言之而未能詳，及詳之而不得定論成書者，頗有獨獲一得，具載編中。憾卷帙繁重，不能遠致有道之前一細商耳。

葆心按，巢民有覆鄒立人書，稱之為海內大儒，深入五經堂奧。乃知鄒氏在明末，其舉術為名流推重如此。書云：曩獲與先生晤對，仰慕歎服，知先生為海內大儒，淵源孔孟，非止擁簪先驅為一時光寵也。歲月如馳，一別忽數十年，人生幾何當此數十年別耶！每瞻雲夢澤中滄浪水畔，三溢先生自是伊川、明道一流，直繫千百年道統。若夫虞翻精易，孔北海目為東南之美；杜林得《古文尚書》一卷，衛宏知其能傳；張霸授春秋，諸生慕之，各市其宅傍以就；至劉尹之講禮、匡衡之說詩，此皆各執一經，迄今頌述。何況任昉稱五經笥、房彥遠稱五經庫、許懋又稱經史總持，先生兼而有之，亦云盛矣。先生窮經，非經，究竟該括深入五經堂奧，人以經傳，經以人傳也。

左國 周易抉微 四卷 佚

◎嘉慶《涇縣志》卷二十六《藝文》：左國《周易抉微》四卷（《採訪冊》）。

◎左國，安徽涇縣人。著有《周易抉微》四卷。

左國材 易學 佚

◎道光《續修桐城縣志》卷十五《人物志·儒林》：所著《越巢詩古文集》二十卷、《易學》、《詩學》、《杜詩解頤》並雜著數百卷。

◎道光《續修桐城縣志》卷第二十一《藝文志》：《易學》（左國材撰，見《江南通志》，未載卷數）。

◎道光《續修桐城縣志》卷二十一《藝文志》：《易學》《詩學》《杜詩解頤》（左國材撰）。

◎康熙《安慶府志》卷十九《文學傳》：所著《越巢詩古文集》二十卷、《易學》、《詩學》、《杜詩解頤》並雜誌數百卷藏於家。

◎吳德旋《聞見錄》：著有《越巢詩文集》二十卷，又有《易學》、《詩學》、《杜詩解頤》等書。

◎左國材（1620～1700），字子厚，號霜鶴，又號櫟隱。安徽桐城人。左光斗季子。弱冠主盟文壇，與一時名士金聲。陳子龍、方以智輩講學無虛日。流寇圍桐城且陷，急走安慶，請兵於開府史公，城賴以全。南渡，上書訟左忠毅冤，後隱居龍眠山。卒年八十。子二：暉、相。著有《易學》、《陵江草》。

左國樞　易學大義　佚

◎道光《續修桐城縣志》卷二十一《藝文志》：《易學大義》（左國樞撰）。

◎左國樞，安徽桐城人。

左暉　易經圖說　佚

◎道光《續修桐城縣志》卷之十一《人物志・孝友》：著有《四書纂疏補》《易經圖說》《正學編》《年齒錄》《無名錄》數十卷。

◎道光《續修桐城縣志》卷二十一《藝文志》：《四書疏補》《易經圖說》《正學編年》《齒錄》《無名錄》（左暉撰）。

◎左暉，字峙匡。安徽桐城人。府廩生。國材子。七歲能屬文，及長博通經史諸子之書，莫不究極理要，自成一家言。

左敬祖　易經抄訓　佚

◎乾隆《河間縣志》卷四《選舉志》：所著有《四書／易經抄訓》等書行於世。

◎乾隆《河間縣志》卷六《藝文志》：《易經抄訓》、《四書抄訓》、《道學真傳》、《玉堂制草》、《銀臺日錄》、《靜安齋詩文》，左都御使左敬祖著。

◎左敬祖，字虔孫，號念源。直隸河北河間（今滄州）大漁村人。順治六年（1649）會試第一，官翰林。順治九年（1652）升通政使，後晉通奉大夫、都察院左副都御史。著有《四書抄訓》《易經抄訓》《理學真傳》《銀臺制草》《銀臺日錄》《靜安齋詩文》諸書。

左鳴球參訂　周易六十四卦象占解　八卷　首一卷末一卷　存

國圖藏同治元年（1862）木活字本

◎一名《周易象占解》。

左銳　儀象　佚

◎道光《續修桐城縣志》卷之十六《人物志・文苑》：方亨咸述之曰：先生有三不死：少以天為己任，一經鼎革，遂營墻東園，自號為學圃，其不死者一；墻東屏跡，讀史成《經世》一書，學易成《儀象》一書，凡先儒語錄，探微極賾，欲成其集而未就，其不死者二；又與曹溪大善知識覺朗老人及其徒無可、石潮為方外交，入其教而不染其教，其不死者三也。

◎左銳，字又鐏，號藏一。安徽桐城人。負經世才，肥遯自甘。

左正誼 先天圖說 佚

◎道光《續修桐城縣志》卷之十四《人物志・理學》：著有《四書講義》《五經解義》《性善致知》《孝慈知言》《養氣》《先天圖說》諸書。

◎左正誼，字龍媒，號硯農。安徽桐城人。年十八入郡學，鍵戶龍眠，究心《太極》《西銘》諸書，窮濂洛之淵源，考朱陸之異同，以倡明絕學為己任。以子之毅成進士，誥封明威將軍。